上海高校知识服务平台项目（海派时尚设计及价值创造知识服务中心）
国家自然科学基金项目（71373227）、中国创意城市研究院等共同资

文化创意企业知识网络的
演化机理：理论与实践

Evolutionary Mechanism of Knowledge Network Among the Cultural Creative Enterprises: Theory and Practice

张洁瑶 著

经济管理出版社
ECONOMY & MANAGEMENT PUBLISHING HOUSE

图书在版编目（CIP）数据

文化创意企业知识网络的演化机理：理论与实践/张洁瑶著. —北京：经济管理出版社，2015.7
ISBN 978-7-5096-4064-7

Ⅰ.①文… Ⅱ.①张… Ⅲ.①文化产业—企业管理—知识管理—研究—中国 Ⅳ.①G124

中国版本图书馆 CIP 数据核字（2015）第 289532 号

组稿编辑：陈　力
责任编辑：杨国强　张瑞军
责任印制：司东翔
责任校对：赵天宇

出版发行：经济管理出版社
　　　　　（北京市海淀区北蜂窝 8 号中雅大厦 A 座 11 层　100038）
网　　址：www. E-mp. com. cn
电　　话：(010) 51915602
印　　刷：玉田县昊达印刷有限公司
经　　销：新华书店
开　　本：720mm×1000mm/16
印　　张：16
字　　数：277 千字
版　　次：2015 年 7 月第 1 版　2015 年 7 月第 1 次印刷
书　　号：ISBN 978-7-5096-4064-7
定　　价：48.00 元

《海派时尚与创意经济》系列丛书
总　序

　　自 20 世纪 30 年代初期，中国文坛"京海"之争以来，"海派时尚"作为上海特有的社会、文化、艺术现象，引领上海经济，始终走在亚洲最前列。传承了吴越文化和江南文化内涵的"海派时尚"文化，不仅具备雅致、细腻、隽永的特点，还具备开拓创新、善于吸收外部文化精髓的特质。"海纳百川、兼容并蓄"是对"海派时尚"文化最精辟的总结和描述。

　　"海派时尚"文化对城市经济、区域产业、文化创意产业的研究，兴起于 21 世纪初，缘起后工业化时代人们对于经济过快发展带来负面作用的反思和时尚创意产业在世界范围内的蓬勃发展及其对城市经济的持续性推动作用。然而，对于"海派时尚"产业以及相关领域的理论研究，特别是针对上海城市发展特殊性和中国经济体制转型过程中的时尚创意产业发展方向与发展路径研究，更显得匮乏。

　　上海作为"海派时尚"文化的城市载体，时尚产业的发展越来越受到政府重视。2008 年 9 月，上海市人民政府办公厅向全市转发了上海市经济和信息化委员会（简称经信委）、上海市发展和改革委员会（简称发改委）制定的《上海产业发展重点支持目录》，其中的"生产性服务业"明确了"时尚产业"的条目，并明确使其作为产业发展的导向。时尚产业是典型的都市产业，跨越了高附加值制造业与现代服务业的产业界限，是多重传统产业的组合。围绕未来建设"全球城市"的目标，上海时尚产业总体沿着"世界时尚展览展示中心、亚太时尚体验消费中心、东方时尚创意中心"的道路迈进，形成了具备一定创新能力，具有多元性"海派时尚"文化生产要素、市场要素、制度要素和辅助要素的一系列开创性价值创新体系架构。并在此架构上，探索出符合上海城市发展特点的时尚产业价值创新发展路径。

　　目前，上海的"海派时尚"产业已经具备一定规模，尽管与伦敦、纽约等城市相比仍有一定距离，但是"海派时尚"文化的影响力和驱动力逐渐显现，海派时尚创意产业园区、海派时尚产业公会组织、海派时尚节事，成为上海时尚产业发展的标志性内容。价值创新的原动力逐渐明确、耦合机制日益成熟、发展路径日渐明晰，需要理论研究的及时跟进。

本系列丛书的出版，不仅能够帮助研究者了解"海派时尚"文化背景下时尚产业发展的基本脉络，也能够让更多的学者、学生和时尚爱好者了解上海时尚产业的相关政策和发展趋势。只有群策群力、共同参与，才能让"海纳百川、兼容并蓄"的上海城市文化精神永远传递。

另外，在丛书的编写和出版过程中，经济管理出版社陈力老师给予了大量帮助，东华大学刘春红副校长给予了众多关心与关怀。袁新敏副教授、谭娜博士、何琦博士、颜莉博士、张洁瑶博士、丛海彬博士、张贺博士生、高晗博士生、周琦博士生、江瑶博士生等参与丛书部分书稿编写及校对。对以上老师和学生们所付出的工作和努力表示由衷的感谢！

高长春

2014 年春于上海

目 录

理 论 篇

实 践 篇

理论篇

第一章
中国文化创意企业的孕育与发展

21世纪伊始，中国吹响了发展文化创意产业的号角，全面推进文化多样化，建设中国特色文化体系，形成国家文化软实力的崛起。在文化发展春风的吹拂下，促成了大批文化创意企业的大发展与大繁荣，中国的文化创意企业正经历着从蹒跚学步到苗壮成长的关键期。

第一节
文化创意的内涵

文化是生活的符号化。文化（Culture）是指人类活动的模式以及给予这些模式重要性的符号化结构。文化包括文字、语言、地域、音乐、文学、绘画、雕塑、戏剧、电影、饮食等（见图1-1、图1-2）。可以用一个民族的生活方式指称文化。在我国，文化实际是"人文教化"的简称。前提是有"人"才有文化，"文"是基础和工具，包括语言或文字；"教化"是这个词的重心所在，作为名词的"教化"是人群精神活动和物质活动的共同规范。在西方原本指对土地的耕耘和对植物的栽培，后引申为对人的身体和精神两方面的培养。在中国古籍中，文化的含义是文治与教化。人类学之父泰勒（Edward Burnett Tyler，1832~1917），曾给文化下了一个经典的定义："文化，就其在民族志中的广义而言，是个复合的整体，它包含知识、信仰、艺术、道德、法律、习俗和个人作为社会成员所必需的其他能力及习惯。"文化是世代积淀的习惯和信念，渗透在生活的实践中，简言之，文化就是"人化"。

图 1-1　文字的力量

图 1-2　水彩画

创意源于过程。如果从纵向时间线探寻"创意"，康德的美学被认为是"创意"一词的起源。复杂理论（Complexity Theory）研究领域的先驱布赖恩·阿瑟（Brian Arthur）认为，创意是对现有事物的修改变化。Bohm 则认为，创意是相似的不同点和不同的相似点之间互相作用的结果。Florida 将创意解释为对原有数据、感觉或者物质进行加工处理，生成新而有用的东西的能力。从实践观察，伦敦西区的创意产业集聚区多是基于传统文化自发形成或是基于城市空间的演绎。显然，创意应被理解为是持续而从未停止过的变化过程。所以，创意具有天然的过程属性，强调过程胜于结果是创意最初的行为特征。

创意始于环境。Mockros 和 Csikszentmihali 认为，创意是象征性的社会系统中互动反馈动态发展的重要组成部分，创意必须被社会接受并赋予价值才具有意义。创意生长的环境是创意有用性的根源，在封闭而自我陶醉的观念里，创意只有最终走向衰亡。Rehn 和 De Cock 认为，创意产品之所以是创意的原因来自于被社会认同的创意过程；创意过程之所以为创意的原因来自于其产出被社会认同的创意产品；创意人才之所以为创意的原因来自于被社会普遍认可的关于其创作的作品和经历。回顾在时尚领域被认为是成功的创意作品，大都适应了社会循环往复的流行趋势，在恰当的时间将其推向了媒体，被社会所接纳认同为杰出的创意。所以，环境是赋予创意价值、创意之所以为创意的根源。

创意成于延续。布赖恩·阿瑟（Brian Arthur）创造的"整合演化"（Combinatorial Evolution）一词来概括了新技术的产生是以存在的技术为基础而不断发展变化的。斯蒂芬·约翰逊（Stephen Johnson）在此基础上提出了"邻近感染"

（Adjacent Possible）的概念，指出在文化发展进步的历史长河中，无一例外地都是一个故事引发下个邻近类似的故事。Donovan 认为，创意可以分为原始创意、派生创意、复制伪创意。原始创意是一些完全新兴的事物被创造诞生，而复制伪创意则刚好与其相反，表示将已经存在的创意重新复制与应用。介于两者之间的派生创意则是借鉴已有创意，通过适应性修正而成为新的创意作品。学者们普遍认为，成功的创意行为大多来自适应性修正的派生创意。Moran 认为，创意行为在不断适应修正的连续性发展之后，将会最终达到质的突破，从而形成原始创意，并成为下一次创意的起点。2012 年，炙手可热的诺贝尔文学奖获得者——中国作家莫言的作品就是在继承中国传统文化，借鉴西方文化的基础上，同时具有鲜明现代性的成功创意产品。所以，创意具有延续属性，是承前启后不断发展的人类行为。

创意源于过程、始于环境、成于延续。创意需要将不同的元素融合，在冲突与矛盾中获得新的灵感。所以，过程的多样性、环境复杂性与延续的矛盾性是维持创意生态系统可持续发展的重要元素。文化创意是传统与现代艺术乃至科技有机结合的外显，也终将成为知识的重要组成部分。

第二节
文化创意产业的界定

艺术的商业价值将文化创意产业化，通过现代市场的有效分配，人类智慧的结晶得以再创价值，并再造辉煌，使文化精髓不断演化发展。

一、创意产业

创意产业是基于创造力（Creativity）而形成的产业，原创性、文化价值和体验效用等是其主要特征。1998 年，英国创意产业特别工作小组（Creative Industry Task Force）在《英国创意产业报告》中，将创意产业界定为源于个体创造力、才能与技术，且通过知识产权行为创造财富与就业的活动，包括广告、建筑、艺术品和古玩交易、手工艺品、工业设计、时尚设计、电影、互动性娱乐软件、音乐、表演艺术、出版、电脑软件及电脑游戏、广播电视 13 项行业类型。在学术界，人们从不同侧面探讨了创意产业的发展特征。Yusuf 和 Nabeshima（2005）

发现，创意产业中的创新活动总是活跃在具有全球联系的城市高科技产业集群之中，并做出"创意产业的发展依赖于开放和创新的经济环境"的判断。Scott（2000）、Banks 等（2000）强调消费转型的重要性，认为创意产出是为了满足消费者娱乐与欣赏的需要，创意商品或服务的价值来自于美学上的贡献。Leadbeater（2004）则认为，创意产业的发展不仅与供给方的创造力有关，而且还取决于供求双方的交流与互动。随着数字媒体应用和社会网络研究的不断发展，对创意产业的理论认知更加强调创意产品及服务与顾客群的交流与互动。澳大利亚昆士兰大学创意产业学院 Jason Potts 和 Stuart Cunningham 教授于 2008 年针对这一全新的发展趋势，提出了基于互动关系视角的创意产业新定义，即将创意产业定义为在众多复杂社会化网络中，基于创造和维持社会网络的一系列创意生产和消费的经济行为。将创意产业的研究对象不仅局限于创意及创新想法的投入和知识产权的产出，而是从以人为本的视角分析市场，将创意产业视为顾客与企业文化价值融合的可持续创新系统。这一概念与英国 DCMS 关于创意产业的定义相比在理论基础、研究视角上有了很大的创新。

学术界虽然一直对英国创意产业的定义有所争论，认为概念界定不清晰，包含的产业内容太局限或是太宽泛，抑或是与现存的产业分类不相符，但大部分文献还是默认并采用了此定义。

二、文化产业

依据联合国教育、科学、文化组织（United Nations Educational, Scientific and Cultural Organization, UNESCO）对文化产业（Cultural Industries）的相关界定：以无形文化为实质内容，经过创造、生产与商品化结合的产业皆为文化产业（Cultural Industry is Held to Exist when Cultural Goods and Services are Produced, Reproduced, Stored or Distributed on Industrial and Commercial Lines, That is to Say on a Large Scale and in Accordance with a Strategy Based on Economic Considerations Rather than Any Concern for Cultural Development）。现在更多的学者将文化产业与创意产业相结合，称为"文化创意产业"。金元浦（2010）认为，文化创意产业是在全球化的条件下，以消费时代人们的精神、文化、娱乐需求为基础的，以高科技的技术手段为支撑的，以网络等新的传播方式为主导的一种新的产业发展模式，强调其满足大众文化、娱乐、精神、心理方面的需求的新兴产业形态。文化创意产业以文化和经济全面结合为自身的特征，以创意的本土化渗透为发展方式，在本土全球化的理念下，借助地方文化用富有创意的与时俱进的方式实现价值增值，是优化产业结构的必然选择，是发掘内需、实现内生型增长的必要途径。

单独提到文化产业，一般容易联想到传统文化的发掘与保护，与我国构建软实力的话题相契合，与西方国家对土著文化的传承与保护相关联，文化加之创意，就如同新瓶装旧酒，酒越陈越香，加之契合时代主题的包装修饰，更是越发展现其独特魅力。文化是关于历史的积淀，中国传统文化是中华民族最本质、最具特色与分辨率的文化。这种文化起源于过去，运用于现在，还将影响未来。

第三节
文化创意产业的发展背景

一、理论背景

创意经济的兴起及城市经济转型的驱动力。创意产业是综合文化、创意、科技、资本、制造等要素的一种新业态，以创新思想、技巧和先进技术等知识要素为核心，通过一系列创意活动，引起生产和消费环节的价值增值，为社会创造财富和提供广泛就业机会的产业。创意企业是创意产业的组织形式，是将创意产品和服务的艺术创意实质与商业市场经济运作相结合的一线实践者。这类企业共同的特征是其产品或服务的生产更多地依赖于人的创造力、经验和人际互动。因此，与传统企业相比，创意企业更依赖于人力资本和社会网络。2011 年，上海制定并发布了《上海市文化创意产业分类目录》，将创意产业进一步划分为文化创意服务业和文化创意相关产业两大类，文化创意服务业的出现是服务业不断分化和内涵不断丰富的结果，具有较明显的客户互动特征和高创新度的特点。2012年 7 月，国家统计局对《文化产业分类目录》做了大幅度调整，为了与此调整后的统计目录相对应，上海市宣传部等部门在保持 2010 年版的文化创意产业分类大目录的基础上，对分类明细做了删减，其中最值得注意的是，在文化创意服务业的大类下新增了"时尚创意业"的明细。据 2013 年 6 月发布的上海市 2012 年文化创意产业分行业结构统计数据显示，文化创意服务业全年实现增加值1973.07 亿元，比 2011 年增长 11%，占文化创意产业增加值的 86.9%，占上海第三产业增加值的 16.4%。从创意产业的整体发展规模来看，创意产业的总产出已占到上海市生产总值的 11.29%，对上海市经济增长贡献率达到 20.2%，创意产业创造价值的活力正在上海这座城市不断展现。其实，自 20 世纪 90 年代以来，随着知识经济的兴起和信息技术的飞速发展，创意逐渐成为当今新型服务经济不断发展和繁荣的重要基础。《New York Times》载文评论"服务科学已是大势所趋……"《Business Week》载文称服务科学和服务创新是"当务之急"。创意产业，作为一种特殊的知识密集型服务业（Knowledge-Intensive Business Service, KIBS)，日益显现出未来经济增长的发动机功能，在创新系统中扮演日益重要的功能角色。

创意产业组织集聚作为创意产业主要发展模式的困境。从宏观城市经济发展的视角，创意产业在经济发展中的重要地位已经得到了充分肯定，但创意产业园区作为广泛推行的创意产业组织集聚发展模式，却一再陷入发展困境。以上海为例，经政府认定的园区达 81 家，另外还有 300 多家未授牌的园区，表面看园区建设一片繁荣。但来自上海文广影视局的数据显示，创意产业园区内产值仅占上海创意产业总产值的 1/10 不到。在我国，中共十八大已经提出："加强重大公共文化工程和文化项目建设，完善公共文化服务体系，提高服务效能。促进文化和科技融合，发展新型文化业态，提高文化产业规模化、集约化、专业化水平。"然而现阶段，园区建设在政府税收优惠刺激下表现出一哄而上的非合理性扩建，园区空置率频频攀高，造成土地和优惠资源的大量浪费。创意产业园区很难形成集聚优势，更没有显现文化和科技的融合效应，而主要沦为地产概念的炒作工具，使真正想利用创意产业园区平台施展创意想法的人才望而却步。

共生合作是创意产业组织集聚发展的本质核心。中国"创意产业之父"厉无畏指出，创意产业承担着观念价值创造的重任，要不断突破价值创造的基本思维，不断演变产业组织模式，充分挖掘创意产品的价值。无论是以创意产业园区的形式集聚，还是以跨地区分散创意企业间基于虚拟网络平台的集聚形式，创意价值的共生共荣才是创意产业组织集聚存在的核心理由。而不同规模类型的创意产业组织成员，如创意企业、创意研究机构或者个体创意人才，价值创造的特征规律仍然有待研究。创意产业组织的价值共创既有一般服务产业的共性特征，又是在传统服务产业上的创新发展。

二、实践背景

价值创造是创意产业发展的本质核心，创意产业组织集聚是现阶段创意产业发展的主要模式，但在实践产业集聚发展过程中遇到了很多瓶颈问题。创意产业组织集聚的价值创造活动作为新兴产业组织的集聚，既有传统产业的共性，但又不局限于集聚的"分工协作"、"规模效应"，它更多地强调"社会网络"、"文化生态"。因此，研究如何将创意产业组织内不同规模类型的创意成员有效整合，优化价值创造路径，实现共荣共生，对创意产业的构建发展具有至关重要的作用。

在我国，近年来创意产业的发展规模宏大，在社会经济结构中所占的比重也日益突出，然而因自上而下的产业发展模式，从微观企业角度难免会形成盲目跟风的现象。许多创意潜力低下甚至不能称为创意的企业混杂其中，造成资金和土地的严重浪费，更为严重的是破坏了整个社会积极健康的创意氛围，影响真正具有创意潜力的企业和人才的扶持培养。事实上，国内作为孕育创意企业的创意产业园区一直都未能摆脱高空置率等问题，处境日渐艰难，尤其是艺术类创意园区，面临交易量骤减、资金回笼困难等经营状况。现代社会对创意的需求不断增长，对创意的要求越来越高，而创意产业发展中的低效率和高风险，使创意产业的发展无法满足社会的创意需求。因此，研究借鉴国外较为成熟的创意产业组织集聚发展规律，总结创意产业的可持续发展路径，对我国创意生产力的提升有重要的启示作用，也是创意产业相关研究的关键问题，更是本书的出发点与目的。

特别是随着互联网科技技术的飞速发展，科技与创意结合的发展模式越来越受到追捧，也使得创意企业的竞争日益激烈而复杂，想要独立完成创意的全过程已经成为不可能的任务。Richard 在《创意产业》一书中就明确提出了，所有形式的创意产品的完成都离不开与其他创意主体或大众的紧密合作。然而，创意思维是高度主观化的行为，在复杂的创意活动中，创意合作主体间容易形成偏好冲突。创意企业间如何通过成功的创意合作，使得创意作品满足社会日益增长的创意需求，是摆在创意工作者和创意产业学术研究者面前的难题。因此，创意企业之间的价值共创可行性路径机理和影响因素是创意产业组织集聚成功发展的核心问题，可为驱动社会经济转型发展的条件构建提供参考依据。创意产业作为特殊的知识密集型服务产业，除了具有知识密集型服务业的高知识度、高互动度的特点以外，还具有高创造性、文化渗透性等特征。因此，一般服务企业的合作创新经验并不能照搬到创意产业情境中，如何实现创意产业的可持续整合发展，同时，在信息科技高速发展的大环境下如何高效实现创意企业间的合作共赢，是创意产业理论研究和实践应用共同关注的问题。

第四节
文化创意企业的发展特性

文化创意企业是指以创作、创造、创新为根本手段，以文化内容和创意成果以及科技技术为核心生产要素，以知识产权实现或消费为交易特征，为社会公众提供文化体验的社会经济组织。"创意产业之父" John Howkins 将文化创意企业的组织特征总结为"网络型办公室"。由于文化创意产业价值创造所追求的差异化，许多创意企业或个人选择独自工作或加入某个小群体，创意工作小组多为项目制，只在需要时才使用办公室和公司。"临时公司"由需要参与某个项目的一群人临时构成，项目结束后公司解散。文化创意企业利用网络体系达成其预期效果，网络型办公室可以在任何规模上运作，因为其获取的资源与自身大小无关，而取决于可连接的网络数量。这使创意工作高效灵活，也因此，许多知名的"文化创意企业"比想象中要小很多。

因此，文化创意企业是以经营人的创意资源为中心，以市场为导向，以知识产权为保障，以集成人类创意价值为核心竞争力，按照商业运作方式进行创作、生产、传播和销售，为消费者提供文化创意产品和文化服务，并最终实现盈利的微观组织结构。从组织特征上看，文化创意企业具有"融合性、高风险性"的企业特征。

文化创意企业具有融合性。创新是文化创意企业的本质特征，而文化创意企业的创新有赖于传统文化资源与其他生产要素的深度融合，是一种文化、科技与经济互相渗透、互相交融、互为条件、优化发展的经济模式。其融合性主要体现在文化产品和服务的生产营销过程中，独具特色的融合理念贯穿始终。因此，就文化创意企业而言，人力资本是核心的驱动要素，融合创新成为第一生产力和经济发展的主导力量。

文化创意企业具有高风险性。文化创意企业生产的产品和服务是富于精神性、文化性、娱乐性的产品。随着人们文化生活的不断演化发展，对文化产品和服务的需求呈现日益丰富多元化的趋势，当然这也是文化创意产业发展的根本动力。但是，对于每一个具体的文化创意产品而言，如电影、电视剧、广告片、动漫、网络游戏，丰富多元的文化需求又具有很大的不确定性。每一种文化产品对于消费者来说，存在着时尚潮流、个人嗜好、社会网络环境、文化差异、地域特色等诸多不确定因素，因而增加了文化创意产品的风险。以此来看，文化创意企业无疑是高风险型企业，以知识创新与高科技为支持体系，具有高收益、高回报、高增长潜力、高风险的特性。

第五节
文化创意企业的知识网络内涵

知识网络是基于知识的关系，知识的关系具体体现为实体节点（个人、团队、组织）间的关系。可以说，知识网络与社会网络有着天然的联系。因此，知识网络与社会网络的内涵一样，建立在互相作用的个体间关系的重要性假设上。知识网络视角包括以关系的概念或过程表达的理论、模型和应用，即由个体企业间的关联所界定的关系是知识网络内涵的基本成分。另外，将知识网络应用于文化创意企业的演化机理研究的假设前提还在于以下四项：

（1）文化创意企业和他们的行动被视为相互依赖的，而不是相互独立的自治的个体。

（2）文化创意企业之间的联系（关联）是资源转移或"流动"的通道。

（3）个体文化创意企业的知识网络模型将网络结构环境视为个体行动的机遇或限制。

（4）知识网络模型将（社会、经济、政治等）结构概念化为行动者之间关系的稳定形式。

文化创意企业的知识网络内涵的核心在于，就文化创意企业的发展路径研究的单位不是企业本身，而是一个由文化创意企业和他们之间的关联所组成的实体。知识网络集中在二方组（两个行动者和他们的关系）、三方组（三个行动者和他们的关系）或者更大的系统（个体的子群或整个网络），简言之，知识网络是文化创意企业通过各种关系关联在一起的概念和程序，任务是理解关联属性是如何影响企业的发展特征。应注意的是，知识网络研究的着眼点在于企业间的相关关系，而企业的个体属性是次要的。相关关系可以是企业之间的任何关系，例如，同学关系、血缘关系、项目合作关系、资源流动关系等。

因此，可以说，文化创意企业的知识网络影响着初期创意获取、中期商业化开发和后期营销的整个价值链过程。对于文化创意企业而言，知识网络的意义更体现为跨界知识搜索和外源知识的应用之道。知识分享是其具体的表现形式。

依知识分享的含义与作用来看，Jae-Nam Lee 将知识分享定义为："将知识从一个人、群体或组织转移或传播到另一个人、群体或组织的活动。"魏江等则认为，共享的内涵是指员工个人的知识（包含显性知识与隐性知识）通过各种交流方式（如电话、口头交谈和网络等）为组织中其他成员所共享，从而转变为组织的知识财富的过程。从以上两位学者的观点中不难看出，前者偏向于知识转移的角度，后者偏向于由个人知识形成组织记忆的组织学习角度。因此，综上所述，可以将知识分享定义为：组织内员工、团体或一个社群网络的显性知识和隐性知识，通过各种共享手段为组织中其他成员所分享，从而转变为组织的知识财富的过程。George von Krogh 在《Care in Knowledge Creation》一文中指出，知识创造与扩散的加剧，已成为组织管理者最关心、最优先的课题。Dan Hotshouse 指出了三项研究知识的课题，隐性的知识、知识的流通与使知识资产成文化，通过面对面与共同合作的方式将隐性知识进行扩散，并且采用系统性的知识分享活动，使组织的知识传递到每一个角落，通常组织知识往往呈现浑浊、模糊不清、不易测量的状态，或存在于个人头脑中，我们应当使组织的知识在组织的网络中更为明显。此外，组织的知识共享及咨询科技、网络的应用，均可促进组织创新的速度，使组织的知识得以发挥更大的杠杆效应。

知识分享是知识传播活动的实体，Hendriks 认为，知识分享是一种沟通，可以说是知识拥有者将知识外化，而知识需求者将知识内化的行为。就意义来说，知识分享涉及两个主体的知识流通和转移的过程，两个主体分别为知识拥有者和知识需求者，而知识分享能否顺利展开，需视存在于两个主体间的障碍能否被克服而定。知识分享的方式可由两个管道进行，一个是物，它是外显知识的分享机制；另一个则是人群间直接的互动，它常是内隐知识的分享机制。通常可分为口语（内隐知识的沟通）、书面（外显知识的沟通）及媒介（可由电子邮件、电子论坛等方式进行沟通）。知识分享是一种组织间展现相互帮助、共同发展新能力的行动；它必须建立在肯改变心智模式的学习型组织上，双方彼此信任是知识分享的重要基础。美国勒业管理顾问公司（Arther Anderson Business Consulting）以等式的形式表达了知识管理的内涵：

KM = S(P + K)

式中，KM 是 Knowledge Management，即知识管理，P 代表人，K 代表知识，S 指知识的分享、共享（Sharing），P 和 K 之间的"+"号，代表信息技术（Information Technology）的运用。此公式所代表的意思即组织的知识累计必须通过科技将人与知识充分结合，在分享的组织文化下达到乘数效应。由此可见，如果人与相关知识关联过程中分享的深度、广度和速度越大，则知识管理所成就的价值越大。本书中，将文化创意企业所涉及的经营活动视为一种知识的交往，以网络为分享媒介，进行文化创意知识的传播。

第六节
文化创意企业的分类

文化创意企业的组织形式决定了知识网络的重要性与复杂性。不同文化创意企业的外部知识网络能力水平存在差异，外部特征具体表现为组织规模的大小和准入门槛的高低。根据现阶段的文化创意企业组织形式看，主要可以将文化创意企业分为两类：一类是组织规模较大，资金实力较为雄厚，且准入门槛高，有些几乎达到了垄断性质的文化创意企业，它们是一般位于知识网络中心位置的大型传统文化创意企业；另一类是近年来我国大力扶持的孵化型、微型文化创意企业，其组织规模小，资金投入少，准入门槛非常低，但竞争十分激烈，它们一般是位于知识网络外沿的具有较强革新思潮的创意人员或创意团队。

一、大型传统文化创意企业

根据对文化创意企业子行业的界定，结合对一些上市公司情况的调查统计，当前上市的文化创意企业在证监会行业分布中主要涉及新闻出版业，电信、广播电视和卫星传输服务业，广播、电视、电影和影视录音制作业，文化艺术业，商务服务业，互联网和相关服务业，文教、工美、体育和娱乐用品制造业。

其中，新闻出版业为包含中南传媒、凤凰传媒在内的 18 家上市公司；电信、广播电视和卫星传输服务业为包含歌华有线、吉视传媒在内的 19 家上市公司；广播、电视、电影和影视录音制作业为包含华谊兄弟、华数传媒在内的 10 家上市公司；文化艺术业为包含当代东方、亿童文教在内的 4 家上市公司；商务服务业为包含粤传媒、北京了望在内的 25 家上市公司；互联网和相关服务业为包含乐视网、淘礼网在内的 19 家上市公司；文教、工美、体育和娱乐用品制造业为包含奥飞动漫、美盛文化在内的 12 家上市公司。在国外，大型文化创意企业有被大众所熟知的 Hollywood 八大电影巨头，以及传媒帝国——新闻集团，如图 1-3 和图1-4 所示。

图1-3　新闻集团

图1-4　华纳兄弟

对于传统大型的文化创意企业而言，真正的瓶颈在于好的想法；对于一个影视公司来说，意味着一个好剧本，优秀的改编；对于动漫企业来说，则意味着一个成功的动漫形象或者吸引人的情节。因此，对于传统大型文化创意企业来说，真正关键的在于能够拥有优秀创意的人，能够克服大型企业的传统弊端，快速灵活应对市场需求，所以，高素质的创意人才绝对是一笔不可忽视的财富。他们必须拥有足够的灵感和创意，并将其融入生活，在生活中发现常人无法发现和关注的东西，这样才能完成一个不断创造的过程。另外，知识产权的保护对于大型传统文化创意企业来说更是一个不容忽视的问题，因为文化创意产品具有易复制和模仿性。为了尊重创意人才，促进创意人才的持续创新热情，明晰的知识产权将激励文化创意企业不断创新。

二、孵化型文化创意企业

文化创意人才是高度追求自我感受与自由的人才类型，更偏向于将独特的创意自我实现的过程，创业孵化成为了许多文化创意人才选择的道路。多地地方政府将待孵化的微型文化创意企业定义为从事文化艺术、动漫游戏、教育培训、咨询策划及产品、广告、时装设计等本地居民注册的企业，其雇员（含投资者）20人以下、注册资本金 15 万元以下的企业为微型文化创意企业，其具体的审批由相关文化部门负责。

孵化型文化创意企业多具有较为强烈的融资需求，因其组织规模较小，从其组织结构看，很自然地会采取扁平化的组织结构，这种组织结构的企业产权结构和治理结构仍停留在较初级的形态上，所以自组织功能的孱弱，一定程度上抑制了企业的融资决策能力。更为重要的是，孵化型文化创意企业所拥有的无形资产的价值难以评估。相对传统大型的文化创意企业而言，无形资产的口碑效应与名人效应都是孵化型文化创意企业努力追求的。另外，在网络信息化时代，信息的传播速度极快，新产品的研发速度也非常快，产品生命周期短暂，这些都使孵化型文化创意企业面临扼杀于摇篮中的困境，这种风险让融资贷款更加困难。

文化创意产业园区是孵化型文化创意企业生存发展的平台，通过近10年的发展，我国的文化创意产业园区已初具规模，探索出以"政府推动、社会参与、市场运作"的孵化模式。但文化创意产业园区内的知识网络构建，以及在孵企业的可持续发展问题仍然亟待解决。

第二章
相关研究梳理

知识管理作为 21 世纪最热门的话题，能否对知识加以有效的管理，能否对知识网络进行有效维护，成为决定个人和组织在竞争中成败的关键，更是知识型企业——文化创意企业生存与死亡的关键所在。甚至，普遍文化创意人才认为只要有卓越的知识网络在，文化创意企业的创业创新并不难。应该说，文化创意企业所面临的创新复杂性和不确定性，使外源知识获取和外部知识合作日益成为创新实践的一个重要课题。文化创意企业与外部组织之间的关系从单一的二元关系发展成为多组织间的相互依存和相互关联的网络关系。因此，知识网络作为一个连接纵横交错的复杂集聚体，与其相关的理论值得梳理更新，本章将对研究问题进行界定，并对与研究相关的理论——价值理论、外部性理论、知识价值创造论、价值共创理论进行综述。

第一节
相关研究问题界定

一、核心问题分解

通过对"创意产业组织"的文献搜索可以发现，中国现阶段学术界对宏观

"创意产业"的研究优先于"创意组织"的特征规律研究。创意产业对城市经济发展的贡献得到了充分的强调，但创意产业具体的促进发展路径仍然等待学者的不断探索研究。在宏观政策大力提倡将发展创意产业作为中国社会转型升级的驱动力之后，创意企业迎来了前所未有的发展机遇，各类创意企业，如画廊、动漫、服装、建筑设计等创意类型企业大量涌现。与此同时，创意产业相关院校也加速蓬勃发展，为创意产业的发展不断注入新的活力。但是，Buskirk 认为，对以艺术美学为中心的创意产业的发展不能将其与艺术呈现的商业化相分隔，而成功的发展战略在于多种形式的广泛合作，并逐渐改变艺术的传统发展方式。因此，在中国当代创意产业蓬勃发展的过程中，创意产业价值创造的驱动力主要体现在创意产业组织成员之间的价值共创行为。而创意产业组织成员之间的价值共创行为规律及其影响因素尚处于未知领域，特别是创意企业特征性行为模式，与传统企业或是高科技企业类型的价值创造行为有明显差异，需要通过观察性描述和实证分析相结合的方法进行总结研究。图 2-1 是运用思维导图对创意产业组织价值共创研究可能涉及研究问题的思维扩散。

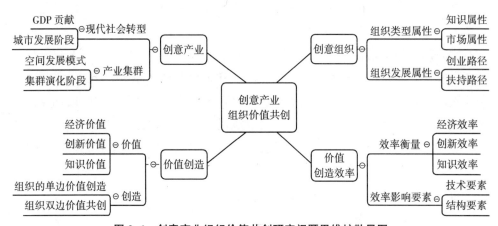

图 2-1 创意产业组织价值共创研究问题思维扩散导图

本书主要是对"文化创意企业知识网络演化机理的研究"。研究主要从宏观创意产业的视角出发，借助产业集聚外部性理论和产业集聚发展理论，将创意产业在社会经济发展中的重要作用和发展路径作为研究的基础。重点深入剖析"创意企业之间如何形成可持续发展的价值共创关系"这一核心问题。从文化创意企业发展涉及的知识属性与文化创意企业价值创造行为特征的关系入手，围绕企业双边知识创新价值共创的机理，对布里斯班文化创意企业集聚共创机理和影响要素展开实证研究，从地理集聚和社会网络集聚两方面，对创意产业组织价值共创行为影响要素作深入分析，为创意产业的发展提出可行性建议。本书着重回答以下五个研究问题：

（1）什么是创意产业的价值？

要研究创意产业组织的价值共创机理，首先要确定创意产业的价值表现，准确定义价值在创意产业中的含义。因此，如何理解创意产业的价值，成为本书首要解决的关键问题。

（2）文化创意企业知识价值共创的结构是怎样的？

在界定"价值"内涵基础上，进一步研究文化创意企业价值来源的结构基础，即对创意产业组织价值共创的形成结构机理进行分析，研究价值共创中的路径结构特征。

（3）在企业价值共创结构分析的基础上，创意产业组织价值共创的传统共性地理集聚的行为特征及效应评价？

创意产业组织的价值共创结构是基于一定时代背景的产物，不同的阶段有不同的结构特征。本书在特定阶段背景下，从创意产业组织的传统地理集聚行为特征切入，在产业组织集聚的共性特征下，研究不同创意产业组织集聚结构的效应。

（4）创意产业组织价值共创的个性社会网络集聚行为特征及影响要素？

创意产业组织具有传统地理集聚的特征，但更具有社会网络、文化生态的个性特征。本书进一步对创意产业组织集聚价值共创的个性特征——社会网络集聚行为的影响要素作评价研究。

（5）文化创意企业知识网络构建实践如何？

本书在结构和影响要素的理论研究基础上回归文化创意企业发展的实践，从社会实践发展的角度，用历史的视角探讨随着科技平台的发展成熟，文化创意企业知识网络构建的嬗变，以及实践中以知识产权为核心的各项管理问题。

根据结构决定行为，行为决定绩效的逻辑结构，以上五个问题是"文化创意企业知识网络演化"这一研究主题需解决的基本问题，它们也构成了本书的主要研究内容。

二、核心问题研究价值

价值网络发展形式在现代企业组织发展模式中占有突出的重要地位。从生产角度，价值网络的概念可以被理解为企业与供应商或相关产业联合构成的"宏观企业"网络联盟，其至是企业与消费者联合构成的价值共创关系。企业未来的核心竞争力在于全球范围内的市场竞争，以网络形式的发展，最大限度地利用全球市场的发展机遇。价值网络是价值链的进一步深化和扩展，迈克尔·波特基于区域经济发展的角度，将"价值链"的概念引入区域产业发展中，研究具体类型的产业从生产到市场销售的价值创造活动链，提倡将产业内相近企业集聚发展，以降低运输消费成本；而基于价值网络的研究，则打破了具体产业类型的限制，以企业之间社会和技术知识资源的价值共创共享为原则，实现可持续的价值创造生态系统。然而，学术界对价值网络内企业节点的互动整合关系仍然处于探索中，对创意产业组织领域的价值网络研究更是缺乏。因此，对创意产业组织价值网络涉及成员主体的分析，探索成员之间的资源整合互动机理，以及价值共创的解决路径，理论总结创意产业组织整合发展的合理途径，找到认识规划创意产业组织的合理方式，有重要的理论研究意义。

另外，现阶段对价值共创机理的研究，许多学者从消费者感知价值共创的视角，以企业管理营销理论为基础，对其感知价值共创的影响要素进行了研究。而从企业之间关系视角，以社会网络结构分析理论方法为基础对知识价值共创的影响要素研究仍然处于探索阶段。特别是创意企业的知识价值创造有别于传统企业类型的知识，知识创造更依赖于多元宽松的社会环境。因此，探析创意产业组织价值共创关系中特有的影响要素，比较其中对创意企业间价值共创产生重要影响的核心社会网络关系特征，以及要素之间的影响机理，这将对创意产业组织如何在复杂社会网络结构中高效合作、共同创造知识价值的研究构成重要的理论意义。

自1998年创意产业的概念被正式提出后，全球掀起了创意产业的发展热潮。在上海，创意产业已被确立为未来经济发展的驱动力，并先后建成70多家创意产业组织集聚区，投入规模逐年递增，创意产业被认为是现代社会转型发展和都市环境优化的发动机。然而创意产业组织的核心成员——创意企业，在创业和发展成熟过程中社会关系呈现何种特征、什么样的产业组织结构特征有助于创意企业的创意能力发挥，对于这些问题的回答将关系到创意产业在城市发展中的成败。现阶段，已经出现有些创意产业组织集聚异常成功，如上海环同济设计创意产业组织集聚区域，对社会经济转型发展和城市环境的优化确实起到了极大的促进作用；而另外有更多的创意产业组织集聚区异常惨淡且年年亏损，造成土地和资金的极大浪费。其中，造成创意产业组织集聚两极分化的关键在于，对创意产业组织成员间的创意活动社会关系，以及区域环境特征的认识和处理是否恰当，是否符合创意产业组织创意活动的特征要求，这是创意产业发展是否成功的关键，也是本书要解决的核心问题。因此，本书对创意产业组织实际建立和发展过程中遇到的瓶颈问题进行研究，并以国外较为成熟的创意产业组织集聚作为案例和数据收集对象，以此为基础，研究核心问题，对我国创意产业组织集聚的建立和发展工作具有较强的实践指导意义。

三、核心内容

本书项目共分为十章，各章节的研究内容和思路如下：

第一章，中国文化创意企业的孕育与发展。介绍本书的主要客体——文化创意企业的内涵，文化创意产业的概念，文化创意产业蓬勃发展的背景探讨，以及文化创意企业的分类等基本问题，为进一步研究做铺垫。

第二章，相关研究梳理。根据"文化创意企业知识网络"这一核心研究问题做进一步的研究分解，并做理论梳理，综述国内外关于创意产业、创意企业、价值创造、价值创造效率等相关研究前沿问题。对有关价值共创的机理和影响因素的研究现状进行总结。在对国内外相关文献归纳总结的同时，进一步理清本书的研究问题，梳理研究内容和研究思路，并确立了本书的研究价值所在。本书基于文献归纳的思路框架如图 2-2 所示。

第三章，机理理论研究的第一部分，从宏观社会经济转型发展中创意产业发展特征入手，应用外部性理论探讨创意产业的发展价值。界定"创意"与"产业"的属性，分别从文化外部性、经济外部性和环境外部性三方面理清创意产业的发展机理。同时，从宏观视角，在理论上对现代都市创意产业发展路径和形式进行了研究。

第四章，机理理论研究的第二部分，从中观创意产业组织的视角，确定创意产业组织成员类型及其知识属性，并解构创意产业组织价值网络和网络内的核心成员。对价值网络组织成员间的知识价值流动方式和流动路径等核心机理问题做了详细的研究。根据创意产业组织发展的不同生命周期阶段对应总结知识价值的共创机理特征，并且以国外发展较为成熟的创意产业组织价值集聚为案例研究，总结创意产业组织价值共创的机理。

第五章，影响要素实证研究的第一部分，以地理集聚为基础，研究在创意产业组织发展的不同生命周期内，影响其价值共创效率的核心要素。以新经济增长理论为基础，实证研究了不同创意产业组织结构构成的地理集聚对价值共创效率的影响。

第六、第七章，影响要素实证研究的第二部分，以社会网络集聚为基础，研究影响创意产业组织价值共创的邻近性要素。将社会网络分析方法运用于创意产业组织价值共创的复杂网络关系研究中，提取价值共创关系假设，并收集国外发展初具规模的创意产业组织价值共创关系网络数据，运用 Rsiena 统计软件实证分析了创意产业组织价值共创的影响要素。

第八章，从科技平台历史嬗变的视角，总结作为文化创意企业的知识网络平台伴随科技的日新月异，从萌芽到历史跨越再到繁荣并最终回归理性的演变实践历程，呈现出在实践中的创意升级是随着互联网技术的成熟而不断应用演化的过程。

第九章，文化创意企业知识网络建设实践策略研究。在知识网络的建设实践中，是以知识产权为核心的构建过程。知识产权的界定、知识产权的风险管理、知识产权的价值管理等一系列问题都是实践知识网络演化过程中的现实难题。本章针对这些实践问题做了相应的深入研究，并以案例研究的方式呈现文化创意企业知识网络建设的历程。

第十章，研究结论与展望。综合理论研究部分的地理集聚和社会网络集聚实证研究结论，归纳总结文化创意企业间合作共赢的优化渠道和必要条件。同时，结合实践研究部分、中国文化创意产业发展的实际情况，提出符合中国国情的创意产业发展之路，进一步深化研究结论的理论和实践意义。最后指出了研究的不足与局限，并提出了对未来研究的构想和建议。

四、核心问题研究方法

本书主要采用文献研究法、理论模型分析法、案例分析法、新经济增长因素分析法和 Rsiena 社会网络数据统计分析法与实际调研结合法，如图 2-3 所示。

（1）文献研究。文献研究是每一项研究开始的起点，特别是创意产业作为一项近年来才新兴发展的主题，从理论概念界定到价值创造方式和实践运作都存在激烈的争论，其中对创意产业集聚的争论尤为突出。整体来看，创意产业的学术研究仍然处于不断探索和深化发展中，本书的文献总结在三年的研究阶段中不断更新。通过对创意产业集聚、创意企业、价值创造等主题的文献回顾与总结，奠定了本书的起点和整体研究视角与框架。在实证研究第二部分也将文献研究法运

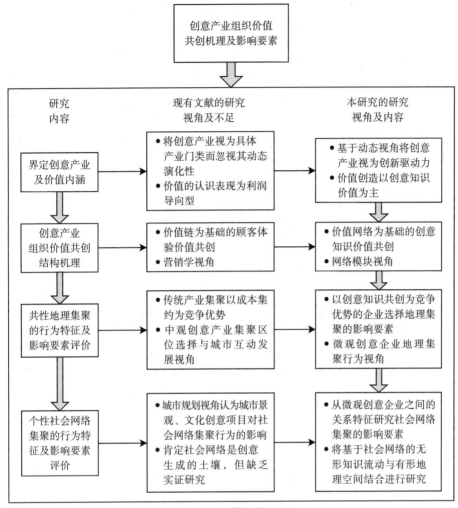

图2-2 逻辑架构机理

用到了对社会网络分析理论的概括总结中。

（2）理论模型分析。本书对价值共创机理问题的研究主要依赖于理论模型的分析方法。为了直观形象地分析创意产业促进现代社会转型的路径，以及呈现创意企业价值网络内主体之间的知识流动路径特征，以创意知识价值流动原因分析为基础，概括总结出创意企业价值共创的机理理论模型。

（3）案例研究。本书是解决"如何"、"怎么样"类型的问题，是对价值创造过程和影响因素的探究，以全球第一个创意产业学院——昆士兰科技大学创意产业学院发展创意产业为案例，将抽象的价值共创机理理论模型与实际的经济产业

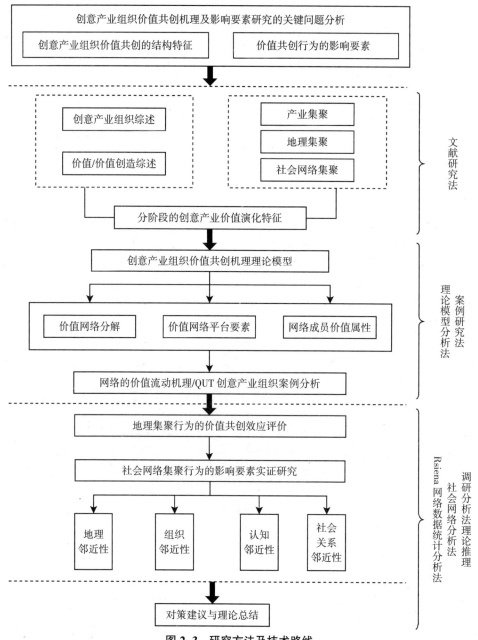

图 2-3 研究方法及技术路线

发展路径相契合，使价值共创机理理论模型更加客观立体地呈现，有助于加深对价值共创机理的认识和理解。实践研究部分，引入中国传统文化产品生产企业和国际电影制作企业的知识网络构建案例，具体分析实践中的知识网络演化机理。

（4）新经济增长因素分析法。新经济增长因素分析法是通过数理模型方程，估计各种因素对经济增长贡献的数量分析和比较，以寻求高效增长的理论分析方法。本研究以地理集聚为基础，将知识的增长作为创意经济增长的核心，数理推导创意产业地理集聚下不同企业结构构成的知识增长效率。

（5）Rsiena 社会网络数据统计分析法与实际调研结合法。社会网络分析是从网络理论的视角分析节点之间关系的方法。自 20 世纪 70 年代诞生以来，此方法广泛应用于心理学、社会学和管理学的研究领域。创意企业作为社会网络分析内的节点，具有其独特的关系特征。在社会网络分析时，采用纵向时间的网络关系变化为主线，辅以网络关系图深度比较呈现其变化趋势。在网络关系图基础上，社会网络分析中的关系变化以实际调研采访的数据为基础。本书综合运用问卷调查、企业访谈和社交网络平台三种方式调研收集了社会网络分析初始数据，最终运用 Rsiena 做实证分析。SIENA 是搭载于 R 软件平台上的统计分析工具，是牛津大学 Tom A.B Snijders 教授为统计分析社会网络的演化过程，解决社会网络面板数据的复杂分析过程，专门针对纵向社会网络数据的分析工具。本书正是利用此分析方法，对社会网络分析收集的初始数据依据 SIENA 范式进行整理，构建基于马尔可夫过程的价值共创随机模型，通过条件发生概率函数和目标效用函数实证研究了邻近性要素对价值共创关系的影响。

第二节
价值理论

价值理论是一种与静态资源配置、产权关系、财富分配和经济发展等研究相关的经济学基础理论。考察历史上不同倾向的价值论的性质和特点，有助于我们把握科学的商品价值论方向。

除了劳动价值论以外，西方经济学界还存在一些其他价值理论，而效用价值论是西方经济学价值概念的主流。但无论哪种形式的效用论，实际上都是将商品价值归结为商品满足人的需要或欲望的能力，也就是说归结为人的需要同商品效用的关系；这些价值概念有一定的道理，但也都存在缺陷。对各种价值论的评价，必须坚守"实践是检验真理的标准"，必须以揭示商品交换、价值演化的内在规律为准绳。

一、生产要素价值论

在价值理论发展史上，生产要素价值论的集大成者应首推法国经济学家萨伊。萨伊认为劳动、资本、土地是一切社会生产中不可或缺的三个要素，这三个要素在创造效用的过程中，各自提供了"生产性服务"，从而"协同创造"了商品价值，并因此获得了各自的收入，即劳动得到工资，资本得到利息，土地得到地租。这就是著名的"三位一体公式"。

客观分析，生产要素价值论完全肯定劳动创造价值。在现实经济生活中，资本是一个较为抽象、较为笼统的范畴，大体分为三类：一是货币资本（及其衍生形态）；二是实物资本，包括机器设备、生产原料等；三是无形资本，包括技术专利、知名度、商业信誉等。而就资本的后两种形态看，按照有无人类劳动的因素来区分，则可以分为劳动产品资本（如机器设备、技术专利等）和自然产品资本（如自然矿藏、原始土地等）。我们可以认定活劳动是创造价值的唯一源泉，但不能认定活劳动是"形成"商品价值的唯一源泉。因此，商品价值=生产要素转移的价值+活劳动创造的价值+非活劳动生产要素生产的价值。

二、边际效用价值论

边际效用价值论认为，价值并非商品内在的客观属性，它是表示人的欲望同物品或者劳动满足这种欲望的能力的关系，即人对物品或劳务效用的感觉和评价。效用是价值的源泉，也是形成价值的一个必要条件，但不是充分必要条件。价值的形成要以物品的稀缺性为前提，稀缺与效用相结合才是价值形成的充分必要条件。衡量价值量的尺度是"边际效用"。

边际效用价值论是建立在边际效用递减规律之上的价值理论，因为人类消费的普遍规律是边际效用递减，要提高人们的消费水平，增强人们消费的效用，就只有不断推出新的消费对象，即社会必须不断进行消费品创新。而这种创新意味着生产力的进步、社会的发展。因此，边际效用递减规律实际上是决定商品经济优胜劣汰竞争规律的更为深层次的经济规律。

三、知识价值论

400多年前，培根创造了名言：知识就是力量。时至今日，越来越多的企业及企业家都认识到了知识在企业取得成功过程中所扮演的重要角色，以至于知识的价值被一再强调，知识管理活动成为企业管理的核心，是企业形成核心竞争力的实质内容。知识价值论的实质是肯定了通过对知识的学习和创造能够优化客体的主张。"价值"的体现在于"优化"，而优化程度的多少一直是学者们渴望去研究探讨的未知领域。学者们普遍认为，对知识价值体现程度的衡量，是知识管理中最难以解决的问题，甚至不清楚知识本身是否可以被量化。从知识的生命周期视角分析，初始阶段，原有知识还不能达到优化的需求，知识需经过一系列演化追加的过程，才能达到优化解决问题的要求。成熟阶段，是知识与待优化的客观背景已充分融合的阶段，知识的价值更容易体现。另外，也有一些学者将知识的价值与信息的价值联系在一起，认为对信息价值的衡量主要依赖于对信息转移成本的计算。总之，知识作为特定的商品形式，不同于传统资源的特征，使其价值很难被衡量，但知识的力量却一再成为改写历史的源泉。

第三节
外部性理论

"外部性"最早的来源是马歇尔在其所著《经济学原理》中提及的"外部经济"。对于外部性这一概念，经济学家们希望能够明确地定义这一概念，但不同的经济学家往往会给出不同的定义。尽管如此，对于外部性的定义无非两种：第一种从"产生主体"定义；第二种从"接受主体"定义。

由"产生主体"定义，例如，萨缪尔森和诺德豪斯认为："外部性指那些生产或消费对其他团体强征了不可补偿的成本或给予了无须补偿的收益的情形。"从"接受主体"角度看，如兰德尔的定义：外部性是用来表示"当一个行动的某些效益或成本不在决策者的考虑范围内的时候所产生的一些低效率现象；也就是某些效益被给予，或某些成本被强加给没有参加这一决策的人"。因此，可以总结外部性的基本定义，即某经济主体福利函数的自变量中包含了他人的行为，而该经济主体又没有向他人提供报酬或索取补偿。

用数学函数来表达即：

$$F_j = F_j(X_{1j}, X_{2j}, X_{3j}, \cdots, X_{nj}, X_{mk}) \quad j \neq k \tag{2-1}$$

式中，j 和 k 是指不同的两个经济体，F_j 表示 j 的福利函数，X_i（i = 1, 2, $\cdots$, n, m）是指经济活动。该函数表明，只要某个经济体不仅受到自己控制的经济活动影响，还受到 k 控制的另外一种经济活动的影响，在这种情况下就存在外部性。

文化创意产业的外部性体现在文化创意产品中，既包含了商品属性也包含了文化属性，这种文化创意产品的二重属性会强烈地冲击消费者的价值观，对消费者的消费习惯和消费理念产生强大的影响。这部分消费者消费习惯的改变势必会影响到社会的其他行业以及周围的其他人群，并且给社会和其他人群带来一定的成本或者利益，这就表现为文化创意产业的外部性。

Baumo（2003）认为，文化创意产品是具有为人们带来潜在和实际收益的产品，对人类生活具有重要的意义，属于"优效品"。许多文化创意产品都可以满足人们精神生活的需求，这是文化创意产业的积极经济活动；除此以外，文化创意产业也可以促进周边互补型商品和服务的发展，例如旅游业的发展带动景点周边的饮食、交通等其他行业的发展；文化创意产业可以大大增强一个地区的软实力，吸引更多的投资或活动，促进地区发展；民族的文化创新和文化保护不仅可以树立成文化品牌促进文化创意产业的出口，还可以对后代产生良好的影响，使文化得到传承。

从文化创意产业的正外部性属性我们可以了解到，其正外部性的产生大致有三个因素：首先，文化创意产品或服务不仅自身具有价值，还能为社会创造巨大的潜在价值，所以，文化创意产品和服务都属于具备高附加值的"优效品"。其次，很难用经济价值衡量文化创意产业产生的巨大社会潜在收益。最后，因为大多数文化创意产品都具有准公共物品的属性，一人消费并不会影响到他人继续消费该产品的情况，很容易出现一人消费多人获益的现象。在这三方面因素的影响下，生产文化创意产品的个人或商家在生产和销售过程中给社会额外带来了巨大的价值，但其并未因此而获得更多的利益。

而且，文化创意产品由于受到正外部性的影响，不但能给自身带来收益，还能给社会带来更大的收益。因此，私人收益会低于文化创意产品产生的社会总收益，文化创意产业的正外部性导致文化资源没有得到最有效的配置，使整个社会的福利受到损失。

图 2-4 所表现的是文化创意产业的外部性以及社会福利的损失。私人收益线是文化创意产品购买者的私人边际收益曲线，这条曲线等同于私人文化创意产品需求曲线；社会收益线指文化创意产品的社会边际收益曲线，与社会文化创意产品需求曲线相同。社会边际收益曲线高于私人边际收益曲线，两条曲线之间的距

离是社会收益和潜在的收益，也就是边际外部收益。在正外部性的情况下，文化创意产业生产的"私人边际成本曲线等于社会边际成本曲线"。

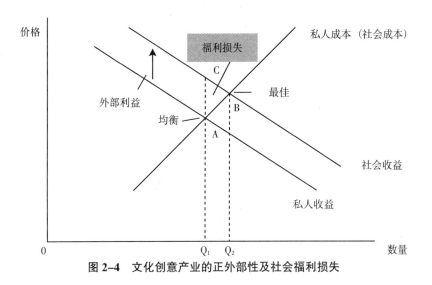

图 2-4　文化创意产业的正外部性及社会福利损失

在没有正外部性影响的情况下，需求曲线、私人收益曲线和供给曲线、私人成本曲线在 A 点相交。因此，A 点是经过市场需求供给调节后的均衡点，此时 A 点是需求供给的最优点，Q_1 是其相应的均衡产量。

然而，由于文化创意产品的正外部性，均衡点 A 并不能真正体现出其产生的社会价值，因此，市场均衡点 A 不是反映该文化产品的最优点。由于文化产品的社会综合收益大于私人收益，其社会收益曲线（需求曲线）与社会成本曲线（供给曲线）相交的 B 点是能够体现该文化产品综合价值的最佳点，与之相对应的该文化创意产品产量 Q_2 是满足社会对于该文化创意产品最优需求的产量。

由于没有考虑社会收益而靠市场来调节需求产量，使得原本最佳资源配置点 B 的产量 Q_2 减少为市场均衡点 A 的产量 Q_1，从而使社会总福利受到损失 ΔABC，因此，"未能达到资源的最优配置"。

第四节
知识价值创造

　　创意产业的价值创造活动是依赖非物质资产的开发和利用，与传统产业依赖物质投入、以物质型生产资料的获得与储备低成本为核心竞争力有根本的区别。创意人才的才能、知识产权，以及组织文化和形象是企业的核心竞争力，所以，创意企业真正体现了"知识创造价值"的原则。通过前文对价值理论的综述可知，"价值"是一个被广泛使用于各个领域的词汇，其在经济学中可以理解为商品、服务和资产的市场估值；在数学中，函数的结果也称为值；在心理学中，价值被解释为人们偏好选择的原因，如因人生目标、行为习惯等。因此，价值可以被理解为对事物或概念做出的正面或负面评价并据此作为决策的标准。知识价值是对知识优化能力的评价、知识对生产活动贡献的价值。根据知识周期的观点，起初知识不能满足生产需要，通过一段知识的演化发展，将能力积累到满足生产的需求并解决问题。知识的"成熟阶段"是描述知识能力积累达到了需求的状态。

　　Edvinsson 以瑞典保险公司 Skandia 为例，将知识价值概括为"有助于 Skandia 在市场竞争中获得优势的与体验、组织技术、消费者关系和专业技能相关的知识形式"。Ross 从管理的视角认为，知识价值是与战略规划制定相关的易于应用于企业管理中的无形资产。知识价值可以被看作是无形而更深层次的企业绩效驱动力，是提高企业价值创造能力的基础。知识是企业绩效的驱动力，展现了知识资源与企业价值创造之间的天然联系。其实，早在一个世纪以前，Marshall 就强调了知识作为生产活动的重要资源，是企业发展的有力引擎。然而，直到最近十几年，由于竞争环境的改变，资源的异质性和稳定性成为企业可持续竞争优势获得的关键，知识在企业竞争优势中的重要地位被真正认识。Liebowitz 和 Stewart 等都认为知识以其难以转移和非耗竭等性质成为现代市场竞争中的核心资源。Leonard 认为，对知识价值创造的研究是对知识产生和转移过程等规律的探讨，通过对知识的有效控制，可以提高生产活动的效率。特别是对于以抽象思维、信仰和体验等形式存在的隐性知识，其很难用传统范式进行表达和传递，而更多的是以故事述说的形式储存和呈现。另外，Ahn、Bernard 等通过平衡记分卡和系统建模等研究方法，实证评估了知识对企业绩效的贡献。

在创意产业的研究背景下，知识价值是描述知识对创意产出的贡献。创意产业的知识价值创造是创意组织将其掌握的成熟阶段的知识用于创意作品生产活动中的行为。

第五节
价值共创

价值共创是关于价值创造网络中涉及的相关组织实体之间的合作行为，组织之间的互动和网络关系如何共同优化价值创造活动是研究的核心问题。Prahalad和 Ramaswamy 首次提出了"价值共创"的概念，并在《竞争的未来》一书中将其提升为未来企业生存和发展的指导性哲学思想。学术界对价值共创的研究主要分为两大部分：①生产者视角的企业间价值共创；②消费者视角的企业与消费者共同创造价值。

一、生产者视角的企业间价值共创

同产业领域内的企业基于纵向产业链上的不同专业背景相互投资，形成功能互补，是组织价值共创的最常见形式。产业前后端的全球化趋势将产业内的企业更加紧密地联系在一起，其中，现代网络技术和全球物流及信息系统为价值共创网络关系的形成提供了技术上的保证。Lindfelt&Jan-Ake 认为，全球化致使地区及国家之间的消费模式和品位偏好趋于雷同，在此背景下，信息传播和新兴市场进入的过程都一再影响产业内企业之间的价值共创关系。将企业作为独立市场组织进行研究的视角已成为过去，取而代之的是关注企业所处公共环境对企业价值创造能力的影响。Roser 研究比较了 B2B 和 B2C 的业态背景下，企业对价值共创关系管理的差异，结果表明，业态背景对价值共创关系的形成没有显著影响，而价值共创关系的设计，即决策谁参与到价值共创的问题，会影响到价值共创的实施和管理的问题。

对企业生态系统的研究是在组织价值共创研究视角下的进一步深化。"企业生态系统"由 James Moore 在《哈佛商业评论》中首次创立，认为现代商业竞争，是少数大联盟和网络之间的竞争，网络中囊括了扮演不同角色的企业类型，这一网络的构成就如同生物学中的生态系统——围绕创新主题，企业之间紧密联合，形成共同演化的微观经济业态。企业的生态系统突破了单一产业的界限，将各种产业类型纳入生态系统中，共同为新产品的开发和顾客需求的满足而紧密合作。另外，Stuart Crainer 还提出了"价值星系"的概念。总之，现阶段对产业领域内的企业间价值共创的研究，无论是基于价值链、价值生态系统抑或是价值星系，都主要是从企业战略管理的宏观角度提出的新兴概念和发展思路。

二、消费者视角的企业与消费者共同创造价值

"以顾客为核心"是现代企业成功的关键所在，学者们已经从管理学和市场营销学的视角做过大量的研究。其中，从营销学视角，Vargo 和 Lusch 提出的服务主导逻辑成为企业与消费者共同创造价值的理论基础，认为企业与消费者共同创造价值，企业应将关注点从产品转移到对服务的重视上。营销活动因此被认为是促使企业与社会之间就知识和技能的志愿交换行为。企业和消费者共同创造的是体验价值，对每位消费者来说，体验价值是独特而唯一的价值创造过程。在数字化信息技术时代，企业通过虚拟社会媒体平台吸引消费者参与价值共创也成为学术研究的又一重要方向。Hajli 认为，在虚拟环境下，每个消费者的内容创造激情都被点燃，并赋予其参与价值创造的使命。消费者借助社会媒体平台与他人联系，在此过程中形成社团，交流知识并广泛结交朋友，因此社交媒体的盛行迫使企业利用这一新渠道与消费者共同创造价值。Winston 认为，以互联网技术为支撑，在线社团已经成为消费者分享信息和知识的重要平台。Ponsakornrungsilp 和 Van Noort 都指出，消费者通过社交媒体互相连接形成的社会关系，是企业价值创造的源泉。Gruzd 进一步认为，正是因为通过虚拟社团成员之间的交流，消费者为彼此提供了社会支持，这种支持成为对企业信任的原动力。Mahmood 和 Mohammad 以足球迷为研究对象，发现球迷在虚拟社区平台上的社会互动将增进社区成员之间的相互信任，并进一步促成对足球俱乐部的忠诚度。Francis 提出了价值共创的五个关键要素：社团、平台、交流、体验和经济价值，认为许多企业以创新项目为出发点，搭建虚拟或实体平台并邀请各类人员参与创新社团，展开广泛的交流，与此同时，为每一个参与其中的人员创造独一无二的体验和产生相应的经济价值。总之，学者们普遍肯定了企业想要在未来 10 年获得竞争力，必须学会如何吸引消费者和利益相关者加入价值共创网络。

另外，还有学者认为，相比以创新项目为主题的、由企业引导控制的价值共创活动，消费者参与价值创造也并非全部都在企业的控制之下才能实现。有些价

值创造活动甚至发生在消费者的单边行为下。这一现象在娱乐产业表现尤为突出，"有趣"一向是娱乐产品创新开发的重要目标，同时"有趣"也被认为是体验消费的核心。然而，企业很难把握消费者在创造"有趣"这一价值活动上的角色定位，更不太清楚企业和消费者在共同创造"有趣"价值过程中扮演的角色。McAlexander 认为，在共同创造"有趣"价值的活动中，社团消费者个人之间的关系是社团价值共创机理形成的决定性力量，另外，Andrew 进一步证明，当消费者成为价值共创机理形成的决定力量后，将继续沉浸在"有趣"价值的过渡创造中，这时消费者追求的过渡价值与企业价值就会产生矛盾，而使价值共创活动超越企业的控制和想象。

如今，企业经营环境已经发生了根本性的变化，知识与关系已经成为企业获取竞争优势的两种重要资源。企业的经营环境已然变为看不见的资源（知识、关系、能力、创造性）和看得见的顾客（具有特定偏好和需求的个体消费者）相结合的状况，在这一全新的经营环境中，企业价值创造的基础发生了改变。"顾客"成为价值创造成功的基础，决定着企业的成败。企业必须先为顾客创造价值才能为自身创造价值，必须注重培育和利用与顾客的关系，不断创造和利用知识，进行持续和快速的产品开发，为顾客增加新的价值内容。企业迫切需要正视顾客角色的变化，把顾客纳入到价值创造与交付活动中，从顾客那里获取更多的货币收益和产品创新思想等非货币收益。通过顾客价值管理为顾客提供卓越的价值，管理者才能为股东提供卓越的价值。

（一）国内顾客价值创造研究

在中国知网 CNKI 中以"顾客价值创造"为主题词搜索，时间限定为 2004~2014 年，共有 481 篇相关文献，其中期刊文章 212 篇，硕士、博士论文 228 篇，报纸文章 22 篇，会议文章 19 篇，各年发表情况统计如图 2-5 所示。

从图 2-5 中可见，学术上对"顾客价值创造"的研究，整体上呈逐年增多的趋势，2012 年的相关研究成果异常丰富。从文献的整理中可以发现，对于"顾客价值创造"的研究，从最初站在顾客角度研究企业如何为顾客创造优异的价值，到站在企业角度研究如何把顾客看作是一种资产并且如何利用这种资产为企业创造价值；近年来，越来越多的学者从企业与顾客的关系角度，研究如何通过关系为企业和顾客双方创造价值。

1. 顾客价值的定义

在顾客视角下，大多数学者认为顾客价值是顾客对交易的产品或服务的感知

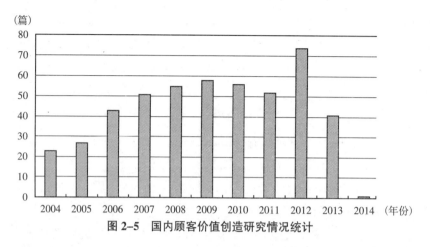

图 2-5　国内顾客价值创造研究情况统计

利得与感知利失之间的权衡。企业视角下的顾客价值定义是把顾客看作是企业的资产，认为吸引、发展和维系顾客是企业经营的关键。该视角的研究重点是如何利用顾客资产为企业创造价值，而不是为顾客创造价值，其中最具有影响力的研究成果是顾客终生价值概念的提出。从企业与顾客关系的角度研究和定义顾客价值，是顾客价值与关系营销理论相结合的一个最新发展，是学者们对顾客价值的更深刻认识，这是一种兼顾顾客、企业和利益相关群体的价值观点，它的核心思想是企业与顾客通过建立、维系双方关系可以为双方创造和带来价值。这是"顾客价值创造"研究的新兴热点领域，还有待进行更多的理论和实证研究。

学术界对顾客价值的重要性已经有了统一而全面的认识，即顾客价值是顾客满意和顾客忠诚的决定因素，但对于顾客价值的分类还存在分歧，国内关于顾客价值的分类的研究：闵梅梅和罗新星在《基于顾客价值构成维度的顾客价值链的构建》一文中提出了与产品相关、个人相关、社会相关的三维度划分模型：功能价值、情感价值、社会价值。谭蓉芳和武振业在《一个以顾客价值为中心的组织结构框架》一文中阐述了企业可以从一般价值、品牌价值和保持价值三个方面驱动和影响顾客价值。张明立从顾客感知利益所得和感知成本所失两个方面，把顾客价值驱动因素总结为五个重要组成部分，即知识因素、品牌因素、产品因素、关系因素和技术因素。这里的关系因素是从顾客心理层面分析的顾客情感价值，它包括在售前、售中、售后的，企业传达给顾客的，产品和服务赋予顾客的情感联络、情感氛围、信任感等情感诉求。蔡双立、蔡春红在《第三方物流企业顾客价值需求满足模式研究》一文中，在研究众多文献的基础上，提出了顾客价值与顾客满意的关系模型，该模型有助于深刻理解顾客感知价值的内容。该模型将顾客期望价值和顾客感知价值分为四层,从最基本的功能层面的产品或服务基本效能价值到附加价值(增值服务价值),再发展到顾客的情感价值(信任、荣誉感等),最后到最高层次的顾客自我实现价值(顾客取得的社会认同、企业价值最大化等)。

2. 关于顾客价值创造的研究

表 2-1 顾客价值创造的研究内容汇总

研究者	研究内容
罗青军、项保华	从价值网络节点的视角,研究顾客价值创新。将企业价值网络分为供应商、销售商、顾客等多种因素
项银仕	从过程的角度研究了顾客价值创造,他通过对顾客价值创造的研究和对顾客价值分析,并把顾客价值创造活动分为生产经营活动、行政管理活动、政工管理活动。提出了企业可运用六种价值创新机制创造和扩大顾客价值,即产品创新、成本创新、营销创新、质量创新、品牌创新和组织创新
汤俊、胡树华	在顾客价值创造的因素方面做了研究,他们认为顾客价值创造因素主要分为企业内部因素和企业外部环境因素,顾客价值创造在于对各个相关因素的改善
周亚庆、王瑞飞	把顾客价值创造因素分为价格、质量、服务、创新、速度、品牌六方面,该研究还从制度方面做了分析,提出了以顾客价值为核心的制度三角形:企业文化、人力资源、支持系统
叶志桂	从消费者参与的角度研究了顾客价值创造,通过让顾客参与的形式增加顾客对产品的感知利得,从而创造顾客价值

(二)国外顾客价值创造研究

国外对于相关文献的研究方面,在昆士兰科技大学图书馆数据库中,以"customer value creation"为主题词搜索,2004~2014 年发表的相关文章,英文期刊文献 31072 篇,年度发表情况如图 2-6 所示。

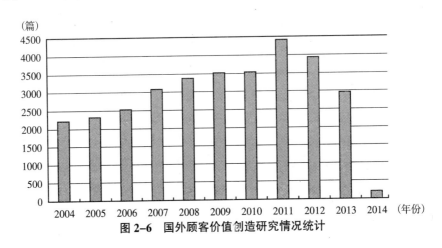

图 2-6 国外顾客价值创造研究情况统计

国外对顾客价值创造主题研究的关注起步较早，2004 年已经有大量的相关文献，并且相关成果还呈现逐年增多的趋势。当前对顾客价值概念的界定，主要存在两种范式：产品中心导向（Goods-dominant Logic，G-D）和服务中心导向（Service-dominant Logic，S-D），存在两种研究视角：理性视角和感性视角。

以产品为导向的营销范式认为，价值是由生产者决定的，它嵌入在可计算的资源（货物）中，被定义为"交换价值"；以服务为导向的营销范式认为，价值是由消费者在"使用价值"基础上感知决定的，价值来源于可计算的资源所带来的有益应用与传递，因而，企业只能据此制定自己的价值主张。

理性观点是基于消费者理性的假设，着眼于顾客购买产品或使用服务时所得到效用、品质或利益与其成本的比值或差值。Lam 等认为，顾客价值是顾客从产品或服务中所得到的总价值。感性视角则强调顾客在消费过程中的情绪和偏好，着眼于顾客的消费经验，其核心思想是价值不仅是一种实实在在的理性需求的满足，更是心理情感的满足。持这种观点的研究者多关注顾客精神层面的感受，将消费视为一种纯粹主观的意识状态，且伴随变化多样的象征意义、享乐反映和美感准则。Holbrook 分析了基于理性观点定义顾客价值的不足，认为仅从完全客观的价格或产品所提供的工具性效用界定顾客价值过于狭窄，忽视了消费行为中享乐这一重要成分，并将顾客价值看作是互动性的、相对性（比较性、情境性）的偏好和体验，认为所有产品均可借由消费体验创造价值。持感性观点研究顾客价值的学者，努力把顾客的情感、娱乐等体验性需求融合到理性的消费价值，因此，就单个消费者而言，整体消费经历的好坏是顾客价值内容的主体。

除了从企业与消费者视角的价值共创外，还可以从价值网络内涉及的多方组织之间的资源整合为视角研究价值共创问题。Cantù 通过研究证明了价值创造并不是企业对已有资源要素的集合，而是价值创造网络内组织之间的持续互动过程。Davies 和 Tuli 等进一步证明了企业之间的合作关系可以形成价值创造中的关键资源。另外，也有学者认为，企业与外部合作者之间的关系对价值创造是把"双刃剑"，有可能促进也有可能阻碍。然而，之前的研究都没有从价值网络的视角研究网络内相关组织之间如何互动共同创造价值，相关组织的合作关系机理仍然处于探索阶段。因此，本书欲从创意产业的视角研究价值网络内相关组织之间的价值共创机理。

第六节
理论梳理概括

基于对创意产业基本概念、价值共创的相关研究和创意产业集聚研究现状的综述，发现对创意产业的研究呈现以宏观视角为主，对价值共创的认识主要集中于从营销视角的研究顾客体验的价值共创路径。研究的不足主要体现在以下几个方面：

一、对文化创意产业的知识本质理解存在局限性

大部分文献在定义创意产业的概念时，都沿用了英国关于创意产业的 13 项分类定义，将创意产业视为静态具体的产业门类作进一步研究分析，忽视了创意产业的动态演化属性。众多研究以此为基础，从 13 项分类中再根据行业背景挑选其中的单一门类做具体研究，其本质仍然是做传统产业的经济属性研究。而且，文化是创意产业的本质核心，创意产业与文化产业的天然联系，使长期以来对创意产业的理解研究都以文化产品为研究对象。多年前，英国创意产业特别工作小组，根据英国产业振兴发展需要提出了 13 项创意产业门类，而在具有中国特色国情的产业发展背景下，创意产业扮演经济社会创新转型的驱动力角色。所以，对创意产业的本质理解理应随着时代的发展不断演化，有必要分阶段研究创意产业的发展内涵与模式。

二、有关知识价值共创的研究视角相对有限

从学者们对价值共创的界定及其模式的研究描述中可以发现，顾客体验价值是价值共创的关键核心，无论是生产者逻辑还是消费者逻辑，其实质仍然是以价值链为基础的纵向价值创造研究，而缺乏从价值网络理论为基础的、较为全面的着眼于组织间价值共创的机理研究。顾客价值的共创研究以营销学为基础，而创意产业的核心价值体现于创新知识价值的共创，是更加深入而实质的价值体现。知识价值表现为知识对创意产出的贡献，创意产业的知识价值创造是创意组织将其掌握的知识用于创意作品生产活动中的行为。因此，创意产业的价值共创机理研究，应以价值网络为基础研究组织间的价值共创行为。

三、文化创意产业组织知识集聚的现有研究也存在一定的局限性

创意产业组织集聚认为是创意产业知识发展的有效模式。众多学者以迈克尔·波特的产业集聚理论为基础，分析创意产业组织的集聚问题。然而，传统的产业集聚理论形成是以成本集约为竞争优势的传统产业为基础，大量学者已经开始深入研究是否地理集聚能够有利于知识密集型企业的竞争优势形成。这一问题仍然在进一步探索中，而对"创意产业价值共创组织模式的创意产业集聚研究"的总结可以发现，对创意产业集聚的研究争论主要是分为地理集聚的产业组织模式有效性研究和社会网络集聚的产业组织模式有效性分析。学者们普遍认为，创意企业之间价值共创的合作关系形成是创意产业集聚的本质，然而对价值共创的关系形成的影响因素并没有做深入分析，更没有同时将地理集聚和社会网络集聚的组织模式效应分析进行比较。所以，创意产业集聚的认识仍有很多问题等待研究，具体而有效的发展路径研究还有待深入。

第三章

文化创意企业知识价值网络认知演化探析

文化创意产业作为经济转型发展的重要战略举措，这一发展途径是否成功主要取决于对文化创意的特征认知是否正确以及政府的扶持是否恰当处理创意与产业的关系。文化建设是创意产业发展的核心，关系到经济可持续发展、城市复兴、地方企业创新活力等问题，所以，有必要随着社会的演化发展，通过更多的向"创意"概念本身的回归，理清创意的属性，更新指导创意产业的价值认知与发展路径。在文化创意、经济体系和环境建设之间实现有机结合，从而避免将创意产业仅仅作为一个新兴产业业态，并再次陷入经济指标体系构建考核的产业发展传统路径。

第一节

文化创意企业知识价值网络的内涵剖析

对创意产业内涵的深入探析，有助于在创意产业发展 10 余年之后，重新审视创意产业研究发展的目的，为创意产业进一步的理论和实践发展做出更为理性的规划。特别是我国发展创意产业长久以来，出现了很多资金浪费、园区空置的情况，何谓创意产业以及创意产业丰富内涵的解读对政策制定引导具有重要的意义。

一、"创意"之源

创意源于过程。如果从纵向时间线来探寻"创意"，康德的美学被认为是"创意"一词的起源。复杂理论（Complexity Theory）研究领域的先驱布赖恩·阿瑟（Brian Arthur）认为创意是对现有事物的修改变化。Bohm 则认为，创意是相似的不同点和不同的相似点之间互相作用的结果。Florida 将创意解释为对原有数据、感觉或者物质进行加工处理，生成新而有用的东西的能力。从实践观察，伦敦西区的创意产业集聚区多基于传统文化自发形成或基于城市空间的演绎。显然，创意应被理解为是持续而从未停止过的变化过程。所以，创意具有天然的过程属性，强调过程胜于结果是创意最初的行为特征。

创意始于环境。Mockros 和 Csikszentmihali 认为，创意是象征性的社会系统中互动反馈动态发展的重要组成部分，创意必须被社会接受并赋予价值才具有意义。创意生长的环境是创意有用性的根源，在封闭而自我陶醉的观念里，创意只有最终走向衰亡。Rehn 和 De Cock 认为，创意产品之所以是创意的原因来自于被社会认同的创意过程；创意过程之所以为创意的原因来自于其产出被社会认同的创意产品；创意人才之所以为创意的原因来自于被社会普遍认可的关于其创作的作品和经历。回顾在时尚领域被认为是成功的创意产品，大都适应了社会循环往复的流行趋势，在恰当的时间将其推向了媒体，被社会所接纳认同为杰出的创意。所以，环境是赋予创意价值、创意之所以为创意的根源。

创意成于延续。布赖恩·阿瑟（Brian Arthur）创造的"整合演化"（Combi-natorial Evolution）概括了新技术的产生是以存在的技术为基础而不断发展变化的。斯蒂芬·约翰逊（Stephen Johnson）在此基础上提出了"邻近感染"（Adja-cent Possible）的概念，指出在文化发展进步的历史长河中，无一例外地都是一个故事引发下个邻近类似的故事。Donovan 认为，创意可以分为原始创意、派生创意、复制伪创意。原始创意是一些完全新兴的事物被创造诞生，而复制伪创意则刚好与其相反，表示将已经存在的创意重新复制与应用。介于两者之间的派生创意则是借鉴已有创意，通过适应性修正而成为新的创意作品。学者们普遍认为，成功的创意行为大多来自适应性修正的派生创意。Moran 认为，创意行为在不断适应修正的连续性发展之后，将会最终达到质的突破，从而形成原始创意，并成为下一次创意的起点。2012 年，炙手可热的诺贝尔文学奖获得者——中国作家莫言的作品就是在继承中国传统文化，借鉴西方文化的基础上，同时具有鲜明现代性的成功创意产品。所以，创意具有延续属性，是承前启后不断发展的人类行为。

创意源于过程、始于环境、成于延续。创意需要将不同的元素融合，在冲突与矛盾中获得新的灵感。所以，过程的多样性、环境复杂性与延续的矛盾性是维持创意生态系统可持续发展的重要元素，也是创意产业发展研究的根本问题。

二、"产业"之意

基于分类视角的创意"产业"之意。"产业"一般用来表达对相似经济生产形态的分类，如制造产业、服务产业。根据英国 DCMS 关于创意"产业"所涵盖领域的基本划分：广告业、建筑业、古董、游戏软件、手工艺品、设计、时尚、电影视频、音乐、表演艺术、出版、电视和广播，可以总结出创意的"产业"之意在于肯定文化、媒体和设计的经济价值，表明现代经济发展所具有的文化特性。DCMS 对创意产业的分类成为很多学者研究创意产业的基础，并在此基础上先后从知识产权、生产功能、文化属性等不同的侧重点对创意产业进行重新分类。但回顾各种按照"产业"的传统理解对创意产业涵盖领域的分门别类，更多学者认为是不准确的，关于创意的门类远比想象的要多，而且还在持续扩展中。所以，虽然有众多研究成果从不同角度归类创意产业，但都好像没有准确完整解读其"产业"之意，并引起了概念的混淆和误解。

基于演化经济视角的创意"产业"之意。近年来，有更多的学者认为创意的"产业"概念应跨越静态产业门类分析视角，将创意产业作为经济演化发展创新系统的一部分，研究艺术文化如何成为国民经济增长的动力源泉。对文化的认知从国家的非经济福利属性发展到全球化的经济价值认可，重视以飞速发展的信息传播技术为手段，利用体验经济、社会文化认同作为经济持续发展的不竭动力，是创意"产业"之意的一大突破。创意产业将重新诠释生活的方式与意义，将新的社会关系与个人相整合，在经济演化的适应性发展过程中注入更多元素，这构成了新经济机会的来源。John Hartley 提出，对创意产业的理解一定要着眼其在经济发展中所扮演的驱动力角色，并将创意产业的发展分为创意集聚、创意服务、创意公民、创意城市四阶段。所以，创意的"产业"之意并不在于其本身的范围归属，而在于通过文化创意的注入对经济持续增长的驱动作用。

如果"创意"强调个人的创造力、技能和天分，而"产业"以传统经济门类划分为理解，那么"创意"的个性化特征与"产业"的大规模集聚效应是看似矛盾的两种行为方式，这将在指导创意产业实践发展过程中产生难以双管齐下的尴尬局面，特别是对于亟待通过创意产业为路径升级经济发展方式的地区，容易再度陷入以经济绩效考核指标为导向的误区。创意产业概念的广泛传播，得益于其顺应现代社会对文化、媒体及设计领域经济价值重视的主流思想。所以，研究和发展创意产业应该更多地着眼于社会文化与关系机理的探讨并建设开放、包容的文化环境。如果说在起步阶段，创意产业组织集聚区建设是发展创意产业的物质载体，那么创意的本源决定了创意不会发生在集聚区以内，也不会完全脱离集聚以外，而是发生在集聚区内外的交界处。集聚区作为吸引创意投入和溢出创意成果的聚集地，是创意产业发展的第一阶段，对于创意产业的研究来说，理应重视解决如何合理匹配集聚区内外资源，构建和谐的社会文化与网络关系软环境，将多样、协调、合作有效整合，达到经济发展方式转型的最终目的。

三、文化创意企业知识价值网络表现形态

在当代工业化城市经济转型的大背景下，创意产业的地理空间集聚发展模式也表现出其自身的特征，表现出三种地理位置发展形态。

（一）工业化厂房遗址改造

该形态指在创意产业集聚区的实践发展中，以再利用位于城市中心或靠近城市的废弃工业厂房为特征。工业化遗留下的厂房，因为城市重建而成为赋予城市特殊的历史厚重感的遗产。在我国，政府城市重建规划中，巧妙地将工业化的大规模理性经济发展痕迹与现代艺术的夸张感性相结合，成为工业城市向创意城市发展的重要特征，如上海的 M50、北京的 798。工业化厂房因而成为创意产业的发源地，成为各地建设创意城市的标准发展模式。如果说这一源于西方的创意城市发展模式，主要源于艺术家自发寻找低廉租金并激发艺术灵感的创作之地，那么在我国以政府规划主导为特征的创意城市发展路径，可能相比之下主要是以低廉租金吸引创意人才，而少了些许的自发性和灵感捕捉，而这些在创意产业的发展中起到了举足轻重的作用。

（二）城市稀缺滨水区自发利用

城市滨水区主要指城市中的陆地与水域相连的一定区域，如上海 2010 世博会遗址、布里斯班 1988 年世博会南岸公园。水作为人类生活的重要资源，许多大中型城市都是依江河而建，或是海滨城市，而开发城市的滨水区域作为创意产业集聚区也是另一种创意产业发展的重要模式。城市滨水区作为城市的重要稀缺资源，因陆地与水的邻近性容易激发创造灵感，以及自古以来的交通便利性，往

往自发集聚了大量的创意及休闲活动。政府土地规划中也偏向于将滨水区划为公共用地，作为市民休闲旅游或是举办盛会的场所。因此，城市滨水区因其特有的资源禀赋，一般具有较大的人才流动性，而这又成为创意产业发展的重要元素，因而成为创意产业集聚区的重要发展形式。

（三）环高校而建的产学研知识圈

创意产业发展过程中因其对知识密集性的高度要求和创新激情，往往以激发青年一代的创业激情为特征，所以高校作为知识溢出的主要社会形态，特别是以设计、艺术创作为主要特色的文化艺术类高校，成为创意产业聚集区发展的重要智囊库和人才输送高地，如环同济知识经济圈、环东华时尚创意产业集聚区。以高校为中心形成的创意产业集聚区附以创业启动金的扶持，形成产学研紧密结合的良性发展模式，带动一个区域的创意氛围，吸引众多的中小企业集聚，自发形成以高校创意专业特色为主的创意产业集聚区。

创意产业集聚区作为从工业化城市向创意城市转型的初始阶段，主要的发展目标是创新精神的培育，强调创新的外部性效应。因此，无论是工业厂房遗址改造、城市滨水区抑或是环高校而建的创意集聚区，衡量创意集聚区效应的标准应落脚到企业之间既合作又竞争的创新能力。所以，现在有许多创意产业集聚区为了整合各项优势，将三种集聚区形态规划其中，以期能够形成相互耦合效应。具体而言，创意产业集聚区中的企业竞争优势主要来源于创造新的经营理念、新技术、新商业模式，更多地表现为艺术与传统产业的跨界融合而产生文化的经济释放效应。集聚区中的企业创新灵感主要来自于对区域中其他主体隐性知识的获取能力以及文化适应性整合能力。所以，创意集聚区作为区域经济持续发展的推动力，扮演了城市可持续发展的智囊库角色。新产品的实验、新企业的孵化、新知识的学习都要求集聚区内形成主体之间适宜的社会网络关系而催生创新行为。因此，社会网络软环境将成为决定集聚区协同演化的关键，而集聚区的社会网络软环境的研究将成为创意产业研究者的关键。

第二节
文化创意企业知识价值内涵发展的四阶段

从刺激经济发展的角度讲，创意产业作为转变经济发展方式的策动力，其价值如何体现？以往对于这个问题的解决，一般采用静态的模型加以解释。即如果将国民经济总产值设为 Y，将创意产业的产值设为 CI，就可以用等式 CI = A.Y 表示国民经济与创意产业之间的关系，英国对于 A 的估值达到 0.08，澳大利亚为 0.045。而对于这个问题的探讨，Jason Potts 和 Stuart Cunningham 从产业与总体经济发展关系出发，用动态的关系代替了以往的静态分析模型，详细量化分析了 CI 的变化对于 Y 的影响（$\Delta CI \leftrightarrow \Delta Y$，$dY/dCI$）和对社会总效用（福利）的作用（$dU/dCI$）。以此为基础，可以总结出创意产业内涵发展的四阶段，如表 3–1 所示。

表 3–1　创意产业内涵发展四阶段

创意产业内涵发展阶段	特征	关系表达式
经济福利驱动	资源消耗	$dY/dCI < 0$，$dU/dCI > 0$
要素竞争驱动	独立产业	$dY/dCI = 0$，$dU/dCI = 0$
经济增长驱动	发展驱动器	$dY/dCI > 0$，$dU/dCI \gtreqless 0$
创新驱动	创新系统的实质	$dY/dCI \rightarrow \infty$，$dU/dCI \rightarrow \infty$

一、经济福利驱动阶段

经济福利驱动阶段是创意产业发展的初始阶段，在这一阶段，创意产业的价值被视为对经济发展的净流出，经济上对社会福利的补给驱动着创意产业的发展。创意产业的全要素生产率（TFPCI）小于整个社会的平均全要素生产率（TF-PY）。创意产业是高尚的"精神产品"的生产部门，由它提供的文化产品所产生的社会福利效用优势明显（$dU/dCI > 0$）。但它的发展对于理性的经济人而言却是消耗了整个经济得以更好更快发展的有限资源。甚至认为，对于创意产业产生的知识溢出将限制 TFPY 的增长。经济福利驱动阶段，创意产业与国民经济和社会效用（福利）的关系可以表示为：

$$dY/dCI < 0, \quad dU/dCI > 0 \tag{3-1}$$

可以看出，创意产业的发展是出于其对于社会、政治和文化发展的意义而被提出，经济上的可行方式主要是将有限资源从其他具有更高经济贡献的产业转移到创意产业上来，创意产业的发展被视为是消耗型产业，是社会福利驱动的结果，是 Y 通过资源的消耗来促进 CI 的发展阶段。

二、要素竞争驱动阶段

要素竞争驱动阶段是创意产业逐渐成为社会经济门类中独立产业类型的阶

段，在这一阶段，创意产业对社会经济发展的贡献与其他产业类型的贡献程度相当，具体表现为对技术变革、组织创新以及生产率增长方面的贡献。创意产业的全要素生产率（TFPCI）等于整个社会的全要素生产率（TFPY），TFPCI = TFPY。从市场经济出发，资源投入的边际报酬相等必然会引起资源要素的替代性竞争，创意产业被视为一个成熟而普通的产业门类。创意产业产出的文化创意产品也相应的视为"一般性产品"，创意产业的发展对于理性消费者的边际效用（福利）与其他产业的发展带来效用的增加相等，之间的关系可以表示为：

$$dY/dCI = 0, \quad dU/dCI = 0 \tag{3-2}$$

要素竞争驱动阶段主要对应创意产业中发展比较成熟的门类，如电影、电视和出版业，这些已经稳定发展几十年的产业类型。经济社会中传统的创意产业门类与整个经济发展的指标相一致，然而，这一阶段的最大缺陷却在于它并不适用于以新媒体为代表的创意产业新兴门类，而这些新兴产业正是促进经济增长的中坚力量，是创意产业内涵的重要组成部分。

三、经济增长驱动阶段

在经济增长驱动阶段，创意产业被视为经济发展的"驱动器"，新的创意和想法被用来为经济发展服务，这些创意渗透到其他的产业生产过程中，体现为新的商业模式或新的技术在其他产业中的应用，形成创意产业化和产业创意化的繁荣形态。这一阶段要求将创意产业视为"特别贡献产业"施以政策和理念的配合，发挥创意产业的价值创造功能，不仅促使创意产业的发展，而且促进整个经济的可持续发展。在这一阶段，创意产业的发展具有价值扩散效应，能为国民经济总产值和社会总效用（福利）做出显著贡献，它们之间的关系可以表示为：

$$dY/dCI > 0, \quad dU/dCI \geqslant 0 \tag{3-3}$$

英国提出的关于创意产业的内涵正是基于经济增长驱动阶段而提出的。创意产业化和产业创意化的过程就是创意产业将创意引入经济发展，并渗透进其他产业发展的过程，创意产业拉动国民经济的快速可持续发展，这种拉动力量受到政策的配合而效益凸显。

四、创新驱动阶段

创新驱动阶段，创意产业与社会经济发展的关系突破了产业划分的局限，而被看作整个社会经济发展创新系统的原动力。这一观点的提出是基于熊彼特的创新理论，即创新是把生产要素和生产条件的新组合引入生产体系，建立一种新的生产函数，并最终实现市场价值的过程，创新是推动经济增长的根本动力。创意作为原生态的创新，在知识经济时代通过知识的再生和整合创造价值，创意产业的内涵不再局限于经济价值的贡献（前三个阶段），更在于它对社会创新体系的重新排列组合，促使社会结构的优化而实现可持续发展的目标。在创新驱动阶段，创意产业促使现代商业模式的变革，鼓励利用数字化技术开放平台，激发创新而获得经济与社会效益。创意产业对社会经济发展与社会效应（福利）的意义可以表示为：

$$dY/dCI \to \infty, \quad dU/dCI \to \infty \tag{3-4}$$

创意产业作为促进经济发展的复杂演化系统，它更加强调通过社会和制度混合互动的学习过程，编码知识的有效利用实现社会经济的可持续发展。创意产业并不直接刺激经济增长，而是完善经济发展秩序，实现产业结构优化升级，使 Y 与 U 趋于无穷大。

针对创意产业提出的四种发展阶段，是根据创意产业在不同时期涉及范围的变化而定的。所以，不同的模式适用于不同的时代与不同的地方。针对现阶段数字化技术广泛应用的创新模式出现，标志着创意产业已经进入开放平台的创新驱动阶段。

第三节
基于外部性的文化创意企业知识价值体现

"外部性"作为经济学中的重要概念，在 20 世纪初由马歇尔和庇古提出，指生产或消费对其他团体强征了不可补偿的成本或给予了无须补偿的收益的情况。用数学语言表述，所谓外部效应，是某经济主体的福利函数的自变量中包含了他人的行为，而该经济主体又没有向他人提供报酬或索取补偿。即：

$$F_j = F_j(X_{1j}, X_{2j}, \cdots, X_n, X_{mk}) \quad j \neq k \tag{3-5}$$

式中，j 和 k 是指不同的个人（组织），F_j 表示 j 的福利函数，$X_i(i = 1, 2, \cdots, n, m)$ 表示各项经济活动。此函数表明，经济主体 j 的福利受到自己控制的经济活动 X_i 的影响外，同时还受到另一经济主体 k 所控制的某一经济活动 X_m 的影响，k 对 j 就存在外部效应。

外部性认为任何市场活动都构成环境的一部分，并将会对没有直接参与市场活动的主体产生积极或是消极的影响，即构成"正外部性"或"负外部性"。在文化创意产业价值创造中，具体表现为明显的网络外部性特征。新文化创意主体的加入会增加创意产业网络中原有主体的价值，同时原有主体的存在也增加了价值网络对新进主体的价值（提升其吸引力），而新旧创意主体间并没有因此发生支付行为。因此，根据创意产业发展价值意义视角所涉及领域的不同，可以将创意产业的网络外部性体现分为文化外部性、经济外部性、城市环境外部性三个方面。

一、文化外部性的认知逻辑

文化是创意产业发展的基础，创意产业作为都市再造可持续发展的有效途径，应把握文化的特性以及其对于刺激经济发展的可行性路径，使创意产业真正成为现代都市经济转型发展的有效利器。

文化作为人类发展过程的印记，反映了各阶段的精神与社会生活，但从经济的角度看，作为人的表达社会身份与成长背景的文化资本，文化更重要的作用在于构成了经济可持续发展的源头。Scott 认为，所有基于文化生产的产品根本的竞争优势来源于是否能够准确彰显个人社会角色和自我意识，符号价值与文化主体的生活实践密切相关。基于个人社会背景的文化认同感是文化研究的核心问题，Akerlof 和 Kranton 将这一概念引入经济学研究中，认为文化认同感将影响个人在经济行为中的选择，经济成功转型发展必然伴随着个人自我意识和认同感的变化，并提出了基于个人文化认同感的选择效用模型，即：

$$U_j = U_j(a_j, \ a_{-j}, \ I_j) \tag{3-6}$$

文化主体 j 的选择效用 U_j 将受到 j 的个人行为 a_j (action) 和文化归属 I_j (Identity) 以及其他文化主体 a_{-j} 的共同影响决定，a_{-j} 的影响表现为文化的外部性。创意产业在发展过程中所产生的大量新兴文化形态，就是要通过 a_{-j} 的影响效应，让健康而富有活力的文化进行传播，并形成相应的经济行为选择。即：

$$I_j = I_j(a_j, \ a_{-j}, \ c_j, \ e_j, \ p) \tag{3-7}$$

同时，新兴文化形态的发展传播，将塑造城市的新兴文化群体，赋予文化主体 j 新的文化归属感。主体 j 不仅只选择一种文化归属，而是通过频繁交流的社会网络中不断重塑他们的文化归属 I_j。所以，总结影响文化归属 I_j 形成的因素包括：文化主体 j 的行为 a_j 和主体本身的爱好特征 e_j、其他文化主题的行为 a_{-j}、文化主题 j 被赋予的社会分类 c_j 和与社会分类相一致的行为 p。所以，文化归属是随着主体环境改变而不断更新的过程。

创意产业的发展依赖于新的文化符号和文化认同感的形成，必然会形成新的社会网络和行为特点，所以，只有通过文化的外部效应逐渐渗透才能保证创意产业的有效推进。丰富的符号内容和高度社会角色识别力使创意产业能够改变工业化城市古老而落后的形象，将城市重塑为富有活力的新兴都市形象，同时这也决定了城市发展中依赖文化的内生性增长路径，并形成新的经济增长点。所以创意产业的发展过程是文化外部性价值认知的过程，并伴随消费经济外部性的产生。

二、经济外部性的创新范式

经济外部性最早源自马歇尔提出的"External Economies"，以及被克鲁曼称为"Increasing Returns Operating Spatially"，是关于产业空间集聚创新的概念，解释了在相似市场中竞争的企业出于人才储备、劳动力分工、消费者吸引、交通便利等价值链上各个环节要素协同匹配而形成经济外部性的空间集聚的原因。Jacobs、Krugman、Belleflamme、Blien 以及 Maier 都认为，正是因为需求与供给要素的相互作用使报酬递增的同时形成了空间集聚，体现为竞争与流动中自然形成的经济外部性过程。

然而，在开放经济环境中自然形成的产业集聚体现的经济外部性主要适用于传统产业——基于供给的经济外部性和需求的经济外部性形成的地域集中，一般以成熟的技术与稳定的市场为特征。对于以创意、知识网络、学习为竞争力的创意产业来说，集聚突出的意义在于创新的经济外部性。集聚区内企业之间既合作又竞争的创意氛围是创意产业以集聚形式发展的根本原因。新观念与创新性思维的学习通常以隐性知识的形式传播，所以要求频繁的面对面交流反馈与观察体验。在创意产业集聚区内，创意与体验的经济外部性主要以企业之间社会网络的形式逐渐演化形成，并因为由此产生的新文化符号和文化认同感构成经济外部性的创新消费需求。初创的小企业借助集聚区内特有的社会网络可迅速成长为具有创新性与竞争力的创意企业。

三、环境外部性的推进模式

环境外部性是外部性研究最初的含义，体现为企业生产对环境造成污染而并没有为此承担相应的责任，政府为纠正个人利益与社会利益不一致而实行排污收税，被认为是消极外部性最突出的例子。厉无畏认为，中国现阶段代工生产（OEM）作为世界工厂的发展模式，其消极外部性主要表现为环境污染和知识产权丧失的双重消极外部性（自然硬环境和人文软环境），而这些问题在发展创意产业的过程中将得到根本改变，创意产业发展所表现出的积极外部性主要是从"制造"升级为"创造"。环境外部性视角下经济转型的三阶段可以概括为：创意产业—创意经济—创意社会的发展演化路径。

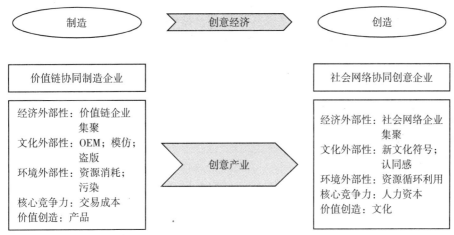

图 3-1 "制造"升级为"创造"的外部性推进模型

　　如图 3-1 所示，以中国为例，"制造"的发展路径下，表现为基于纵向上下游价值链协同的制造企业集聚，如富士康、温州模式，以大规模代工、模仿为主要文化特性，缺乏知识产权保护。因为价值创造方式主要是产品生产，所以需要消耗大量的资源，并最终造成环境污染，即形成消极的环境外部性。创意产业作为经济转型升级的有效途径，创意经济带动中国制造升级为中国创造。以社会网络协同创意企业集聚为经济外部特性，集聚的核心竞争力在于人才的培养和人力资本积累。众多具有创新思维的人才将带动新的文化符号并产生文化归属感。因为价值创造表现为文化价值的开发，所以，资源可以循环利用，可持续发展，即形成积极的环境外部性。

　　文化价值是创意产业发展的核心价值，只有恰当应用文化外部性引发的新文化符号和文化认同感，才能衍生出经济外部性和环境外部性。所以，在创意产业发展的实践中，应将文化外部性的培育作为重点演化路径，逐步推进创意城市软环境的形成。因此在本书中，创意产业集聚的组织共同创造价值主要表现为以文化价值为核心，同时具有市场化经济价值，并表现出环境友好型的创意知识价值。

第四节
知识价值驱动文化创意企业演化发展

外部性理论已经证明产业集聚是创意产业发展的合理模式。创意产业集聚也已成为文化发展建设的默认模型，集聚区会改变一个城市的形象，将古老落后的工业城市映像发展成为富有活力的新兴都市形象。创意产业集聚区作为创意产业发展路径推进的初始模式，其成功与否关系到整个创意产业的发展走向，同时也关系到创意经济的发展形态及"创造"升级是否能够实现的关键问题，所以对集聚区的特征分析与组织形态，以及未来的发展路径规划具有重要的理论与实践意义。

创意产业作为经济发展转型的驱动力，John Hartely 根据创意表现的不同形式将创意产业的发展路径划分为四个阶段：创意集聚（Creative Cluster）、创意服务（Creative Services）、创意公民（Creative Citizens）和创意城市（Creative Cities），如图 3-2 所示。创意集聚作为创意产业发展的初级阶段，是相对封闭的专家引导阶段，主要是由政府意识到应改变资源消耗型的经济发展方式，而走集约型的经济可持续发展路线。所以，创意集聚一般表现为在经济较发达地区率先以文化政策和文化研究者智囊团积极引导刺激艺术与媒介等文化产业、培养相关人才形成社会网络为主要特征。创意服务阶段是开放的专家系统形成期，在新的文化符号与文化认同感外部性充分流动的情况下，创意的应用不再局限于艺术文化与媒介等传统文化产业领域，而是在经济发展的各个门类都应用文化创新符号与认同感来创造经济价值。创意产业积极服务于经济发展的各个门类，所以该阶段也被称为创意经济阶段。创意公民作为经济转型的第三阶段，以开放的创新网络为特征，创意产业不再以供给与需求的双向互动为市场经济特征，而是形成供给与需求的融合发展。经济转型的驱动力不再局限于创意集聚区而是依靠大众，大众公民的创新潜能被激发并成为创意的主角与智囊团。经济形态表现为用户创造内容、消费者企业家、开放资源、云文化、DIY 文化和微效益。创意城市作为经济转型的现阶段目标，城市形成知识产权保护的良好氛围，各种创新性文化在自我调适的复杂适应性系统中相互融合，并形成不断更迭的循环发展。创意产业以丰富的文化类型根植于城市发展的过程中，而不局限于企业产品生产过程，真正成为了城市可持续发展的不竭动力。

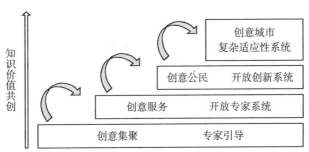

图 3-2　知识价值驱动的创意产业发展路径

创意产业是城市发展到一定阶段的必然产物，对于创意产业的理解也应随着城市演化变迁的发展而不断有新的诠释。将创意产业仅仅作为"另外一项产业门类"，按照新经济产业部门来培育，这本身就会出现很多局限与误解。经济外部性决定了创意产业以创意集聚的形态萌芽，应形成由政府规划引导逐渐过渡到公民自组织的适应循环发展系统。创意产业试图阐释未来社会演化发展的方向——社会大众，草根阶级在数字技术不断发展的今天将成为意义文化创造、标志性资本生产的主角。也只有这样，一个国家与民族才能不断增强其软实力，享受创意产业发展带来的好处，也才能够实现可持续的永续发展。

第五节

文化创意企业知识集聚效应

迈克尔·波特指出"集聚是相互关联的企业及组织在区域内地理上集中的生产形态表现"。20 世纪 80 年代中期萌芽产业集聚原因的研究，主要局限于传统产业，强调通过集聚价值链的上下游企业，因企业地理上的集中而形成交易成本降低，从而构成产业集聚的竞争优势。但这并不适宜于解释知识密集型企业的集聚问题，90 年代中后期学者们开始将社会文化因素引入集聚研究中，Storper 从集聚区中的信任、传统和互相学习角度研究了产业集聚的问题。Henry 和 Pinch 以英国赛车产业为研究对象，分析了知识在产业集聚中的作用，并尝试研究了隐性知识如何溢出的问题。近年来，创意产业集聚已成为我国文化发展（文化建设）的默认模型，但澳大利亚昆士兰科技大学亚洲创意转型研究专家金·迈克教授认为中国的许多创意产业园区表现不佳，大多数情况下从事的是房地产投机。

一、创意产业组织集聚知识价值共创

在集聚知识价值创造研究中，大量的文献探讨了集聚内企业地理集聚对知识创造效率的影响问题，其核心探讨的问题在于知识密集型企业如何有效地吸收外部知识并提升创新能力。在 Eskelinen 提出"现代都市区域发展的竞争优势来源于本地相关知识密集型企业的相互学习"后，基于其对现代都市区域竞争优势来源的探讨，学者们纷纷从传统产业集群的成本优势转向强调本地区域化知识互动交流环境在区域竞争优势中的决定性作用（Berg 和 Braun；Power 和 Hallencreutz；Lambooy）。企业的本地化适应学习能力以及地区组织之间非正式的相互交流过程被认为是创新发展中的核心竞争力。建立在知识分享基础上的集群企业将同质和异质的资源整合创造新的知识以实现创新。Markusen 认为，区域企业社会网络的不同结构将形成不同的本地化发展形态。

然而，Owen-Smith 和 Powell 通过对波士顿生物技术产业集群的研究，认为在企业互动交流知识溢出过程中地理距离并不是主要影响因素。对知识密集型企业创新性行为起决定性作用的知识并不是通过集聚区内非正式的交流获得，而是通过跨地区的或国际性的战略合作而产生溢出效应。同时，Grabher 通过对伦敦 "Soho Village" 的研究，强调集聚区外的网络联结对集聚区内知识创造能力有重要意义。

综合上述两项观点，Bathelt、Malmberg 和 Maskell 认为显性知识的创造，因为显性知识的标准化属性有利于传播，更偏好于全球网络信息渠道，知识溢出的过程可以基本不考虑地区的限制，而隐性知识由于本地化特征及非标准化的形态，因而知识溢出的过程需要本地化面对面的交流。基于知识属性划分的视角下，Bjørn T. Asheim 从 Richard Florida 关于创意阶层区域集聚的观点出发，认为 Florida 提出的 3T 理论（技术、人才、容忍）忽视了特定的城市和区域背景。Bjørn T. Asheim 从创意阶层的知识背景角度将知识分为推理性知识（Analytical）、整合性知识（Synthetic）、符号性知识（Symbolic），并认为区域集聚的不同知识基础对人才和企业环境有重要的影响，不同知识类型的创意人才在创新过程中对知识溢出来源也有不同的偏好程度。Filippi 和 Torre 等认为区域中相关企业或机构的社会网络软环境是政府规划区域创新系统有效实现的必要条件。总之，西方大多学者都认为政府规划创新区域失败的原因在于只注重硬件设施的建设而忽视了促进区域内知识的流动。

因此，对创意产业集聚知识价值共创的研究，应从知识属性的视角分析创意产业组织涉及的主要知识类型。以此为基础，研究创意产业集聚内组织将其掌握的知识与其他组织知识融合，用于创意作品生产活动中的价值共创路径。

二、基于地理空间的创意产业组织集聚效应研究

从传统产业集聚的视角，创意产业集聚是基于地理空间的创意企业聚集，是大都市从传统工业城市向创新型城市转型的标志，是城市空间的再革新。因此，对创意产业集聚的研究最初由一批英国经济地理学界的研究者发起，从集聚区区位选择特征和集聚区与城市互动发展关系两个角度研究了创意产业组织集聚优势。

(一) 创意产业组织集聚区区位选择特征

从宏观区位选择的视角，Henderson 和 Scott 认为，创意产业集聚区的分布主要集中在经济高度发达的大都市，并具有全球化分散的趋势。另外，以 Florida 为代表的一批学者从中观区位选择的视角认为，区域的开放程度、公共服务完善水平、文化容忍性的高低和进入门槛以及休闲功能等因素成为影响创意产业集聚区形成的关键。从微观层面来说，创意产业集聚区呈现以旧仓库、旧工厂的创造性再利用为特征，并向中心城区或中心边缘地区靠拢。最初的创意集聚研究学者分别从宏观、中观、微观的视角对创意产业集聚的区位选择进行分析总结，但是从纵向时间的视角看，创意产业集聚的区位选择特征是不断发展变化的过程，对其区位选择的研究还可以从社会时代背景、经济体制特征等视角切入。

(二) 创意产业组织集聚区与城市互动发展关系研究

创意产业集聚是传统工业文明与现代信息文明结合的产物，工业革命的历史痕迹为创意产业集聚区增添了历史文化感，其与现代美学的结合使衰落的城区重焕光彩。因此，创意产业集聚区以充满活力的文化力量对区域经济再生、创新能力、地方形象重塑和旅游观光业的繁荣具有重要的促进作用。英国著名城市规划专家 Peter Hall 将"文化"看作衰落工厂和仓库的替代品，创意产业集聚作为重建创新型城市的装置，正吸引着大量的流动资本和专业人才。另外，由于创意产业集聚区与城市建筑遗产之间血脉相连的关系，依城市地理文化特征修建的城市建筑是现代地方文化旅游的重要资源，因此，创意产业集聚区的形成一定程度上

促进了地方观光旅游业的发展。Andy Pratt 针对城市、文化产业和旅游业之间的关系做过研究，认为城市旅游业是与建筑遗产保护、修复等过程紧密相关的。中国创意产业之父厉无畏总结到，创意产业集聚区在加强区域辐射功能、促进信息和人员交流及创意商品化过程中效用明显，是促进现代社会产业结构升级和经济增长方式转变、提升城市综合竞争力的驱动器。

三、基于网络空间的创意产业组织集聚效应研究

随着创意产业集聚区的发展建设，越来越多的学者开始对基于地理空间的创意产业集聚优势提出质疑。以澳大利亚创意产业研究学者为代表，普遍认为地理空间的集聚是基于传统产业集聚理论之上发展起来的，并不适用于以文化和知识为基础的创意产业领域。

（一）价值网络视角的创意产业组织集聚

众多学者认为创意产业集聚的关键不在于地理位置的邻近，而在于生产和创新合作关系的建立。如 Hartley、Keane 和 Cunningham 等在总结创意产业发展的昆士兰模式时都认为，建立在新媒体平台之上的创意产业集聚，依托现代信息技术使创意产品合作、风险企业和创意人才组成了全球网络，使不同创意组织之间形成网络关系和特殊竞争优势。Jason Potts 从演化经济学的视角分析了创意产业价值网络关系，认为基于地理集聚的创意产业研究是理论研究假设的误导，使创意产业形成相对封闭的系统发展模式，而与创意产业相关的新观念价值创造合作网络，是一个更加开放的系统活动构成，"节点—企业—网络"的创意产业价值创造构成是生产与消费网络的融合共创过程。另外，Kathandaraman 从顾客的视角认为，创意产业的价值网络是一种以顾客为核心的，并以优越的顾客价值、核心能力和相互关系为基础的价值创造模式。

（二）社会网络视角的创意产业组织集聚

社会网络的研究视角将创意产业视为社会经济转型的驱动力，而不仅仅是社会经济构成的一项产业门类。从社会关系资本角度研究构成创意产业集聚的"软"环境。Brown 和 O'Connor（2000）就音乐文化产业的"软"网络，认为"景观"、"情境"和"发生地方"等创意型网络的形成促使知识和信息的交换而形成社会网络。Robert 通过对比研究洛杉矶和哥伦比亚地区的音乐创意产业会议和音乐相关项目的知识创造行为，认为就算是在普通地方举办的短期创意项目，对创意人才之间的社会网络建立和知识交流也具有重要的作用，搭建了地方音乐

文化与全球音乐发展趋势的交流平台，因此肯定了创意人才之间的社会网络关系的建立才是文化融合交流发展的关键。同时，有学者从基于创意市场的角度总结创意消费者构成的社会网络对创意产业价值实现起到决定性作用。

另外，可以从创新性行为认识社会网络的创意产业集聚，熊彼特关于"创新"的定义认为，创新是关于产品、生产过程和组织形式的变更，是生产要素的重新组合。Freeman进一步从历史的观点定义广义上的创新系统，认为创新产生的背景并不仅仅局限于技术和科技生产领域，而是根植于长期的社会和历史过程。学术界大部分学者基本认同，创新并不是历史上的英雄人物创造的偶然事件，而是社会系统中各个行为人在社会关系网络中互动共创的结果。在社会交往过程中形成的社会网络，构成"知识转移（Knowledge Transfer）"的平台，是创新性行为的孵化器。另外，Castells强调产生创新的社会网络关系并不意味着创新是产生于虚拟无序的状态下，相反，创新的产生要求将适宜的社会关系嵌入特定的环境中，将无形的知识流动与有形的物理空间合理结合。因此，创新行为的焦点落在了如何将物理空间与无形的知识流动合理匹配而形成创新孵化器的问题。

综上所述，本书赞同创意产业集聚的关键不在于地理位置的邻近，而在于知识价值共创网络建立的观点，研究中创意产业集聚与集聚区并不等同。因而，对创意产业组织的价值共创机理分析从价值网络的视角切入，对创意产业集聚的界定也建立在价值网络理论关于组织间协同合作集聚的基础上，研究组织之间的知识价值流动路径和特征。然后着重解决如何将物理空间与虚拟空间的知识流动合理匹配从而形成高效知识价值创造关系的问题，将地理集聚和社会网络集聚作为价值共创的主要途径，实证检验影响因素，研究在强调物理空间集聚和虚拟空间集聚背景下，核心创意产业组织高效价值共创关系形成的客观条件。

第四章

文化创意企业知识网络共创机理的构建

基于前文对创意产业促进社会转型的价值演化过程分析，创意产业组织集聚是现代都市创意演化升级的开端和基础。本章将应用价值网络及模块化理论，按照类别—属性—联系的逻辑顺序，从中观的视角分析创意产业组织集聚的价值网络内组织，并从知识属性的角度构建价值共创理论概念模型。同时，探讨创意产业集聚的组织在价值网络中的角色和影响，以及价值共创机理与价值共创阶段的关系。

第一节
文化创意企业知识价值共创的平台基础

产业组织是研究企业间的关系结构，其主要的研究逻辑基础认为，企业间的组织结构决定企业的行为，企业行为进而决定了企业的绩效，即可以认为产业组织结构决定企业的生存。一直以来，产业组织经济学家热衷于研究产业组织内的大型企业如何影响产品的市场价格和绩效，以及垄断的产业组织结构和行为与绩效的关系。可以看出，基于传统产业类型的产业组织研究，更多地关注企业间的市场关系，即竞争、垄断和博弈关系，然而，企业在生产经营方面的分工与合作关系也是产业组织的又一核心。特别是对于创意产业组织来说，因创意产品市场需求的高度不确定性和创意内容的体验经济特性，决定了创意产业组织价值共创的网络关系平台。

一、文化创意企业的价值网络平台

价值网络是对价值创造活动中资源配置的理论分析方法。早在 1993 年，Normann 和 Ramirez 就提出，在现代经济环境中，企业发展战略不再依赖于一系列固定价值创造活动构成的价值链，而应以柔性合作的系统创新观，着眼于价值创造的社会网络。因此，价值网络中的节点代表参与价值创造的个人或组织，节点之间通过有形和无形资源的传递形成完整的生产和服务体系。进而，模块化理论认为面对复杂的价值网络系统，以及节点之间错综复杂的价值流动关系，应根据不同的功能整合价值网络的组织模块。模块化理论最早广泛应用于计算机软件领域，Baldwin 认为不同组织模块根据网络规则独立设计并创造价值，最终协调整合为高效的价值网络体系。

创意产业作为知识密集型产业，节点之间的资源传递主要表现为知识价值的传递。因此，本书对创意产业组织价值共创的平台基础分析，主要从知识价值网络构建的视角，从分解价值共创的知识组织到组织的知识属性，对价值网络做模块划分，并最终形成知识价值传递理论概念模型，即按照"类别—属性—联系"的逻辑关系，分析创意产业组织价值共创的知识价值网络结构机理。

二、知识价值网络成员

价值网络理论认为，任何企业都是存在于一个由相互关联的组织组成的网络关系中。以往对组织特征的研究往往只强调其竞争关系的作用，而忽视了合作共创的网络环境。其实，只有通过分析认识组织之间的合作网络关系才能准确理解创意组织的价值创造环境，分析相互之间的创意合作行为。"创意产业之父"John Howkins 就创意产业组织价值创造的特征将创意组织的行为方式总结为"网络型办公室"。由于创意产业价值创造所追求的差异化，许多创意组织或个人选择独自工作或加入某个小群体，创意工作小组多为项目制，只在需要时才使用办公室和公司。"临时公司"由需要参与某个项目的一群人临时构成，项目结束后公司解散。创意组织利用网络体系达成其预期效果，网络型办公室可以在任何规模上运作，因为其获取的资源与自身大小无关，而是取决于可连接的网络数量，这使创意工作高效灵活。因此，许多知名的"创意组织"比想象中要小很多。

另外，Landry 在《创意城市》一书中总结了西方都市规划创新整合（Innovative Milieu）区域空间布局的特征——位于城市中心，区域四角以教堂、政府机构、高校、贸易市场布局为特征，中心区域供企业用地和公共用地，构建企业与创意人才自由交流思想并传递知识的平台。教堂代表了精神信仰的追求；政府机构象征了政治权力的强势文化宣传；高校则以学习为特征，是知识和文化的源泉，也表达了对创新整合区域的知识供给；贸易市场则传达了商业的力量，是创新区域发展的直接驱动力。本书借鉴西方城市创新整合区域空间布局的经验特征，并结合创意产业组织价值创造行为特征，将现代创意产业组织价值网络的知识主体概括总结为核心创意企业、互补创意企业、创意孵化器、艺术研究机构、创意产业高校、创意市场。如图 4-1 所示。

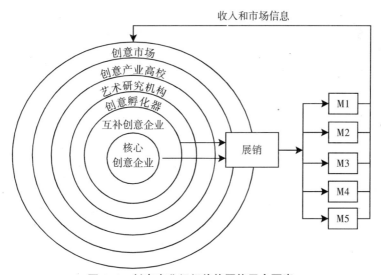

图 4-1　创意产业组织价值网络平台要素

基于一定区域地理空间的创意产业组织，形成于地方历史文化传统和依据周边环境确定核心发展的创意产业类型，如电影、服装、音乐、动漫、摄影等，因此核心创意企业是创意产业组织价值网络内创意知识创造的主体，是衡量价值网络创意能力的关键。因创意产业类型的不同，创意产品制造的生产方式会有所差异，核心创意企业主要以小型创意企业甚至创意人才的形式存在，如绘画、雕刻等创意行为，其核心创意企业主要表现为画家和雕刻家个人。以核心创意企业为中心，基于艺术与商业结合的原则，创意产业组织自主形成互补类的创意企业为核心创意企业提供服务，多为广告、市场策划类互补企业，主要为核心创意企业提供艺术作品展销和市场策划服务，以实现艺术的商业价值。为促进创意产业组织的发展，扶持中小创意企业创业和成长，并保证创意产业的有限资源获得最大效益的利用，创意产业组织中的创意孵化器作为价值网络内的行政管理机构，统一管理网络内的优惠政策与资金扶持方式，并为核心创意企业搭建互相交流学习的广阔平台，如举办创意论坛、组建创意人才社团等形式。艺术研究机构和创意产业高校是创意产业组织的智囊库，它们多是与核心创意企业类型相关的专业院校及研究机构，是创意知识溢出的主体，创意产业组织价值网络内的创意企业发展与成长具有战略指导作用。同时，创意市场是创意产品的最终试金石，一切创意产品都最终流向市场获得经济收益，同时创意产业组织价值网络一般专注一定目标创意市场，为创意企业获得快速有效的市场信息提供便利。总之，核心创意企业、互补创意企业、创意孵化器、艺术研究机构和高校以及创意市场共同编织着创意产业组织的价值网络，其价值网络结构也具有创意产业的特有属性。

三、文化创意企业组织的价值网络结构

创意产业组织价值网络主要分为核心价值网络和外围价值网络。核心价值网络是由横向价值协同和纵向价值交换构成的动态价值创造路径，外围价值网络是以环形价值互联形成的动态价值传递路径。如图 4-2 所示。

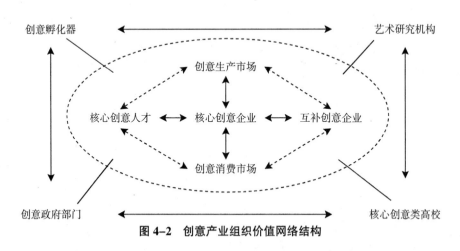

图 4-2　创意产业组织价值网络结构

创意产业组织价值创造的发展进程主要受核心创意人才和创意企业、互补创意企业、创意生产市场、创意消费市场构成的核心组织成分影响。其中，核心创意人才、核心创意企业和互补创意企业构成的横向价值协同，通过相互的协同合

作共同实现价值创造。例如，时尚创意企业通过时尚设计师的创意源头，协同整合为企业的创意产品，并与互补类创意企业，如广告策划、公关推广类企业合作，实现创意价值创造。值得注意的是，根据创意项目的规模，有时核心创意人才可以直接与互补创意企业对接，如前文提到的画家与雕刻家等。另外，创意生产市场和创意消费市场与创意企业形成纵向的价值交换，而且创意产业具有典型的生产与消费市场统一的趋势，即创意产品的消费者同时也是创意生产市场的一部分。同时，由创意孵化器、艺术研究机构、核心创意类高校和创意扶持的政府部门形成的外围价值网络，它们均以扶持创意产业发展为己任，为创意产业组织价值创造的核心价值网络提供技术资金等基础性支持。总之，创意产业组织的价值网络呈现核心与外围双层网络特点。

第二节

知识价值网络成员的内涵属性

Florida 从创意产业组织与地理环境关系的角度研究了其对区域发展的影响，3T 理论（Technology，技术；Talent，人才；Tolerance，包容）概括了区域创意产业组织发展的关键环境要素。然而，3T 理论的提出并没有细分考虑到创意产业内各组织的具体知识背景差异，不同的创意知识属性对价值创造环境的偏好不同，也决定了其在价值网络内的价值贡献有所差异。因此，本节将对价值网络内各要素主体的知识内涵和知识属性作详细分析，以及不同的知识属性对创意产业组织价值共创的影响。

一、成员的价值内涵

按照要素主体对价值创造的功能性，可以将创意产业组织细分为核心创意企业、互补创意企业、孵化器、研究机构、高校和创意市场六类创意产业组织。从生产经营要素的知识内涵看，可以将创意产业组织内的要素主体分为三大类：核心创意企业、孵化器、研究机构（高校）。

首先，核心创意企业是创意产业组织价值共创的核心，价值共创的核心表现为创意企业之间的合作共创创意作品。因此，核心创意企业的知识内涵主要指企业所掌握的可以用于创意生产并创造经济价值的创意技术和社会知识，其知识的内涵更加强调对创意经济价值的直接贡献作用，以及与其他创意企业知识融合创新的能力。

其次，孵化器作为创意产业组织价值创造资源优化管理的协调者，对有限的经济、社会资源进行统筹规划，以期达到价值共创效率的最优。因此，创意孵化器的知识更多地表现为，有利于促成核心创意企业价值共创关系的社会资源协调性知识，以及产学研结合的桥梁型知识，其知识的内涵在于社会网络筹建的组织知识。

最后，高校（研究机构）是创意产业组织价值创造的智囊库，为核心创意企业的孕育和发展起到知识供给的支撑作用，承担了企业的战略规划制定和文化知识再挖掘的核心知识开发任务，其知识的内涵主要强调抽象理论而且高度总结的创意知识。

创意产业组织的价值共创紧密围绕以高校（研究机构）的创意知识为基础，以创意孵化器的组织知识为驱动力，最终以创意企业的创意技术和社会知识为直接核心表现形式的知识体系。

二、成员的价值属性

Bjorn Asheim 将创意阶层的知识基础分为分析型（Analytical）、整合型（Synthetic）、标志型（Symbolic）知识，并认为知识基础类型决定了创意人才对地区选择的偏好。创意产业的价值创造与传统产业的价值创造最根本的不同在于，创意产业的价值创造以产业工作服从人的创意想法为价值创造方式，传统产业以人服从整体产业工作要求为准则。因此，在创意产业组织价值共创中，创意阶层的知识属性决定了产业组织要素在创意产业组织价值共创中的角色。本书借鉴 Asheim 对创意阶层知识背景的划分，总结了不同属性的知识流动特征，如表 4-1 所示。

表 4-1　知识属性及流动特征总结

流动特征 ＼ 知识属性	分析型知识	整合型知识	标志型知识
创新路径	新知识的创造	已有知识的创新性整合	新背景下的已有知识再整合
核心方法	基于模型构建推演	应用问题归纳总结	再利用或挑战传统习俗
合作方式	研发部门之间的正式合作	与顾客和供应商的互动学习	与文化专业团体和街头文化的学习交流

续表

知识属性 流动特征	分析型知识	整合型知识	标志型知识
知识形态	以专利、出版为方式的显性知识为主	技术诀窍、效益管理相关的隐性知识为主	依赖工艺、实践技艺和搜索技术的隐性知识
组织要素	创意产业高校及艺术研究机构	创意孵化器和互补类创意企业	核心创意企业

分析型知识基础是指基于正式形式高度编码的知识类型，知识的投入与产出流动主要以高度总结理论化的编码知识为主要特征。在创意产业组织知识流动中，高校（研究机构）与创意企业之间的知识价值共创主要表现为分析型知识的流动，因为高校（研究机构）的知识基础主要以理论总结性的编码化创意知识为主。

整合型知识基础涉及将经济活动中已存在知识的创新整合并再利用。知识创造与创新主要依赖于用新方法将现存的知识整合，表现为重新利用或挑战即以存在的对话，通过专业团体的相互学习，或从年轻街头文化中吸收新知，依赖社会实践中的干中学、隐性知识和技巧。知识价值创造的过程是对编码化程度较高的显性知识与具体社会环境下交流互动得到的隐性知识再整合的过程，较分析型知识的普适性，整合型知识具有较强的地区敏感性，是与组织制度、区域经济结构和发展紧密相关的知识类型。在创意产业组织中，创意孵化器的知识价值共创主要表现为整合型知识的创造和流动。

标志型知识的核心在于对文化抽象意义的创造，提炼产品中易于经济转化的美学价值和文化艺术价值。正如一位著名的意大利艺术家提到的，设计市场是关于人类梦想的塑造，人们购买创意产品是出于文化和精神的需求。产品市场的竞争从产品的使用价值发展为品牌的标志性价值。在创意产业组织中，核心位置的创意企业知识价值共创表现为标志型知识的创造，这也是创意产业组织价值共创的根本核心。

无论是分析型、整合型还是标志型知识，知识价值的创造和创新过程都是综合隐性知识和显性知识的知识流动。创意产业组织价值共创的路径可概括为以分析型知识为基础，以整合型知识为驱动力，以创造标志型知识为使命的知识流动路径特征。创意产业组织各要素的增量知识严格依赖于存量知识，这就是知识所表现出来的"路径依赖"性，隐性知识与显性知识始终贯穿于知识积累的整个过程。创意知识的隐性属性在其中显得尤为突出，因为大量的创意知识都来自于实践交流和学习。知识价值共创的核心——标志性知识主要是用于意义和欲望的创造，以及创造产品的美学属性，以产品外观及标志设计为核心的，带有文化艺术价值的知识。创意工作的核心专注于新想法和形象的创造。创意产业组织价值共创中，非正式而隐性的社会化过程（而不是正式的教育），专业社团活动中面对面的私人交流，不仅对获得技术诀窍（创新）有重要作用，而且也是获得潜在的合作伙伴——创意人才的主要途径。创意产业组织价值共创经济活动是综合三类知识基础类型、整合运用的过程。本书对价值共创机理的分析是基于创意产业组织各成员的不同知识属性，分析其知识流动的路径特征。

第三节
基于知识价值网络的价值共创机理

创意产业组织价值网络内各成员间的知识流动，是围绕核心创意企业的知识价值创造活动展开的。创意产业组织价值共创的路径结构主要受创意产业类型特征的影响，知识价值流动机理从以创意企业之间的知识流动路径为开端。对创意企业之间的知识流动，分为发展较为健全的理性创意企业和以社会人为特征的灵活型创意企业的知识流动特征分析，进而拓展至创意孵化器、高校以及研究机构与创意企业之间的知识流动机理。

一、知识价值共创的表现形式

在创意产业组织价值网络内部，各成员间的价值共创形式受到成员所处的创意产业类型及在网络中的位置影响。一方面，在价值网络内参与创意产品市场竞争的价值网络成员之间，其在经济效应的驱动下，价值共创形式主要表现为创意消费市场、创意人才市场、创意功能的协同整合；另一方面，参与创意产品生产经营的价值网络成员，以文化效应作为创意产业的核心，通过文化价值的开发实现价值共创，其形式表现为非正式的社会人"弱联结"。同时，在创意产业组织价值网络内，试图将经济效应与文化效应整合的网络成员，其价值共创的形式表现为以孵化器和高校为基础平台的共同体和持续学习平台的打造。

（一）基于经济效应的创意市场整合

创意产业价值创造的过程是基于时代背景综合运用先进技术和美学艺术完美

结合的过程。所以创意产品的创新成功与文化时代背景及技术发展的水平有密切的关系，为了配合时代背景和技术水平创意产品开发都是以单个项目形式展开，具有强烈的时效性。正因为创意产业独有的创新效用不确定性和内容体验的高风险性，使基于效用最大化原则指导下的创意企业偏好与相似类型的企业消费品市场整合，共享知识产权。一方面，创意产品知识产权拥有企业一旦成功开发知识产权，有强烈的需求将产品传播到更广阔的市场；另一方面，类似相互竞争的创意企业也期望拥有新的创意产品刺激市场，所以，相互竞争的创意企业基于知识产权效用最大化原则的市场整合成为知识流动的常见模式，表现为版权互换等形式。通过直接的知识产权交易，创意企业获得了新的创意显性知识，这些显性的创意知识将成为隐性创意知识学习的基础，为下一次的成功创意开发奠定了重要的知识基础。另外，价值网络内的市场整合也表现为创意人才市场的流动性整合。因为创意产品开发多以单个项目形式展开，创意人才属于高流动型人才，他们常常与价值网络内创意企业的项目合作结束后会流动到另一企业而展开另一全新的项目，有时甚至同时在两个创意企业中参与项目。企业之间的人才流动将带动隐性知识的无意识传播，特别是创意人才，他们拥有丰富的创意实践经验，成为创意企业之间隐性知识流动的关键纽带。而创意企业也偏好招募有成功类似创意表现的创意人才加入项目开发过程中，以降低创意产品开发的不确定性。总之，无论是消费市场的整合还是创意人才的市场流动，都是核心创意企业之间横向整合的方式，并伴有正式而显性的知识流动形式。

（二）基于经济效应的创意功能协同

创意企业之间为了降低知识产权交易成本，并优化资源配置效率，以及企业为增强竞争实力将发展为产业整合，多表现为大企业吞并不同产业链位置的小企业，以完善企业创意能力，且以合资企业、衍生企业、子公司的形式完成产业整合。产业整合以纵向产业链不同环节的并购，以大企业合并小企业构筑完整产业链为表现形式，以完善业务类型为目标。在创意产业组织价值网络内，如果存在明显的实力雄厚的大型创意企业，许多小型创意企业将依附于为大型创意企业提供细化服务而生存，或成为大型创意企业创意产品再开发、再拓展的主要创意力量，完善组织价值网络内的创意能力。大型创意企业出于巩固核心竞争力的要求，将倾向于并购价值网络内创意能力突出的小型创意企业而完善自身创意能力，提高资源配置效率。好莱坞八大电影公司都偏好于整合制作、发行和院线运营的完整产业链，主导好莱坞的创意产品生产。另外，从中国境内的分众传媒合并聚众传媒，腾讯投资大众点评网，再到太平洋东海岸美国硅谷的 Twitter 并购了硅谷的另一软件保护公司 Dasient，都充分体现了现代创意企业纵向产业整合的强烈需求。基于创意产业组织价值共创网络的纵向产业整合，彼此之间增强信任关系，形成一体化的企业运作，因此能够比市场整合提供更为稳定、顺畅的知识交流平台，但是较市场整合更容易陷入僵化不变的知识锁定状态。缺乏创新所需的新知识，特别是整合后的新企业，因为一体化程度更高，创意企业以纵向层级管理为特征，更容易陷入创新惰性的状态。理性创意企业效用最大化原则下的产业整合具有创意企业的纵向整合特征，因涉及企业合并等经济行为，因此与市场整合一样具有正式而显性的知识流动形式。

（三）基于文化效应的社会人"弱联结"

新经济社会学的领军人物马克格兰诺维特（Mark Grannovetter）根据劳动力市场信息流动的观察提出，主要是弱关系联结而并非强人际关系联结为信息知识的传播提供桥梁作用，其理论基础从古典经济学的"理性人"假设发展为新经济社会学的有限理性"社会人"的假设。在创意产业组织价值共创网络中参与创意产品研发的创意企业通常规模较小，甚至是独立的创意个人，特别是准入门槛低、前期投入少的创意产业类型，其较技术或经济人才具有更加"社会人"的特征，因为创意产品的创新生产主要是基于对社会文化的观察和理解，而"弱联结"也一定程度保证了创意人才有更多互补知识交流的可能性。"弱联结的力量"使创意产业组织的知识流动突破了以企业为单位的合作，而进一步发展为创意人才个人之间的知识交流。创意产业组织价值网络，特别是处于初期形成阶段的网络，以小型或微型企业为主体，企业规模一般在 1~20 人，也并没有非常清晰的企业发展框架，加之创意人才具有较强的流动性，所以，创意企业便利的地理位置和离文化中心市场的近距离成为吸引创意人才入驻并形成信息交流的关键。文化人基于社会网络的个人整合更愿意以团队的形式为了共同的目标而相互结成风险合作，因此价值网络内相关高校培养的年轻创意人才很可能成为"弱联结"个人整合的主角，形成价值网络内活跃的创业行为。"弱联结"下的创意人才集聚并没有显性的企业形式，咖啡厅或是餐厅都有可能成为"弱联结"个人集聚的场所，而这种形式却总能成为创意知识交流的有效形式，也是创意企业形成建立的高发地。文化社会人主体"弱联结"是基于社会网络基础上的知识交流方式，是价值网络知识交流形式中最为活跃隐形的方式，也最难以预期和控制。

（四）基于默认规则的创意孵化器共同体构建

创意产业组织是若干价值网络成员的集合，成员之间的高效合作有助于经济向创新可持续的循环发展方式迈进。学习和互动被认为是创新过程的核心要素，所以要将创意产业组织建设成为各方协调互动的复杂创新系统，必须在组织中构建各成员都认可的规则。相互认可的互动规则有助于高效的价值网络成员间的共同体构建，甚至关系到价值共创网络的形成和演化发展。如同一个集体，共同认可的行为规范将有助于集体的正常运行和发展。创意产业组织价值网络可以看作是创意产业组织成员集体行动形成的积极经济外部性的共同体，而成员之间的互动本身具有集体行动的特点。在创意产业组织价值网络中，创意孵化器和管理企业往往充当创意产业组织价值网络共同体构建的组织者，并潜移默化地引导创意企业形成基于互利互惠原则下的知识交流学习习惯。在默认规则约束下的共同体构建、形成的知识交流网络中，创意孵化器或集聚管理企业充当了知识传递的中心节点。创意产业组织价值网络形成初期，有利于知识交流的默认规则并不存在，而创意孵化器或管理企业将为创意企业或创意个人通过搭建互相交流与互动的平台，如主题论坛、企业家协会、业余创意兴趣组等多种形式，将相对分散的创意企业联结为集体，培养合作精神。通过丰富的交流互动平台，创意企业形成相互之间默许认可的知识交流合作习惯与规则范式，而这种隐性非正式的知识交流习惯与范式也会进一步刺激、活跃交流互动平台，对创意产业组织价值共创关系的构建和竞争力的形成起到软实力构建的重要作用。创意产品市场的个性化和不确定性决定了知识交流平台的重要性，因为其要求集体成员之间持续不间断地互通有无才能成功进行市场拓展，这种非正式的交流合作过程是创意企业创新成功的关键。在我国基于地理空间集聚建立的创意产业组织中，创意企业之间的共同体构建和区域软实力的形成是亟待解决的关键问题。

（五）基于知识共享的创意高校（研究机构）持续学习平台提供

创意企业的知识密集型属性，决定了知识的持续学习与成功的创新行为有密切的关系。创意产业组织中的企业特别是中小创意企业一般在发展的各阶段都渴望专业知识的持续补给，并能帮助其制定适合时宜的战略发展方向，指导创意企业的发展路径。基于知识的密集需求，创意产业组织内的相关高校和研究机构作为智囊库往往起到知识源输出的重要作用，并为创意企业提供商业、技术等前沿知识，为企业的战略发展方向出谋划策。创意产业组织在汇聚企业之初就配以相关专业知识的输出服务，如专家创意课程、职业导师等，或是一些创业企业家本身就是高校或研究机构的毕业生，与专业知识源有紧密的关系。因为理论知识的优势，高校或研究机构成为创意产业组织内企业的重要知识源，并奠定了整个价值网络的专业知识框架，广泛受到网络内成员企业学习和借鉴，并以此为基础形成各个企业的战略发展规划。因此，高校或研究机构作为创意企业的共享知识源，保证了价值网络内企业的知识基础，为企业将来的持续学习和互利合作中聚点均衡的形成起到重要的作用。而聚点均衡是影响企业合作创新关系形成的关键点，所以共享的知识源传递的知识虽一般为显性知识，但它并不直接作为持续合作学习的知识交流内容，而是间接地影响后续的不间断学习平台的形成，所以本书认为，以高校或研究机构的共享知识源为起点的知识交流学习平台是显性的知识互动方式。

综合上述五种不同类型的创意产业组织知识交流方式，将组织价值网络内的合作从不同类型创意组织之间的交流机理来研究，其中知识交流的内容和逻辑以及特征都有所不同，如表4-2所示。

表4-2　创意产业组织集聚价值网络特征分析

价值网络	价值共创方式	价值共创成员	价值类型	价值共创表现形式	价值共创合作方式
企业	市场整合	理性创意企业	显性知识为主兼以隐性知识	版权互换的分析型知识；创意人才流动的标志型知识	正式合作
	产业整合	理性创意企业	显性知识为主	合资企业；子公司的分型知识	正式合作
人际社会	创意人才整合	"社会人"为特征的灵活型创意企业	隐性知识为主	"弱联结"风险合作的标志型知识	非正式
社团	共同体	创意孵化器；组织管理企业；创意企业；自由创意人才	隐性知识为主兼以显性知识	默认规则下主题论坛的整合型知识；创意组	非正式
	持续学习平台	高校；研究机构；创意企业；创意人才；创意孵化器；组织管理企业	显性与隐性并重	共享知识源上专家创意课程的分析型知识；职业导师的标志型知识	非正式与正式结合

二、价值共创表现形式下的价值网络分解

依据创意产业组织价值网络内价值共创参与成员和价值共创方式，可以将五种价值共创的表现形式归纳总结为三类价值流动机理：企业价值网络、人际社会

价值网络和社团网络。企业价值网络的价值共创参与主体主要是"经济人"假设下的理性创意企业，以经济效益最大化为原则，实现企业之间的正式战略合作，其交流合作的主体以显性知识为主。人际社会价值网络的价值共创参与成员，主要是以具有创意想法的创意个人为特征的灵活型创意企业，它们因为创意组织浓厚的创意氛围和文化中心的优势而被吸引，在任何的公共区域，如绿地、咖啡厅等都是它们拓展人际社会价值网络的最佳场所。人际"弱联结"使它们能够获得更多的创意信息，并更有可能形成风险合作，组建创业企业，其价值共创的方式多为非正式的信息交流或是基于兴趣的合作，并没有基于法律效应的正式合作关系。所以，人际社会价值网络的价值共创以创意个人间的个人情感为合作纽带，知识价值的交流更倾向于隐性知识。社团价值网络则综合了企业价值网络与人际社会价值网络价值创造特征，规避企业价值网络容易形成知识锁定的缺陷，以及人际社会价值网络隐性交流匹配无序、低效的问题，以组织管理企业、创意孵化器和高校研究机构为价值共创辅助组织，引导组织价值网络潜移默化形成创意企业及创意人才都认可的合作习惯和规范，以显性知识的教授为基础而保证隐性知识的交流高效有序，激发创新行为。

三、价值网络内的成员间价值流动机理

创意产业组织的知识流动路径表现在创意企业之间、创意人才之间以及以社团活动为单位的群体之间。这与 Alavi 和 Leidner 所论述的知识转移的主体之间关系路径基本一致。因此将创意产业组织中的知识价值网络细分为企业价值网络、人际社会价值网络、社团价值网络，根据合作交流的逻辑起点不尽相同，其知识价值流动的机理也各有特点，表现为创意产业组织之间共同创造价值的机理特征。

（一）企业价值网络知识流动路径

创意企业是创意产业组织价值共创的主体，是知识转移并高效转化为创意产品的主要实践者。以创意企业为主体单位的知识流动轨迹主要以横向同类企业间的创意知识传播和以纵向上下游企业间的创意知识溢出为路径。具体表现为横向同类创意企业间的创意产品知识产权互换和纵向上下游创意企业间的并购行为，如图 4-3 所示。

创意产品知识产权互换代表规模类型相当的创意企业之间将已有的显性创意知识传播的过程。创意产业组织价值网络内的企业，特别是同类型的企业因为文

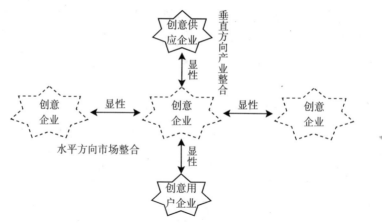

图 4-3 创意企业价值网络价值流动机理

注：↔ 表示显性知识的流动；⟨⟩ 表示大型创意企业；⟨⟩ 表示小型创意企业。

化创意基础相似，互相之间的产品特点和专业技术都彼此较为清楚。一旦新兴创意产品成功开发，很快会传播给同类的创意企业，以模仿、复制或是再创新的形式推出类似的创意产品，完成显性知识的横向流动。这种知识流动路径外化为创意企业之间的市场竞争性整合，或称为市场竞争下的产品趋同。纵向创意企业并购表现为创意企业间创意知识溢出的过程。相比创意知识传播是显性创意知识的复制过程，创意知识溢出体现在显性知识的带动效应和再利用上。纵向创意企业专注于产业网络上的单一环节，产业网络内创意用户企业的反馈对创意企业产品创新生产有重要的创新带动效应，能够为创意企业带来创意灵感，也带动了创意产品创新的未来方向。另外，创意产业垂直方向前端的创意供应企业的知识也为创意企业成功创新提供了重要的创意知识保障。与前端创意供应企业的知识交流，可以让创意企业更深入了解新的创意方式和创意源，并保证创意企业文化与技术的根植驱动力，为再创意提供灵感。创意企业间垂直方向的知识流动外化的体现为纵向产业整合，凸显为大的创意企业整合前端和后端的小型创意企业，以保证知识流动的稳定和创意能力的巩固。企业价值网络知识流动带动创新绩效的方式主要体现为需求驱动型的创新路径。

（二）人际社会价值网络知识流动路径

相比企业价值网络知识流动以市场化创意产品生产为目的的知识交流具有显性和有序的特征，而灵活型创意企业之间基于人际社会价值网络的微观知识流动则更具有隐性和无序的特征。灵活型创意企业之间的知识交流是联系微观知识流动和集聚创新活力的基础。知识交流的广泛和频繁是创意产业组织创新活跃的重要标志。小规模随机的灵活型创意企业交流，决定了人际社会价值网络知识流动路径具有无序性。然而，企业之间联系的强度构成衡量知识流动有效性的可行性尺度。交流时间、情感强度、彼此信任度和互助能力是分析创意产业组织价值网络内微观创意人际社会价值网络知识流动路径的四大影响因素，与创意人才之间的联结强度呈正相关关系。创意人才之间美学技能的互补性越强，他们之间的交流需求越强烈，即彼此互助能力也越强，越可能形成强联结关系。同时，创意产业是知识产权产业，创意人才之间隐性知识的流动日后容易形成知识产权纠纷，所以彼此信任度对创意人才之间的关系构建强度有明显正向影响。情感强度是创意人才在复杂人际社会网络中基于个人偏好对交流对象的选择性倾向。创意产业的知识属于感性的符号性知识，所以，创意人才多具有敏感的感性认识，在知识交流过程中带有明显的情感强度，情感强度越强，代表越可能发展为强联结。交流时间也是形成强弱联结的客观条件，时间越长，彼此联系紧密的可能性越大，但交流时间越长并不能绝对形成强联结。

然而，在创意产业组织价值网络中，创新知识转移的有效性与人际社会价值网络联系强度呈负相关关系，这与格兰诺维特对就业市场信息的人际社会网络传播效率的观察有相通之处——弱联结更能有效地传播新知识和信息。具体到创意产业新知识的流动对创意人才的再创新有重要作用。创意产业以情感认知的符号性知识为主要特点，创意人才的情感强度越强，越可能阻碍新知识的传播，即强联结有碍知识流动。

基于人际社会价值网络的创意产业组织价值共创的知识流动路径表现为，边缘创意人才是价值网络的重要创新者，作为创新知识的源头将知识通过弱联结传递给新锐创意人才，再由新锐创意人才传递给中心层的精英创意人才，完成创新知识的流动（见图4-4）。通过观察E.M.Rogers关于美国说唱音乐从社会边缘低收入黑人群体经由反叛传统的白种年轻人的传递而最终流行全世界，可以总结出基于人际社会价值网络——从大众到精英的需求驱动型创新知识的传播规律，遵循边缘创意人才的创造性知识逐渐传递到人际社会价值网络的中心——精英创意人才的知识流动路径。

创意产业组织价值网络内，边缘创意人才代表新兴创意力量，他们并不十分了解网络内的文化传统和规范，没有明显的情感强度和人际联结，表现为开放多

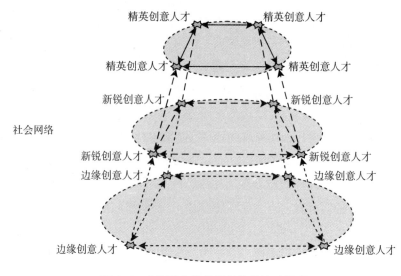

图 4-4　人际社会价值网络价值流动机理

注：——▶表示开放式隐性知识流动（弱联结）；----▶表示半开放式隐性知识流动（弱强联结）；

——▶表示封闭式隐性知识流动（强联结）。

样式的知识流动路径，所以更容易突破网络系统边界将价值网络区内外知识融合而扮演知识创新者的角色，他们被称为知识流动的"守门人"。新锐创意人才较边缘创意人才更知晓网络内规范特色，是价值网络内创新知识流动的中坚力量。他们多为年轻的自由创意人才，思想开放，包容性强，接受过价值网络内精英文化教育，所以很容易接受外来的新兴文化，知识流动的路径表现为半开放式的流动，相互之间的人际网络连接主要以中性适中的弱强联结为特点，起到新知识流动的重要桥梁作用。创新知识传递到精英创意人才才代表知识流动的有效性完成。精英创意人才以价值网络内的大型创意企业人才或相关创意专业的学者专家为代表，对网络内的文化规范非常了解，甚至本来就是文化规范的制定者，他们之间的知识流动路径表现为封闭式的人际社会网络。所以对创新知识的接纳更缓慢，需要通过新锐创意人才对创新知识基于本地文化的再加工，并迫于社会压力才能逐渐完成创新知识的传递过程，同时也代表创新知识流动的完成。价值网络内边缘创意人才向精英创意人才的知识流动速度越快，代表价值网络的创新能力越强。所以创意产业组织价值共创网络应更多地吸纳边缘创意人才，保持价值网络内知识与人才的频繁流动性，将有助于创新能力的形成。

（三）社团网络模块知识流动路径

创意产业组织价值共创功能是以产生外部效应为主要特征，即价值网络内的企业能够更快速而高效地获取关于新创意成果和新兴市场的知识及资本。而外部效应产生的前提都是建立在组织价值共创生命周期已经步入成熟阶段的情况下。所以，人际社会价值网络的知识流动路径和企业价值网络的知识流动路径相继表现为创意产业组织的发展和成熟阶段的价值共创机理，而社团价值网络知识流动则表现为创意产业组织的初创阶段——价值共创机理，表现为积极主动发展创意经济的知识流动特征。社团价值网络知识流动路径的合理性是关系到创意产业组织价值网络能否顺利发展的重要问题。丰富生动的文化特色是形成创意产业组织价值网络的关键，但并不是全部，适宜的规则条例在组织构建初期决定了创意产业组织内成员间互动学习的积极外部效应的产生。所以，社团价值网络知识流动的路径主要在于构建适宜且各方都默认接受的规则，着眼于创意产业组织价值网络的发展构建过程，知识流动路径如图4-5所示。

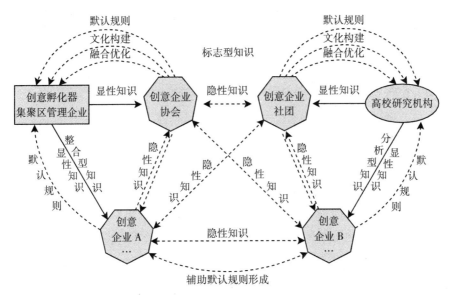

图4-5 创意社团价值网络价值流动机理

注：--► 表示隐性知识的流动；──► 表示显性知识的流动；▢ 表示公共服务机构；
⬭ 表示政府研究机构；⬡ 表示创意主体。

　　创意产业组织价值网络形成之初一般是由创意企业基于本地丰富的文化资源而选择将特色文化再发展，形成创意经济化，抑或是政府基于转变经济发展方式和弘扬文化软实力的需求，主导创意产业组织价值网络的筹建。但初创创意产业组织价值网络内的核心创意企业，在规模上大多属于微小型企业，更或是自由创意个人，并不具备很强的创意生产能力，对创意市场商业模式也基本陌生，所以创意企业之间很难形成积极的知识交流合作。相关创意产业的高校研究机构作为创意领域的专家，在组织初创阶段将为创意企业传授创意的美学技能和商业发展模式，以帮助创意企业梳理发展战略，形成将特色文化资源与自身创意技能相结合的能力。因为相关创意高校和研究机构主要是以授课形式完成知识的传递，以显性的基础创意知识的流动为特征，为价值网络内初期规则的构建奠定文化基础。另外，创意孵化器和管理企业作为具体负责创意企业引进和搭建知识交流合作平台的网络筹建机构，以为创意企业传递合作信息并组建创意企业社团为特征，所以向创意企业知识流动的特征表现为显性知识的流动。高校研究机构和孵化器及管理企业形成的显性知识流动为创意产业价值网络规则创建构建了知识和平台基础。但值得注意的是，高校研究机构和孵化器并不是规则制定的主体，而更多是以服务创意企业的形式存在。创意企业通过高校研究机构的知识传授并利用创意孵化器的社团网络互相交流，彼此了解熟悉，形成潜在的合作关系网络，表现为创意企业之间的隐性知识流动过程。在创意产业组织价值网络发展初期，创意企业之间的知识流动最重要的是形成基于价值网络的默认规则和交流文化，为未来价值网络的交流合作提供制度上的保障。

　　创意社团价值网络知识流动构建价值网络默认规则的过程表现为，以高校研究机构和创意孵化器管理企业显性知识流动为基础，以创意企业隐性知识的流动为主体。创意企业之间的隐性知识交流会形成有助于企业学习的本地规则，并随着价值网络的发展而不断完善。协调合作成员之间关系的规则也将有助于新兴创意成果的产生。创意产业组织价值网络默认规则的形成都是基于创意企业之间的交流合作实践，以创意企业协会组织、社团等形式构建网络内的互助学习创意行为规则。另外，创意社团价值网络的知识流动要平衡创意企业与高校研究机构（孵化器管理企业）在规则制定中的角色，创意企业协会向高校研究机构及孵化管理企业知识传递的默认规则形式应与其显性知识充分融合交流，不断优化建立默认规则。

四、价值流动机理与创意产业组织价值共创阶段的关系

在创意产业组织价值共创过程中，创意企业之间以创意产品创新的自主价值共创行为是创意产业组织价值创造的核心。因此，本书围绕创意产业组织价值共创这一核心，将其价值共创阶段分为孵化阶段、繁荣阶段和成熟阶段，分别对应社团价值网络知识流动路径、人际社会价值网络知识流动路径和企业价值网络知识流动路径（见表4-3）。

首先，创意产业组织价值共创的孵化阶段，是创意企业之间自主价值共创意识还比较弱的阶段，企业的发展战略、核心竞争力定位并不清晰，因此该阶段对应的社团价值网络知识流动路径，涉及的创意组织最为全面，知识流动路径也最为复杂，是社会经济发展转型升级的起步阶段，也是知识流动路径研究的重点。

其次，创意产业组织价值共创的繁荣阶段，是创意企业之间创意意识活跃，有强烈自主价值共创意识并积极向外寻求合作伙伴的阶段，创意企业表现出活跃的人际社会网络特征，创意人才的频繁流动和积极社交成为人际社会价值网络知识流动的驱动力。

最后，创意产业组织价值共创的成熟阶段，是创意企业以知识产权为保障，规范价值共创机理，理性处理创意产业组织价值共创中知识流动的路径，因此表现为明显的企业价值网络知识流动路径。

表4-3 创意产业组织价值网络发展阶段

网络分解	企业网络	人际社会网络	社团网络
活动方式	正式合作	非正式合作	非正式与正式结合
模块组织	创意企业	自由创意人、创意消费者	创意研究机构、孵化器、创意人
知识类型	推理型知识	标志型知识	整合型、推理型、标志型知识
发展阶段	成熟	繁荣	孵化

创意产业组织价值共创的孵化阶段是创意产业组织价值共创的开端，也是社会经济转型发展成功的关键。现阶段，对于创意产业组织知识价值共创机理的分析，主要着眼于经济转型发展的迫切需求，因此，本书以社会价值网络知识流动路径为核心展开以下的案例分析。

第四节
创意产业组织价值共创机理案例分析

昆士兰创意产业组织集聚区（Creative Industries Precinct）坐落于昆士兰州首府布里斯班 CBD 的北部，距离市中心 2 公里，与 1988 年布里斯班世博会遗址——文化中心，隔布里斯班河相望，且只有不到 2.5 公里的距离（见图 4-6）。从都市区域的划分来看，这里属于布里斯班中心城区与 2 区的过渡地段，靠近布里斯班最大的交通枢纽——罗马大街站，属于 CBD 边缘地区。这里也是世界上第一个创意产业学院的所在地——昆士兰科技大学创意产业学院。1997 年，英国将创意产业确立为国家的支柱型产业和城市经济新形态之后，受此启发的昆州政府于 1998 年联合学界、产业界、政治界将这块军事遗址改造为了创意产业组织集聚区。以创意产业集聚区为中心，围绕"重建生活社区"的新都市主义规划理念，昆州政府将这块 16.57 公顷的土地建成为基于资源整合与分享的市内与居住区域混合的 Kelvin Grove 都市村庄（Kelvin Grove Urban Village）。

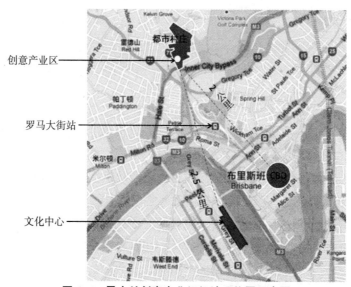

图 4-6　昆士兰创意产业组织地理位置示意图

关于 Kelvin Grove 都市村庄的研究萌芽于 21 世纪初期，在设计理念上学习吸收了英国学者 Charles Landry 关于创意城市的设想，将都市村庄的设计定位为集环境、社会和经济可持续发展的多功能集聚地（见图 4-7）。从 2003 年创意产业组织集聚的硬件设施基本完成后，设计团队意识到要将都市村庄建成布里斯班的创意中心，创意氛围的文化软实力构建并不是一蹴而就的建设过程，需要充分调动创意人才的积极性。于是关于区域历史故事分享的一系列项目于 2004 年初正式启动——搜集历史资料、寻找 1825 年开始的本地早期人类活动知情人、前期军营故事等方式，调动了学生、老师、艺术家、历史专家和大量区域研究爱好者参与其中。本地土著文化、早期欧洲移民历史与卓越的区域内教育特色和军事基地相结合，构成了生动而有趣的历史资料。通过一系列的文化追溯项目不仅调动了各个领域创意人才的参与积极性，更为重要的是它建立了关于 Kelvin Grove 区域的本地文化身份的认同感，为区域创意产业组织的形成奠定了文化源泉。

图 4-7　Kelvin Grove 都市村庄规划

文化、经济、环境的可持续发展是 Kelvin Grove 都市村庄设计规划的出发点。充分发挥创意产业的正向外部性效应，从探寻地区历史文化出发，与地区内大学深度联合，不断形成一批具有收藏意义的区域历史著作，仅 QUT 图书馆馆藏关于 Kelvin Grove 都市村庄的文献就达 70 余部，逐步形成了新的文化符号和文化认同感。在发展可持续的创意经济概念指导下，通过创意产业组织内成员——昆士兰科技大学澳洲创意公司（CEA）的创意协作，提供创新业务方案、创意管理服务和创意空间服务，为设计、音乐、影视和新媒体领域的企业家，以及处于起步阶段或较为成熟的创意企业提供协助。CEA 已先后为 30 家新公司及 120 家创意企业的成长提供了支持，给昆州经济带来 1000 万美元的投资。为了创造良好的生态环境，组织区域内各项建筑均采用太阳能环保设施，两个公园与一个高尔夫球场组成的宽阔绿地为创意产业组织集聚构建了环境可持续发展的基础，也为企业家团体活动提供了理想空间。不仅如此，道路设计上提倡以自行车为主的环保出行，更是营造了环境可持续发展的良好氛围。总体看来，创意产业组织集聚区作为都市村庄的核心创建区域，为整个都市村庄营造了和谐、创新的文化氛围。现以昆士兰创意产业组织集聚区为例，具体分析其价值共创的知识流动机理。

一、昆士兰创意产业组织价值共创发展特征

昆士兰创意产业组织价值共创的发展是得益于政府打造"智慧之州"（Smart State）的区域发展战略规划。以高校所在地的地理空间集聚为发展起源，将创意产业教育与创意企业价值创造紧密结合，初步形成昆士兰创意产业组织社团价值网络的发展特征。

昆士兰创意产业组织集聚的空间发展，模式上以高校为核心，围绕昆士兰科技大学（QUT）所在地，州政府与学校合作将历史工业厂房和教学用地相整合。昆士兰科技大学以"为真实世界而兴学"为教学原则，在日常理论教学中十分注重与实体产业的结合。课程设置以校内教师与产业管理人员联合授课的形式，使学生在接受理论教育的起初就有机会深入实践检验理论，并调动理论学习的兴趣。因此，在此特色教育下，昆士兰创意产业组织价值共创的发展从昆士兰科技大学的创意产业学院出发，将创意产业理论教学研究与创意企业的价值创造活动紧密结合，构成昆士兰创意产业组织价值网络的两大基本成员。另外，以澳洲创意企业孵化器为资源整合组织管理委员会，优选有潜力的创意企业进行扶持培养，价值网络内都以小规模创意企业为类型特征，形成合作竞争关系，网络内并没有明显的龙头企业。在市场建立方面，昆士兰创意产业组织的发展以本地市场为试金石，并积极拓展国际市场，与欧洲创意企业紧密合作，主动参与亚洲市场竞争，市场建立与拓展呈现异常繁荣的局面。总体来看，昆士兰创意产业组织价值共创的构建发展以高校、小企业、新兴市场为重要特征背景。昆士兰创意产业组织价值网络以小企业去中心化的集聚合作为发展方式，大部分企业

的人数在 2~10 人。

昆士兰创意产业组织符合如下案例选择的标准：第一，组织专注于创意产业发展已有较长时间，有较为丰富的经验积累，这有利于本书挖掘不同成员间的知识价值交流路径；第二，组织价值网络仍处于形成打造阶段，并最初是从政府规划基础上逐渐成长起来，其发展历程对我国创意产业组织价值网络的构建发展有参考和借鉴性；第三，此组织的前期相关研究较为丰富，可收集资料翔实，有利于研究开展。因此，本书确定以昆士兰创意产业组织为案例研究的样本。本书作者到昆士兰创意产业组织集聚区进行了长时间调研，积累了大量一手资源和数据，保证了研究数据的可获得性。

二、昆士兰创意产业组织价值网络构成及数据收集

（一）价值网络构成

昆士兰创意产业组织的发展围绕昆士兰科技大学所在地的空间位置展开，因此，本节的分析将以地理空间集聚的视角展开价值网络的构成分析。昆士兰创意产业前后不到 10 年的发展历史，其正处于组织集聚生命周期的初级阶段。地理空间上，现阶段围绕昆士兰科技大学的创意产业组织集聚区 I 期已全面投入使用，而创意产业组织集聚区的 II 期还处于建设当中（见图 4-7）。所以，本书立足于 I 期创意产业组织价值网络分析。

昆士兰创意产业组织价值网络以环高校而建的产学研知识圈为核心发展模式，昆士兰科技大学创意产业学院和昆士兰创意产业与创新研究中心为创意产业组织价值网络的形成营造了良好的创意氛围。创意产业组织是属于知识密集型组织类型，创意人才是价值创造的关键，在创意人才吸引方面，昆士兰科技大学创意产业学院和创意创新研究中心作为培养创意人才的核心智囊库，每年都为创意产业组织价值网络内成员输送年轻的创意人才，他们多以实习、自由职业或是全职工作的形式参与价值网络内成员的创意实践工作，为价值网络不断补给新兴创意设计观念的同时也为沉浸于理论学习的高校创意学生提供了接触真实创意市场的平台。另外，价值网络内作为创意企业孵化器的澳洲创意有限公司，负责管理协助创意企业的创办和经营，不定期地为世界各地的创意人才提供创业启动资金，以此种形式促成创意产业组织价值网络内核心创意企业的人才流动性，以保证网络内的创造性能力。

创意企业是价值网络内的核心成员，昆士兰创意产业组织价值网络以时尚设

计类企业价值共创为主体，同时兼具电影电视、音乐和新媒体等专业化的小型企业。网络内拥有一家相对大型的纵向价值链整合的戏剧演出公司，拥有专业从事创意布展的中型企业，为网络内的创意作品构建了重要的展销渠道。

另外，从昆士兰创意产业组织集聚发展的空间位置看，它与前端中心文化消费市场——CBD 和世博会遗址，距离较近且交通方便，为创意产业组织快速捕捉文化市场信息、占领市场提供了可能。在昆士兰创意产业组织价值网络中，时尚设计类企业占据价值网络成员的大多数，是价值共创的主要实践者。时尚设计类企业之间的互动关系决定了网络的价值创造能力。孵化器——澳洲创意公司、QUT 创意产业学院和 CCI 研究中心为时尚设计类企业提供智力与财力的支持，对时尚设计类企业的关系结构有重要影响。当然，无论是创意企业之间的交流还是创意企业与扶持机构的互动都根植于区域源文化。区域的原住民活动、军营历史遗迹、文化中心市场的辐射力构成了创意产业组织价值网络的共同语言和知识背景，形成昆士兰创意产业组织特有的文化氛围。图 4-8 所展示的从核心到外围的六层价值网络要素共同构成了昆士兰创意产业组织竞争优势的主体，只有将六层价值网络构成成员合理布局，形成价值共创的整合性机理，才能培育出有价值的创意经济活动，创意产业组织价值网络也才能够真正成为创意创新的孵化网络。

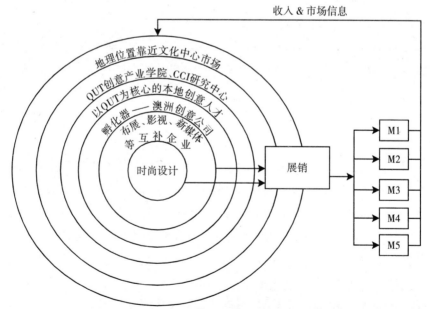

图 4-8 昆士兰创意产业组织价值网络成员构成

注：M1，M2，…，M5 表示文化中心的各类不同规模类型的市场。

（二）"价值共创"构念测度

案例分析首先对构念进行清晰的界定和测度，否则，将会导致对组织现象不正确的认识。因此，有必要对知识流动的定义和测量方法予以界定。本书的重点是创意产业组织成员之间的价值共创行为。基于知识流动的本质，其内涵可表达为"网络成员之间的社会关系"，关系意味着创造知识转移和交换的机会、动机和能力。目前，关于知识流动的研究主要是基于社会资本视角，协同发展组织成员通过广泛联系形成知识转移流动，另外，从知识的隐性和显性的视角分析认为，隐性知识更需要地理集聚下的流动，而显性知识对地理邻近性并不敏感。本书从"知识流动的本质是关系"的角度出发，认为组织成员之间以行为活动为基础构建的关系是知识流动的途径，并在知识的隐性和显性属性基础上，重点测量分析型、整合型和标志型知识在流动中的路径及特征。

（三）数据收集

案例研究的数据应当有不同的来源，以保证研究的信度和效度。本书采用半结构化访谈、非正式访谈、现场观察和二手资料收集等多种不同的数据收集方法，通过多样化的信息和资料收集渠道，形成对研究数据的三角测量。交叉验证研究数据和信息，尽可能获得翔实的信息，避免共同方法偏差，提高研究的信度和效度。

1. 半结构化访谈

本书采访了 6 位不同组织的核心人员，并采用半结构化访谈的方式开展深入访谈。参与半结构化访谈的核心人员包括创意企业首席创意设计师、孵化器经理、创意产业与创新卓越研究中心首席研究员、创意产业学院创意管理讲师、创意集聚展会策划人、在孵创意企业设计师。6 名访谈对象的确定是从提高研究信度和效度的角度考虑进行选择。他们都具有以下特点：①长期处于创意设计和研究的相关工作中，信息全面准确；②设计及研究工作知识内容与本书契合度高；③在各组织处于核心职位，对组织行为有深刻影响。这些特征使访谈内容能够围绕研究目的，且充实准确。具体的访谈焦点和访谈对象信息如表 4-4 所示。访谈过程中，主要询问公开材料难以确认的行为活动问题。每次访谈 1~2 小时。

2. 非正式访谈

根据 Hargadon 和 Sutton 的研究方法，本书作者在昆士兰创意产业组织集聚区调研中，通过非正式访谈了解到很多关于都市村由来的历史和故事，为本书提供了丰富的素材，并与半结构化访谈的相关内容进行交叉验证。作者与创意产业

表 4-4　半结构化访谈的焦点与被访谈者信息

访谈对象		创意设计相关活动		创意设计社会活动组织
职位	职能	内部	外部	
首席创意设计师	产品设计及执行创意人员确定	√	√	
孵化器经理	孵化企业选择及创意社会活动策划	√	√	√
首席研究员	创意产业相关理论问题研究		√	√
创意管理讲师	讲授创意创业课程	√	√	
展会策划人	集聚区布展			√
在孵创意企业设计师	筹建创意企业	√	√	

学院的每一位高级研究者、孵化器工作人员以及创新卓越研究中心的专家学者都进行过非正式的交流。另外，作者还全程参与了创意管理理论及实践课程，跟踪在孵企业的实践工作，并通过论坛研讨会与来访专家交流，从他们的视角了解昆士兰创意产业组织集聚的知识交流合作情况。

3. 现场观察

作者实地参观了昆士兰创意产业组织集聚区的军营遗址，了解集聚区的改造发展史。军营遗址展示了集聚区域的土地初期规划以及演化过程，向参观者传达了区域组织协同实践的发展。这为本书梳理创意产业组织集聚区的构建活动路径提供了翔实的文字和图片资料。另外，作者还参观了集聚区内外的创意市场，与自由创意人员和创意消费者进行交流，了解创意产业组织集聚区知识交流平台搭建背后的故事，为本书积累了大量的原始素材。

4. 二手资料

二手资料主要包括文献及社交网络平台记录。文献的收集主要通过官方网站和数据库文献查找。首先，通过创意产业组织官网了解各成员的发展历程和基本情况。其次，在创意产业学院图书馆数据库中检索与集聚区发展相关的学术文献及新闻报道，从集聚区的主体规划方案到创意市场的形成介绍共计 1923 项文献资料；社交网络主要依赖 Facebook 和 Twitter 平台上各组织成员官方账户的社交活动记录，收集成员之间的关系构建行为信息。

三、昆士兰创意产业组织价值流动机理

昆士兰创意产业组织从规划到发展不到 10 年的时间，从生命周期来看处于初期发展阶段。组织价值网络内的成员企业规模小且专业水平较低，网络的积极外部效应并不明显，创意企业之间的合作交流网络正在培育过程中，但因为澳大利亚联邦政府和昆士兰州政府的重视和扶持，昆士兰科技大学创意产业学院和澳大利亚创意企业孵化器在价值网络培育中扮演着重要的角色，所以，昆士兰创意产业组织的知识流动路径具有显著的社团价值网络知识流动路径特征。

(一) 创意企业特征及关系

昆士兰创意产业组织价值网络内创意企业主要涉及时尚设计、电影电视、新媒体、话剧和展示策划类企业（见表 4-5）。时尚设计类企业是网络内的主体，涉及服装设计、平面设计、工业设计三种企业类型。企业规模都属于灵活的小型企业，创意企业从业者一般在 5~10 人，并有一部分为独立设计人。电影电视类企业在网络内数量较少，还没有特别突出的创意作品，他们多与昆士兰州或新南威尔士州政府合作，以公益宣传片或项目导向为主要形式。网络内的新媒体企业主要基于电脑、手机和平板等新兴移动平台而从事应用软件和网页的开发，并因为现阶段新媒体正处于蓬勃发展阶段，同时可以与各种形式的企业结合，所以，虽然是发展的初级阶段，新媒体企业已经表现出很强的合作创新关系。另外，网络内拥有一家戏剧传统创意企业，也是唯一一家网络内相对大型的创意企业，其基于纵向产业链的整合，集创意、制作、市场营销于一体，拥有完整的价值创造链条，在价值网络中处于相对比较独立的位置。同时，价值网络内拥有两家规模较为成熟的展示策划类企业，为小型创意企业的作品展示和市场推广起到重要的扶持作用，所以，它们也必然成为与众多创意企业交流合作的节点企业，并为各创意成员的交流提供了可能。总之，因为创意产品的创造多以项目为依托，所以价值网络内的创意企业初现项目合作的联合交流关系。

表 4-5 昆士兰创意产业组织集聚区企业统计

企业类型	时尚设计	电影电视	新媒体	话剧	展示策划
数量	11	3	4	1	2

戏剧公司从 1925 年创建至今，陆续上演过众多戏剧作品，是布里斯班本地历史最悠久的戏剧企业。公司拥有从创作到展示发行的完整产业链条，并以其细

分类型的四面圆形剧场为特色。在 Kelvin Grove 都市村内拥有 400 座的标志性圆形剧场，每年上演 12 场左右的戏剧作品，从规模上看是网络内创意企业的龙头型企业，并为网络内的学生和独立艺术家提供基于戏剧的发展平台。如图 4-9 所示的 T 代表该戏剧企业，具有成熟的企业运行流程和创意作品产出量，在价值网络内属于标准化程度最高、规模最大的创意企业，所以表现为企业的强稳定性，并在网络内为相关的小型创意企业和学生提供一定的学习交流机会。从创意企业间关系结构看，该戏剧企业处于知识交流的高势位，对网络内的其他企业产生辐射效应，所处位置突出而相对孤立。

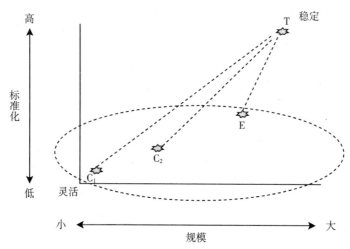

图 4-9　昆士兰创意产业组织核心创意企业特征关系

注：T 代表 LABOITE 戏剧；E：代表展示策划类企业；C_1、C_2 分别代表独立设计人和微小型创意企业。

图 4-9 中，E 代表展示策划类企业，为价值网络内的创意企业提供展示和市场策划服务，规模属于中型企业，包揽了网络区内除 T 企业的几乎所有创意作品展示和市场策划业务。因为要和网络内大部分创意组织形成合作关系，E 企业并没有固定的操作范式，而是要根据创意主体的具体情况和实际要求形成策划方案，相对 T 企业来说属于标准化程度较低的企业类型。C_1、C_2 分别代表独立设计人和微小型创意企业，他们构成了价值网络的主体，很多是创意孵化器下的在孵企业，也有自主创立的企业，规模小、灵活性高、处于高流动状态。另外，因为创意孵化器办公领域的低租金，限定企业孵化的周期最长不超过五年，也在客观情况下保证了创意价值网络的流动性。C_1、C_2 因为规模小，企业处于形成过程

中，在客观上容易形成紧密的合作交流关系。所以昆士兰创意产业组织价值网络内企业之间的关系总体表现为 C_1、C_2、E 的强合作交流可能性，以及 T 的强势孤立关系位。

（二）价值网络成员知识流动机理

昆士兰创意产业组织价值网络处于初期发展阶段，价值网络的知识流动路径主要表现为社团价值网络知识流动路径特征，如图 4-10 所示。

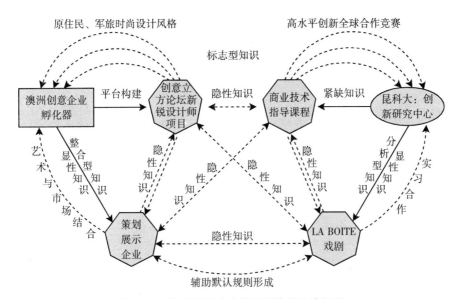

图4-10　昆士兰创意产业组织价值流动机理

注：--▶ 表示隐形知识的流动；—▶ 表示显形知识的流动；▢ 表示公共服务机构；

　　◯ 表示政府研究机构；◇ 表示创意主体。

澳洲创意企业孵化器是澳大利亚唯一专注于扶持创意人才创业的企业组织，旨在为创意人才提供商业、技术信息和交流平台，帮助他们开创出具有市场价值的创意产品，使企业快速成长并成功进入国内及国际市场。创意企业孵化器将其定位为昆士兰创意产业组织价值网络内知识网络组建的中心，因为它联通了各价值创意成员的信息交流渠道。创意立方论坛作为网络内标志性的价值共创盛事，邀请全球领先的创意企业家分享关于建立成功创意企业的知识和经验，互通创意商业信息，同时激励网络内处于起步阶段的创意人才创业的激情，并实践演练和展示有效的创意商业战略。创意立方论坛提供给价值网络内的创意企业家及创意产业专业学生全球领先的专业知识，将创意、投资与企业合作相结合，每年都会促成多项合作和投资，在价值共创的知识流动过程中表现为基于平台构建的显性知识传递。另外，澳洲创意企业孵化器开发了新锐设计师项目、协助设计项目贯穿全年，每月为参与其中的独立设计人和时尚企业邀请一线的时尚企业家，评估新兴创意作品发掘商业价值。同时还不定期地举行"特别早餐"，保证新老创意企业家的充分交流和个人人际网络的建立。通过以上平台的构建，创意企业孵化器信息知识的传递表现为显性知识的传递，在以显性知识传递为表现的作用下，创意企业之间增进了彼此了解，加深了个人人际交往的可能性。更为重要的是，在此基础上形成默认规则，区域特色设计风格——原住民和军旅设计风。很多设计师将自身设计风格和区域形成的特色风格相结合，逐渐形成一批成熟的创意作品。如 AKIN 澳洲原住民艺术系列就是其中的突出代表，现阶段正在准备进入国际市场（采访孵化器经理总结）。孵化器作为创意产业组织价值网络形成初期的先导，从创意企业的招募到平台的构建都起到重要的作用，价值共创的知识流动形式主要是正式显性的整合型知识流动，而在此基础上的企业之间交流形成的隐性默认规则表现为"价值共创的知识流动形式为非正式隐性的标志型知识的流动"，成为价值网络内创新能力的主要来源，为网络内核心能力的建立起到重要作用。

昆士兰科技大学创意产业学院和创新卓越研究中心作为价值网络内的专业研究机构，针对初创企业创意市场商业知识和核心技术技巧的缺乏，开设了商业和技术指导的实践课程。具体涉及初创时尚企业的基础法律、时尚企业理财和现金管理、品牌传播、营销及公共关系、社交媒体的应用和制版技术等。这些针对创意企业建立的实践紧缺知识的传递，对起步阶段的创意企业家有很大的启发作用，他们中的许多创意人才通过实践课程形成了合作团队，并参加高水平的全球合作竞赛，获得全球时尚创意中心城市学习实践的机会。甚至，创意人才之间参加课程的目的逐渐发展为寻找合作伙伴组队参加创新合作竞赛。价值网络内的孵化器项目和研究机构的指导课程作为显性知识的传递，在此基础上，创意人才之间隐性知识的交流合作逐渐形成的默认规则——集聚区原住民、军旅时尚设计风格和参与高水平创新竞赛的动力，也反向传递给了孵化器和研究机构。他们针对创意人才交流形成的价值网络特色，也会不断完善显性知识的传递，如现阶段孵化器新增了原住民设计风奖学金以鼓励扶持澳洲原住民艺术设计。另外，价值网络内的大中型企业——戏剧和策展企业虽并不是网络内显性知识传递和隐性知识形成的主体，但它们也以特殊的形式参与知识价值创造，辅助默认规则的逐渐形成。策划展示公司为区内创意企业市场策划组建了 Kelvin Grove 都市村市场，为起步阶段的创意作品展示创造了真实接触市场的机会。戏剧作为价值网络内的大型企业，针对网络缺乏戏剧企业的现状，为创意产业学院的戏剧类专业学生提供实习机会，将理论和实践知识充分融合。

总之，昆士兰创意产业组织价值网络的知识流动路径表现为以孵化器和专业研究机构的显性知识流动形成社团价值网络基础，以微小时尚企业和独立设计人的隐性知识流动默认规则形成为区域价值共创的核心竞争力，并辅以大中型企业的知识流动协作为特征。

第五章

地理集聚的文化创意企业知识网络效应评价

在以价值网络理论为基础构建了创意产业组织价值共创机理的概念模型基础上，为进一步探究创意产业组织价值共创关系形成的影响要素，本章将借鉴新经济增长理论的要素投入溢出，建立以创意企业为核心的创意产业组织地理集聚的生产函数，对三种不同类别的创意产业组织地理集聚的价值共创效应进行了理论分析和推导，评价基于地理集聚的创意产业组织价值共创结构对价值共创效应的影响。

第一节
文化创意企业地理集聚知识网络分阶段要素解构

自创意经济的发展从理论走向实践以来，随着好莱坞和硅谷的崛起，以地理集聚的方式发展创意产业组织已成为理论研究和区域发展实践的共识。实际上，创意产业组织的地理集聚是围绕创意企业在地理空间的集聚为核心，根据价值共创的不同阶段，创意产业组织的角色也在不断变化中，并且影响地理集聚下价值共创的要素也在不同阶段呈现各自的特征。前文将创意产业组织价值共创阶段分为了价值共创孵化阶段、价值共创繁荣阶段和价值共创成熟阶段，本节将基于此阶段划分，研究价值共创的影响要素。

一、地理集聚孵化阶段价值共创要素

地理集聚孵化阶段，是创意产业组织联合孵化培养核心创意企业及其之间的关系阶段，因为创意企业都还处于创立成长期，需要吸收外部的知识，特别是来自大学或研究机构等组织成员的专业知识，有助于专业技能以及核心文化内涵的确立。另外，孵化阶段也是创意产业组织形成创意社团，彼此交流形成价值共创合作关系的高潮期。创意企业在孵化阶段都渴望通过创意社团的交流平台，寻找创意项目并形成价值共创关系，快速投入项目实施。同时，在创意企业孵化器帮助下逐渐建立的创意协会，成为组织集聚区规则建立的主体，对创意产业组织价值共创的规范化奠定了基础。因此，总结来看，地理集聚的孵化阶段，影响要素可以概括为：大学研究机构的分析型显性知识、创意孵化器的整合型显隐性知识、创意协会以价值共创规则建立为使命的标志型隐性知识和创意社团以价值共创关系形成为目标的标志型隐性知识。因本书主要立足于孵化阶段的创意产业组织价值共创研究，之后的理论推导是建立在以上四项价值共创的影响要素基础上的分析结果。

二、地理集聚繁荣阶段价值共创要素

地理集聚的繁荣阶段是创意产业组织集聚区创意项目丰富、创意人才活跃于不同的项目中、自主传播创意知识的阶段，创意孵化器平台与大学研究机构的专业知识支撑扶持作用已构建完成，创意企业间的自主交流成为价值共创的主要形式。创意企业间的价值共创表现出明显的人际社会价值网络特征，此阶段，创意企业之间的价值共创与人与人之间的合作一样，相互交流，表现出无序和隐性的特征，同时兼有小规模、高流动性的特征。但因为创意企业之间的交流涉及知识产权归属的问题，繁荣阶段知识产权保障平台并不健全，因此创意企业间就创意项目的频繁交流，其价值共创的影响要素可以概括为交流时间、情感强度、彼此信任和互助能力。这与人际社会价值网络交流的特征相似，只有在创意企业之间具有相互学习互助能力基础上，充分交流时间并彼此信任相互欣赏，才会形成创意项目的合作关系。

三、地理集聚成熟阶段价值共创要素

地理集聚成熟阶段是核心创意企业规模逐渐发展的时期，以追求利润最大化的理性企业参与价值共创的合作。知识产权的保护意识强烈，知识产权的归属清晰，知识产权的交易平台完善，创意企业秉持互利互惠的原则完成知识产权交易。因此，地理集聚成熟阶段，创意产业组织的价值共创合作主要表现为创意企业间的有序并且显性知识的整合，相比繁荣阶段知识流动趋于平稳，创意项目的合作都有明确的合同约束。因此，此阶段的价值共创影响要素主要表现为知识产权归属、创意产品市场表现、创意产品创新评价。但在地理集聚成熟阶段，由于创意企业已具备一定规模，发展趋于稳定，容易陷入知识锁定的价值共创模式，价值共创的合作行为也会受到既有规则和合作伙伴的影响。

第二节
文化创意企业地理集聚知识网络的结构分析

对创意产业组织价值共创阶段的划分是根据创意产业组织的构成视角展开，而创意产业组织价值共创效应的核心主要是根据创意企业之间的价值共创合作效应。创意企业的类型特征和结构与价值共创效应直接相关，是构成价值共创影响要素的核心。本书将地理集聚下的创意产业组织构成结构分为同类创意产业的替代型创意企业构成、同类创意产业的非替代型创意企业构成以及异类创意产业的互补型创意企业构成。三种结构的创意产业组织价值共创关系形成各异的效应，本书将围绕三种类型的价值共创结构探讨结构对价值共创效应的影响。

同类与异类创意企业的衡量是基于企业之间知识距离的概念界定。知识距离越远，可借鉴学习的知识越少，彼此的共同话题越少。反之，如果知识距离越近，可借鉴学习的知识越多，可以共同探讨的话题也越多，但是同时侵犯知识产权的概率也越高。在同类创意产业领域，可以进一步将创意产业组织的共创结构分为替代型和非替代型。同类型的创意产业，如果都是属于时尚领域的创意企业，但一家属于服装设计，另一家属于首饰配件设计，两家企业的价值共创行为就属于互补型创意企业；反之都属于服装设计的企业价值共创就属于替代型创意企业间的价值共创行为。本书将从不同的创意产业组织价值共创结构视角评价价值共创效应。

第三节
文化创意企业地理集聚知识网络的结构效应影响推导

　　创意企业是典型的知识密集型企业，各类组织成员的显隐性知识对企业的创意产出具有决定性的作用。在新经济增长理论中，将企业的要素分为有形和无形两方面，有形的企业生产要素包括原材料、厂房等实体资产；无形的生产要素则指企业文化、制度、知识产权等。但对于创意企业来说，有形的要素投入门槛非常低，有时甚至单个创意人才、一台电脑或一支画笔就可以创造出卓越的创意产品。所以，本书构建创意企业的生产函数忽略有形要素的投入，而集中研究无形要素投入对创意产出的影响。可将组织无形要素的投入分为显性和隐性知识，即创意企业的创意产出函数可以表示为：

$$Y = f(E, T) \tag{5-1}$$

　　式中，Y 为创意企业的创新产品产出；E 为英文单词"Explicit"的缩写，即显性知识的投入量；T 为隐性知识的英文"Tacit"的缩写，代表创意企业的隐性知识投入量；f( ) 是创意产品产出与显隐性知识投入量之间的关系。

　　以创意产业组织地理集聚中的大学与孵化器为显性知识传递基础的价值共创初期发展阶段，可基于社团价值网络知识流动路径，设高校传递的创意专业显性知识为 E_u，孵化器传递的平台信息显性知识为 E_i，创意企业协会交流形成的隐性制度知识为 T_a，创意企业社团交流形成的隐性专业合作规则 T_c，以及创意企业的专有创意知识为 T_r，所以可以将式（5-1）写成：

$$Y = f(E_u, E_i, T_a, T_c, T_r) \tag{5-2}$$

　　为了表示每种知识类型对创新产出的贡献率，将式（5-2）改写成幂函数的形式：

$$Y = AE_u^{\alpha}E_i^{\beta}T_a^{\gamma}T_c^{\vartheta}T_r^{\tau} \tag{5-3}$$

　　式中，A 为常数；$AE_u^{\alpha}E_i^{\beta}T_a^{\gamma}T_c^{\vartheta}T_r^{\tau}$ 是以投入知识量为自变量的产出函数，α，β，γ，ϑ，τ 分别表示高校传递的创意专业显性知识的产出弹性、孵化器传递的平台信息显性知识的产出弹性、创意企业协会交流形成的隐性制度知识产出弹性、创意企业社团交流形成的隐性专业合作规则的产出弹性、创意企业专业创意知识的产出弹性，α，β，γ，ϑ，$\tau \in (0, 1)$。创意产出随着显隐知识投入量的增加而不断提高，但是其产出提高的速度远不及各类知识投入量增加的明显，特别是随着各类知识投入量增加越多，创新产出增长越缓慢。

一、同类替代型组织价值共创

创意企业是衡量创意产业组织价值网络创新能力的主体。创意产业组织知识价值共创的最终竞争力体现，主要在于创意企业知识价值的开发创造。在创意产业组织价值共创的孵化阶段，孵化器根据区域创意产业核心发展方向规划，积极引进相关创意企业，成为区内的核心创意企业。对于引进的初创企业，因企业战略发展规划并不清晰，更没有形成企业核心竞争力，核心创意企业处于同类型的创意产业领域，并且在创意市场上表现为既合作又竞争的关系，即相互之间可以被取代。所以，组织集聚内创意领域相同的竞争型创意企业价值共创的效率直接影响创意产业组织集聚区整体的创新能力。如在集聚区中，服装设计类企业表现为集聚区内的核心企业，设计师之间的交流合作效率直接影响整个区域的创新能力。因为企业之间涉及大量同类的创意知识，所以，创意产业组织价值共创的过程表现为以孵化器为基础的平台显性知识和协会交流的隐性知识，以及以高校为基础的专业创意显性知识和创意社团隐性专业合作规则共享传递的行为。特别是对于替代型创意企业来说，因为专业创意知识的高共享性，在创意社团中更容易形成社团合作，而形成强竞争力的合作团体，表现为高价值共创效率。

设创意企业用于显隐性知识学习的投入量为 Ir，企业通过显隐性知识的学习后创新开发的创意知识为 K，K 由集聚区中现有的 E_u、E_i、T_a、T_c 决定，则有：

$$K = E_u^{\eta_1} E_i^{\eta_2} T_a^{\eta_3} T_c^{\eta_4} Ir \qquad (5\text{-}4)$$

式中，η_1、η_2、η_3、η_4 分别表示 E_u、E_i、T_a、T_c 对企业开发创意知识 K 的贡献弹性，因为企业开发创意知识还受到自身意愿和吸收能力的影响。鉴于此，本书将此贡献弹性取值界定为 η_1、η_2、η_3、$\eta_4 \in (0, 0.5)$。根据社团价值网络知识流动路径，创意知识 K 主要以创意企业社团和创意企业协会交流的隐性知识为主，另外，还包括创意企业在学习中逐渐形成的有别于其他企业的核心竞争力知识，则 K 可以表示为：

$$K = K_1 + K_2 + K_3 \qquad (5\text{-}5)$$

式中，K_1 表示创意企业对企业协会交流的隐性制度知识的开发；K_2 表示创意企业对企业社团专业合作规则知识的开发；K_3 表示创意企业开发的专有核心竞争力知识。

令 $P_1 = \dfrac{K_1}{K}$，$P_2 = \dfrac{K_2}{K}$，$P_3 = 1 - P_1 - P_2(P_1, P_2 \in (0, 1))$ 分别表示隐性制度知识和专业合作规则知识以及企业专有知识在创意企业创新知识产出总量中的比重，则可以表示为：$K_1 = P_1 K$，$K_2 = P_2 K$，$K_3 = (1 - P_1 - P_2)K$

对于同类创意产业的替代型创意企业之间，存在创意企业专业合作社团知识和创意企业协会制度知识的相互交流共创。企业专有的核心竞争力知识，涉及企业独特的发展背景与区域文化的巧妙结合，不易形成企业之间的合作交流共创。所以，可以将 K_1、K_2 作为集聚区内同类创意产业的替代型企业间知识价值共创的内容。P_1、P_2 分别表示隐性制度知识和专业合作规则知识在开发的创意知识中所占比重。

创意产业组织地理集聚形成的重要标志之一，表现为吸引众多创意企业踊跃入驻。因此，本书假定创意产业组织集聚区聚集的企业越多，共创的知识价值也越多，设聚集的创意企业数为 x，组织集聚的协会交流隐性制度知识可以表示为：

$$T_a = \int_0^x K_1 \, dx = xK_1 = xP_1 K \tag{5-6}$$

$$T_c = \int_0^x K_2 \, dx = xK_2 = xP_2 K \tag{5-7}$$

将式（5-6）、式（5-7）代入式（5-4），得到：

$$K = \left(x^{\eta_3 + \eta_4} P_1^{\eta_3} P_2^{\eta_4} E_u^{\eta_1} E_i^{\eta_2} Ir \right)^{\frac{1}{1 - \eta_3 - \eta_4}} \tag{5-8}$$

将式（5-6）、式（5-7）、式（5-8）代入式（5-3），在创意企业协会隐性制度知识和专业社团合作知识价值共创的情况下，同类替代型创意企业集聚的创意产出函数为：

$$Y_1 = Ax^{\gamma + \vartheta} P_1^{\gamma} P_2^{\vartheta} E_u^{\alpha} E_i^{\beta} T_r^{\tau} \left(x^{\eta_3 + \eta_4} P_1^{\eta_3} P_2^{\eta_4} E_u^{\eta_1} E_i^{\eta_2} Ir \right)^{\frac{\gamma + \vartheta}{1 - \eta_3 - \eta_4}} \tag{5-9}$$

令，$\xi = \dfrac{\gamma + \theta}{1 - \eta_3 - \eta_4}$，$\xi > 0$ \quad (5-10)

$$Y_1 = Ax^{\gamma + \vartheta + \eta_3 \xi + \eta_4 \xi} P_1^{\gamma + \eta_3 \xi} P_2^{\vartheta + \eta_4 \xi} E_u^{\eta_1 \xi + \gamma} E_i^{\eta_2 \xi + \beta} T_r^{\tau} Ir^{\xi} \tag{5-11}$$

令，$\Phi_1(x) = x^{\gamma + \vartheta + \eta_3 \xi + \eta_4 \xi}$ \quad (5-12)

令，$\Psi_1(P_1, P_2) = P_1^{\gamma+\eta_3\xi} P_2^{\vartheta+\eta_4\xi}$ (5-13)

则：$Y_1 = A\Phi_{1(x)} \Psi_1(P_1, P_2) E_u^{\eta_1\xi+\gamma} E_i^{\eta_2\xi+\beta} T_r^{\tau} Ir^{\xi}$ (5-14)

在创意产业组织集聚区中，高校和孵化器传递的显性知识一般比较稳定，对创意企业的创意产出影响主要受创意企业自身的接受能力影响，同时企业的专有知识是长期发展积累的成果。本章主要讨论创意企业之间形成的合作结构特征，及其在此基础上形成的企业隐性知识的溢出。另外，创意企业对知识学习的投入量在一定时间内也是比较稳定的。所以为集中比较分析创意企业隐性知识价值共创的效率，可以将高校和孵化器传递的显性知识、专有知识以及创意企业的知识学习投入量均假定为一个固定单位，即 $E_u^{\eta_1\xi+\gamma} E_i^{\eta_2\xi+\beta} T_r^{\tau} Ir^{\xi} = 1$，则有：

$$Y_1 = A\Phi_{1(x)} \Psi_1(P_1, P_2)$$ (5-15)

对式（5-15）中的 x 求导，得：

$$\frac{dY_1}{dx} = A(\gamma + \vartheta + \eta_3\xi + \eta_4\xi)x^{(\gamma+\vartheta+\eta_3\xi+\eta_4\xi-1)}\Psi(P_1, P_2) > 0$$ (5-16)

$$\frac{d^2Y_1}{dx^2} = A(\gamma + \vartheta + \eta_3\xi + \eta_4\xi)(\gamma + \vartheta + \eta_3\xi + \eta_4\xi - 1)x^{(\gamma+\vartheta+\eta_3\xi+\eta_4\xi-2)}\Psi(P_1, P_2)$$

(5-17)

从式（5-17）可知，$\frac{d^2Y_1}{dx^2}$ 的符号取决于（$\gamma + \vartheta + \eta_3\xi + \eta_4\xi - 1$）的符号。由式（5-16）、式（5-17）可以总结出，当同类可替代型创意企业聚集交流时，创意企业的创意产出随着企业聚集数量的增加而逐渐增加，即呈正相关关系。但是创意企业创意产出增加的效率由企业协会交流的隐性制度知识和专业社团合作知识的质量决定。如果隐性制度知识完善，创意企业之间能够形成广泛默认接受的地区文化及合作习惯，同时专业社团的合作共识能够快速形成，即隐性制度知识和专业社团合作共识对企业创意产出的贡献率越大，表现为 $\gamma + \vartheta + \eta_3\xi + \eta_4\xi - 1 > 0$ 时，同类可替代创意企业数量的增加将快速提高创意企业的创意产出；反之，企业数量增加对创意企业产出的效应影响不显著。

另外，创意产业组织集聚价值共创的过程同时也是企业时间、精力和资金消耗投入的过程。参与价值共创的企业数量越多，企业越需要花费更多的时间、精力和资金在知识交流和合作伙伴识别的过程中，所以可以令搜索成本的消耗为：$C_s(x)$。同时，因为是同类可替代创意企业之间的知识交流合作，转移的知识不会全部作为创新产出的知识源，而容易产生模范甚至抄袭创意的情况，特别是在企业多、竞争激烈而知识产权保护不健全的环境下，同类可替代创意企业的模仿行为是对创新产出效应的显著抵消，甚至是对创意产业组织集聚整体创新能力的破坏，因此可以令模仿行为对创新产出的抵消为 $C_r(x)$。设 $C_s(x) + C_r(x) = ex^\delta$，$\delta \in (0, 1)$。同类可替代创意企业集聚组织的创新获益为 w_1，即：

$$w_1 = Ax^{\gamma + \vartheta + \eta_3\xi + \eta_4\xi}\Psi_1(P_1, P_2) - A\Psi_1(P_1, P_2) - C_s(x) - C_r(x) \tag{5-18}$$

对 x 求导，w_1 最大时，应满足：

$$\frac{dw_1}{dx} = A(\gamma + \vartheta + \eta_3\xi + \eta_4\xi)x^{(\gamma + \vartheta + \eta_3\xi + \eta_4\xi - 1)}\Psi(P_1, P_2) - e\delta x^{\delta - 1} = 0 \tag{5-19}$$

解得效益最大时的集聚企业数：

$$x_1 = \left[\frac{e\delta}{A(\gamma + \vartheta + \eta_3\xi + \eta_4\xi)\Psi_1(P_1, P_2)}\right]^{\frac{1}{\gamma + \vartheta + \eta_3\xi + \eta_4\xi - \delta}} \tag{5-20}$$

由式（5-20）可知，同类可替代创意企业集聚的最佳规模由集聚交流搜索成本和模仿负效应以及企业之间隐性知识交流的质量决定。当 $\delta = \gamma + \vartheta + \eta3\xi + \eta4\xi$ 时，即企业数量变化的搜索成本及模仿效应和知识贡献弹性相等时，集聚区的创新产出与企业数量无关；当 $\delta < \gamma + \vartheta + \eta3\xi + \eta4\xi$ 时，即企业数量变化的搜索成本及模仿效应小于知识贡献弹性，最佳企业集聚数量与搜索成本及模仿效应呈正相关关系，与知识贡献弹性负相关，即企业数量增加引起的搜索及模仿效应成本增长越大，最大利润要求的最佳企业规模越大，而企业数量增加引起的知识价值创造能力越强，要求的最佳企业规模越小；当 $\delta > \gamma + \vartheta + \eta3\xi + \eta4\xi$ 时，搜索及模仿效应成本大于知识贡献弹性，最佳企业集聚数量与搜索及模仿成本增加弹性负相关，与知识贡献弹性正相关，即知识价值创造能力越强，要求的最佳企业规模越大，而成本增长越大，最佳企业规模越小。

二、同类非替代型组织价值共创

创意产业组织集聚区中，大量企业特别是核心创意企业，处于同类型的创意产业创新活动中。但同类创意产业中除了替代型创意企业以外，完整的集聚区还拥有非替代型的创意企业，即虽然属于同类创意美学技能，但终端的创意产品呈现并不相同，分属于不同的创意市场。如在时尚产业组织集聚区中，服装设计类企业是其核心创意组织类型，但区内通常也拥有同属于设计类的创意企业，如配饰设计、鞋类设计等，这些企业与服装设计类企业在创意市场上不具有直接竞争关系，即是非替代型的创意企业，但它们拥有相同的创意美学技能，可以共享创意美学知识。所以，集聚区中同类创意产业的非替代型创意企业间价值共创的过程与替代型创意企业间类似——以孵化器为基础的平台显性知识和协会交流的隐性知识，以及以高校为基础的专业创意显性知识和创意社团隐性专业合作规则都可以形成共享传递。因此，企业交流形成的知识价值共创效率与同类替代型企业一样：

$$\Phi 2(x) = x^{\gamma + \vartheta + \eta 3\xi + \eta 4\xi} \qquad (5\text{-}21)$$

$$\frac{d^2 Y2}{dx^2} = A(\gamma + \vartheta + \eta 3\xi + \eta 4\xi)(\gamma + \vartheta + \eta 3\xi + \eta 4\xi - 1)x^{(\gamma + \vartheta + \eta 3\xi + \eta 4\xi - 2)}$$

$$\Psi_2(P_1, P_2) \qquad (5\text{-}22)$$

与替代型企业相比，$\frac{d^2 Y_2}{dx^2}$ 的符号仍然取决于 $(\gamma + \vartheta + \eta 3\xi + \eta 4\xi - 1)$ 的符号。创意企业的创新产出与替代型创意企业交流情况一样，与企业数量正相关，但增幅由各知识的特征决定。

但非替代型创意企业不存在企业之间模仿效应的创新抵消，仅有搜索成本。所以有：

$$w_2 = Ax^{\gamma + \vartheta + \eta 3\xi + \eta 4\xi}\Psi_2(P_1, P_2) - A\Psi_2(P_1, P_2) - Cs(x) \qquad (5\text{-}23)$$

令：$C_s(x) = ex^{\pi}$，$(\pi < \delta)$。

则有：

$$x_2 = \left[\frac{e\pi}{A(\gamma + \vartheta + \eta 3\xi + \eta 4\xi)\Psi_2(P_1, P_2)} \right]^{\frac{1}{\gamma + \vartheta + \eta 3\xi + \eta 4\xi - \pi}} \qquad (5\text{-}24)$$

因为 $\pi < \delta$，所以 $\frac{1}{\gamma + \vartheta + \eta 3\xi + \eta 4\xi - \pi} < \frac{1}{\gamma + \vartheta + \eta 3\xi + \eta 4\xi - \delta}$，另外，替代型与非替代型的专业合作知识开发率一般情况下相差不显著，甚至当非替代型创意企业高效匹配时，同样能够产生高效的合作团队。所以，一般情况下有 $x_2 < x_1$。

比较替代型和非替代型创意企业的价值共创效率，企业数量增加引起的知识溢出率并无变化。但因为是非替代型创意企业，所以不存在模仿负效应，从而显著降低了成本效应，因此提高了创意产业组织集聚的正外部效应。所以，一般情况下，非替代型创意企业的价值共创效率优于替代型创意企业的价值共创效率。

三、异类互补型组织价值共创

在创意产业组织地理集聚的初创阶段，创意孵化器承担了招募创意企业入驻的责任。在选择创意企业时，基于区域经济发展的需要，互补型创意企业因涉及不同而相互支持的创意领域，对区域经济的可持续发展有重要作用。如在时尚集聚区中，服装设计类企业与市场展示策划类企业，抑或服装设计类企业与时尚餐饮企业就属于不同创意领域而相互支持的两种创意企业类型。它们从事不同的创意领域，拥有的核心竞争力是不同的。对于互补型创意企业的价值共创效率，即涉足不同而互补创意领域的两类集聚创意企业之间知识传递的效应，主要表现为孵化器传递的平台信息显性知识和协会交流形成的隐性制度知识的共享传递。而对于高校专业创意显性知识，以及在此基础上形成的创意社团隐性专业合作规则并不具有明显的传递效应。因为以孵化器为基础的显性与隐性知识，主要是以构建社会网络联系为目的的知识交流，交流的知识并不具有突出的专业创意知识属性，但以高校为基础的显性与隐性知识主要是以专业创意知识的交流合作为特征。所以，为了便于集中分析各类知识对于不同创意企业间知识交流结构的创意产出贡献，本书假设创意领域相异的互补型创意企业，基于孵化器的显性与隐性知识可以交流传递，基于高校的专业创意显性与隐性知识不可以交流传递，不具有价值共创的特征。

在创意领域相异的互补型创意企业的知识交流中，只有创意企业协会交流的隐性制度知识可以相互传递，产生价值共创效应。企业社团专业合作规则知识因涉及专业领域创意技能，所以互补型创意企业不具有明显的价值共创效应。

假定创意产业集聚区聚集的企业越多，共创的知识价值也越多，设聚集的创意企业数为 x，集聚区的协会交流隐性制度知识可以表示为：

$$Ta = \int_0^x K_1 \, dx = x K_1 = x P_1 K \tag{5-25}$$

因为对于互补型创意企业的知识价值共创不存在社团专业合作规则知识的交流，所以：

$$Tc = K_2 = P_2 K \tag{5-26}$$

将式（5-25）、式（5-26）代入式（5-4），得到：

$$K = (x P_1 K)^{\eta_3} (P_2 K)^{\eta_4} E_u^{\eta_1} E_i^{\eta_2} Ir \tag{5-27}$$

解得：

$$K = \left(x^{\eta_3} P_1^{\eta_3} P_2^{\eta_4} E_u^{\eta_1} E_i^{\eta_2} Ir \right)^{\frac{1}{1-\eta_3-\eta_4}} \tag{5-28}$$

即：$K = \left[(xP_1)^{\eta_3} P_2^{\eta_4} E_u^{\eta_1} E_i^{\eta_2} Ir \right]^{\frac{1}{1-\eta_3-\eta_4}} \tag{5-29}$

将式（5-25）、式（5-26）、式（5-28）代入式（5-3），在创意企业协会隐性制度知识价值共创的情况下，互补型创意企业集聚时创意企业的创意产出函数为：

$$Y_3 = Ax^{\gamma} P_1^{\gamma} P_2^{\vartheta} E_u^{\alpha} E_i^{\beta} T_r^{\tau} \left(x^{\eta_3} P_1^{\eta_3} P_2^{\eta_4} E_u^{\eta_1} E_i^{\eta_2} Ir \right)^{\frac{\gamma+\vartheta}{1-\eta_3-\eta_4}} \tag{5-30}$$

令，$\xi = \dfrac{\gamma+\theta}{1-\eta_3-\eta_4} \tag{5-31}$

则：$Y_3 = Ax^{\gamma+\eta_3\xi} P_1^{\gamma+\eta_3\xi} P_2^{\vartheta+\eta_4\xi} E_u^{\eta_1\xi+\gamma} E_i^{\eta_2\xi+\beta} T_r^{\tau} Ir^{\xi} \tag{5-32}$

令，$\Phi_3(x) = x^{\gamma+\eta_3\xi} \tag{5-33}$

令，$\Psi_3(P_1, P_2) = P_1^{\gamma+\eta_3\xi} P_2^{\vartheta+\eta_4\xi} \tag{5-34}$

则：$Y_3 = A\Phi_{3(x)} \Psi_3(P_1, P_2) E_u^{\eta_1\xi+\gamma} E_i^{\eta_2\xi+\beta} T_r^{\tau} Ir^{\xi} \tag{5-35}$

$$Y_3 = A\Phi_{3(x)} \Psi_3(P_1, P_2) \tag{5-36}$$

对式（5-36）中的 x 求导，得：

$$\frac{dY_3}{dx} = A(\gamma+\eta_3\xi)x^{(\gamma+\eta_3\xi-1)} \Psi_3(P_1, P_2) > 0 \tag{5-37}$$

对 x 二次求导，得：

$$\frac{d^2Y_3}{dx^2} = A(\gamma+\eta_3\xi)(\gamma+\eta_3\xi-1)x^{(\gamma+\eta_3\xi-2)} \Psi_3(P_1, P_2) \tag{5-38}$$

从式（5-38）可知，$\dfrac{d^2Y_3}{dx^2}$ 的符号取决于（$\gamma+\eta_3\xi-1$）的符号。由式（5-37）、式（5-38）可以总结出，当创意领域相异的互补型创意企业聚集交流时，创意企业的创意产出随着企业聚集数量的增加而逐渐增加，即呈正相关关系。但创意企业创意产出增加的效率是由企业协会交流的隐性制度知识的质量决定的。隐性制度知识越完善，互补型创意企业之间形成广泛接受的隐性地区文化及合作习惯，即隐性制度知识交流对企业创意产出的贡献率越大。互补型创意企业数量的增加将快速提高创意企业的创意产出；反之，企业数量增加对创意企业产出的效应影响不显著。

创意产业组织集聚价值共创的过程同时也是企业时间、精力和资金消耗投入的过程。参与价值共创的组织成员数量越多，企业越需要花费更多的时间、精力和资金在知识交流的过程中，但是一般情况下企业数量增加对企业成本增加的影响并不是很显著，所以可以令：

$$C = C(x) = ex^{\pi}, \ \pi \in (0, \ 1), \ e > 0 \tag{5-39}$$

设创意领域相异的互补型创意企业集聚产生的新增创新成果为 w_3，即：

$$w_3 = Ax^{\gamma + \eta_3 \xi} \Psi(P_1, \ P_2) - A\Psi_3(P_1, \ P_2) - Cs(x) \tag{5-40}$$

对 x 求导，w_3 最大时，应满足：

$$\frac{dw_3}{dx} = A(\gamma + \eta_3 \xi)x^{\gamma + \eta 3\xi - 1} \Psi_3(P_1, \ P_2) - e\pi x^{\pi - 1} = 0 \tag{5-41}$$

解得效益最大时的集聚企业数：

$$x_3 = \left[\frac{e\pi}{A(\gamma + \eta_3 \xi)\Psi_3(P_1, \ P_2)} \right]^{\frac{1}{\gamma + \eta 3\xi - \pi}} \tag{5-42}$$

由式（5-42）可得，创意领域相异的互补型创意企业集聚的规模由集聚交流成本和企业之间隐性知识交流的质量决定。当 $\pi = \gamma + \eta_3 \xi$ 时，即在企业数量的成本增加弹性与企业数量的知识贡献弹性相等时，随着交流企业集聚数量的增加，创意企业从集聚中获得的利润无限增长，利润增长不存在极大值；当 $\pi < \gamma + \eta_3 \xi$ 时，即企业数量增长的成本增加弹性小于知识贡献弹性，最佳企业集聚数量与成本增加弹性正相关，与知识贡献弹性负相关。即企业数量增加引起的成本增长越大，最大利润要求的最佳企业规模越大，而企业数量增加引起的知识价值创造能力越强，要求的最佳企业规模越小；当 $\pi > \gamma + \eta_3 \xi$ 时，成本增加弹性大于知识贡献弹性，最佳企业集聚数量与成本增加弹性负相关，与知识贡献弹性正相关。即知识价值创造能力越强，要求的最佳企业规模越大，而成本增长越大，最佳企业规模越小。

四、价值共创效应对比总结

通过对同类替代型、同类非替代型和异类互补型结构的价值共创效率的研究，可以将三类最优组织集聚规模及知识共创效率对比总结，如表 5-1 所示。

本小节并不讨论创意企业对制度知识与专业合作隐性知识的开发能力，及 P_1、P_2 的取值问题。因为它们涉及企业自身的意愿和吸收能力等，更多的是企业自身的创意能力问题。本章将重点放在知识开发之后，以及对创意企业之间的知识共创效率上。同类替代型创意企业与同类非替代型创意企业之间，因制度知识和专业合作隐性知识的共享性，能够产生价值共创效应，即有 $Ta = xP_1K$；

表5-1 创意企业价值共创效率对比总结

共创效率指标 价值共创企业类型	集聚创新获益	最佳企业规模	知识价值共创效率
同类替代型	$w_1 = Ax^{\gamma + \vartheta + \eta_3\xi + \eta_4\xi}\Psi_1(P_1,\ P_2) - A\Psi_1(P_1,\ P_2) - Cs(x) - Cr(x)$	$x_1 = \left[\dfrac{e\delta}{A(\gamma + \vartheta + \eta_3\xi + \eta_4\xi)\Psi_1(P_1,\ P_2)}\right]^{\frac{1}{\gamma + \vartheta + \eta_3\xi + \eta_4\xi - \delta}}$	$\Phi_1(x) = x^{\gamma + \vartheta + \eta_3\xi + \eta_4\xi}$
同类非替代型	$w_2 = Ax^{\gamma + \vartheta + \eta_3\xi + \eta_4\xi}\Psi_2(P_1,\ P_2) - A\Psi_2(P_1,\ P_2) - Cs(x)$	$x_2 = \left[\dfrac{e\pi}{A(\gamma + \vartheta + \eta_3\xi + \eta_4\xi)\Psi_2(P_1,\ P_2)}\right]^{\frac{1}{\gamma + \vartheta + \eta_3\xi + \eta_4\xi - \pi}}$	$\Phi_2(x) = x^{\gamma + \vartheta + \eta_3\xi + \eta_4\xi}$
异类互补型	$w_3 = Ax^{\gamma + \eta_3\xi}\Psi_3(P_1,\ P_2) - A\Psi_3(P_1,\ P_2) - Cs(x)$	$x_3 = \left[\dfrac{e\pi}{A(\gamma + \eta_3\xi)\Psi_3(P_1,\ P_2)}\right]^{\frac{1}{\gamma + \eta_3\xi - \pi}}$	$\Phi_3(x) = x^{\gamma + \eta_3\xi}$

Tc = xP$_2$K。创意产业集聚区的隐性知识能够形成共创效应。异类互补型创意企业因分属不同的创意产业类型，所以仅对制度型隐性知识形成共创效应。对比知识价值共创效率可知，同类替代型与同类非替代型创意企业的知识价值共创效率优于异类互补型创意企业，即 $\Phi_1(x) = \Phi_2(x) = x^{\gamma + \vartheta + \eta 3\xi + \eta 4\xi} > \Phi_3(x) = x^{\gamma + \eta 3\xi}$。同类创意企业，无论替代型还是非替代型，知识价值共创效率没有变化，但是因替代型创意企业集聚交流存在模仿负效应，即 $x_1 > x_2$，$w_2 > w_1$，所以，同类非替代型创意企业的价值共创效率优于同类替代型创意企业。在创意产业组织集聚区发展初期，根据区域发展规划，同类替代型创意企业构成区域发展的核心，但是由此引起的相互模仿将有碍于整个创意产业区创新能力的形成，甚至破坏区域的创意氛围。所以在创意产业集聚区建设中，应平衡同类替代型与同类非替代型创意企业的价值共创关系，健全知识产权维护意识，营造积极的区域创意氛围。

本章在创意产业价值共创阶段的划分基础上，将地理集聚的阶段划分为了孵化阶段、繁荣阶段和成熟阶段。在之后的分析研究中，主要针对孵化阶段的创意企业价值共创知识要素，理论推导了价值共创的影响效应并总结理论推导结果认为，在地理集聚的孵化阶段，同类非替代型创意企业之间的合作能形成最显著的价值共创效应，其次是同类替代型创意企业，异类创意企业的知识价值共创效应最不显著。为进一步深入研究创意企业价值共创的影响效应，接下来本书将从本质的集聚视角——社会网络集聚，评价创意产业组织的价值共创影响因素。

第六章

社会网络集聚的文化创意企业知识网络
演化影响要素假设

　　创意企业是创意产业组织价值共创的核心成员，而组织价值共创的实质体现为，创意企业之间因相关的组织联系特征而形成的网络关系，如何影响创意企业的创新能力。创意产品不断推陈出新是创意企业发展壮大的根本，所以创意产业组织的创新能力可以理解为企业有效集聚下的创新活力研究评价。根本问题表现为创意企业之间创新网络演化的驱动因素，即何种组织关系特征会积极促进创意企业之间的价值共创行为，何种组织关系特征对价值共创行为没有积极的影响，甚至因此创意企业会更倾向于价值分创。本章以社会网络理论为基础，并以此为研究视角，分析创意产业组织集聚价值共创的驱动因素。本章遵循从社会网络的视角探寻价值网络演化进而发现企业创新能力来源的研究思路，将创意产业组织构成的社会网络特殊性作为出发点，研究影响创意企业价值共创的关键要素，以为创意产业的有效发展做出贡献。现阶段，对社会网络结构特征的研究仍然处于不断争论发展阶段，有许多的问题等待着学界的不断探索。甚至，将此研究视角应用于创意产业组织集聚的发展研究中更是处于起步阶段。本章以澳大利亚布里斯班昆士兰科技大学孵化器的记载项目为数据收集对象，调查研究纵向时间线上企业间合作共创社会网络发展演化的三年数据，运用矩估计和随机逼近估计创意产业组织价值共创社会网络的驱动因素影响效应。

第一节

文化创意企业价值共创社会网络结构分析

一、社会网络分析的演进

(一) 社会网络分析的萌芽

社会网络分析是从网络理论的视角分析社会关系结构以及人与人关系的方法。社会网络分析可以用于解决各种组织关系问题，如企业合作联盟决策、实践社团发展、个人网络管理、知识管理等。近年来，社会网络的分析方法得到了各个学科众多学者的重视。如 Rob Cross 将社会网络的分析方法用于知识管理的分析中，发现虽然在科技极其发达的数字时代，各类知识信息都可以方便获得，但85%的企业经理人仍然认为对项目成功起到关键作用的信息来自他们的个人网络。社会网络分析诞生于 20 世纪 70 年代的哈佛大学，Harrison White 教授发展了社会结构分析的数理模型，如"空屋链"、"随机分块模型"，用关系模型代替对单个研究对象特征和态度的研究，从客观社会环境影响的角度更真实准确地揭示"为什么"、"怎么样"的问题。21 世纪初期，组织行为学研究专家 Martin Kilduff 认为，社会网络分析起源于物理学中基于时间和空间的场理论，将其中的网络概念用于对社会互动行为的研究中。如 Jacob Moreno 发展的心理剧方法，从组群的视角研究基于不同场景的个体行为，研究了心理精神状况与"社会场景"之间的内在关系，通过角色扮演和戏剧化的自我表现，洞悉调查对象真实的生活状况。另外，被称为应用心理学创始人的 Kurt Lewin 是第一个着眼于群体动态和组织发展研究的学者，提出个人天生的特性和后天经历都不能单独成为个人行为发生的理由，只有将先天和后天的作用综合才能解释个人行为。当众多心理学家坚持个体独立的思考才是构成群体行为的真正原因，而否认群体作为有效科学的研究对象时，Lewin 从空间场的角度，就提出了基于互动的模型解释个体与群体的关系事实——$B = f(P，E)$。式中，P 代表群体成员的个性特征，与群体构成的空间场环境要素 E 相互作用，而形成行为 B。这一概念认为，群体构成的空间场产生的行为效应大于单个个体行为效用总和，这一关于群体动态性的研究结论成为现代企业管理、产业经济、医疗心理学、运动和娱乐等许多学科研究发展的基础。另外一位对社会网络分析奠定理论基础的是美国籍奥地利心理学家 Fritz Heider，他提出了人类的社会属性，认为并不是真实世界的现实物质引导人去探索感知，而是社会环境刺激人类去不断探索和发现。Moreno、Lewin 和 Heider 是社会网络分析方法的理论奠基人，他们将着眼于个体和物质影响的旧式行为研究发展为群体和社会环境的行为影响研究，从要素与要素之间交流形成的有效整合群体角度，解释要素的行为特征，成为现代管理学、经济学和心理学研究的基础。

(二) 社会网络分析的数学模型

长期以来，社会学理论多以直觉定性内容为主，而缺乏正式表达的定量研究。数理社会学弥补了这一缺陷，运用数学模型更加清晰地表达社会学理论的含义，并对社会学研究中的行为作合理的预测研究。这一研究始于 20 世纪 40 年代早期，以 Nicolas Rashevsky 对大规模社会网络中人与人交流对知识获取的影响为开端，在 20 世纪 40 年代后期，Anatol Rapoport 在此基础上进一步研究相关影响参数，提出如果 A 与 B 和 C 都有联系，那么 B 和 C 形成相关关系的可能性更大。知识获取行为是社会网络中积极的联系，在社会网络研究中有很多涉及消极行为影响，为了在社会网络关系图中同时表示积极和消极的行为影响，图论工具研究学者用点和线的符号图同时表达积极和消极的关系网络。Harary 利用符号图发展了社会网络的结构性定理，如"朋友的朋友是我的朋友"，"朋友的敌人是我的敌人"，并通过测试符号图的积极与消极关系的平衡性开发了线性时间的社会网络数学模型。哈佛学者 Harrison White 作为社会网络分析的集大成者，提出"分块模型"，将复杂的社会网络结构按模块化分类，逐一模型化分析表层和深层的社会网络关系结构。总之，数学模型的运用，将社会网络的分析从抽象的直觉研究范式发展到了具象关系统计分析。

二、社会网络分析理论

(一) 弱关系理论

社会网络中节点的关系被分为"弱联系"和"强联系"两种类型。"强联系"代表节点之间经常联系交流，"弱联结"代表节点之间相互交流的频率相对较少，相互之间关系更加疏远。社会网络中的知识和信息是以节点之间相互交流的形式而存在和发展的。在网络中的节点，可以利用网络中的关系资源获得以前不曾拥有的有价值的知识。大量学者从不同的关系类型出发，研究了弱联结和强联结对网络整体学习、稳定和知识贡献能力的影响。另外，有学者也认为，在复杂问题的解决中，社会网络并不能起到有效的知识传递与分享的作用。Hansen 则认为社会网络的强联结在隐性知识的传递中更加有效，而弱联结在显性知识的传递中更有效。

（二）结构洞理论

"结构洞"是由 Burt 创造于 20 世纪 80 年代后期，企业之间的有效合作主要取决于合作伙伴的选择，社会资本的价值在于多种信息的获取，而社会网络中没有形成网络联结的节点为占据结构洞位置的组织提供了获得优势的机会。具体而言，在组成社会网络的节点之间通常并不是每个节点都两两直接联系，由存在通过第三方节点而间接相关的关系，因此第三方节点占据直接联系两节点的优势位置，被称为处于结构洞位置。另外，从网络宏观的视角分析，同一社会网络内节点的行为和观点有逐渐趋同的趋势，因此跨网络构建关系联结将有助于整合优势资源，形成独特竞争优势。在日常经济生活中，经纪人就是占据结构洞位置的最佳案例，联结不同的网络组织，整合互补信息，根据代理人需要提供有价值的信息情报。

三、文化创意企业价值共创社会网络结构相关要素

创意产业组织的成员主体是创意企业，创意企业是最终价值创造的实践者，所以，创意产业组织的社会网络分析主体理应是组织成员主体——创意企业。而对创意企业价值创造起到引导和扶持的中介组织，如创意孵化器及创意产业相关高校，将成为社会网络分析重要的相关参数，分析其对创意企业价值共创机理的影响。

社会网络被定义为由一系列点和线组成的结构图。Jacob Moreno 是社会网络关系图的创始人，他用圆点代表社会网络中的个体，用线段代表个体之间的关系，以更加直观的方法研究群体的选择偏好。社会网络关系图被广泛地用于社会关系研究、影响渠道研究以及传播链的研究。社会网络关系图中同时存在很多选择路径的节点被称为明星节点，只存在少许或是没有供选择路径的节点被称为孤立点。相互联系的节点是双向选择型关系，而只有一方节点单方做出选择的关系是单向选择型关系，另外，也存在三个或三个以上节点构成的"派系"——组群中的节点两两相互之间形成双向选择的闭合关系。社会网络关系图中，圆点越大，代表在社会网络中，此节点的关系越多地位越重要；反之，圆点越小代表关系越少。因此，本书关于创意产业价值共创的社会网络结构研究中，节点代表每

一个创意企业，线段代表以项目合作为基础的企业与企业之间的价值共创关系。

对社会网络结构的分析，首先应衡量每一个节点在网络中的位置，确定网络的中心性。通过中心性分析，可以将节点分为核心节点和边缘节点，并进一步确定网络中的联结者、领导者、专家和独立节点。创意产业集聚的社会网络结构中心性分析，主要通过统计各创意企业的项目合作对象来确定该创意企业在创意集聚社会网络中的位置。创意产业集聚中的创意企业与其他创意企业直接连接的数量称为连接度，社会网络分析中将连接度分为内连接度和外连接度，内连接度指接收来自其他节点的联系数量，外连接度指节点主动与其他节点构建关系的数量。在创意产业集聚的企业连接度分析中，因为基于项目合作的价值共创关系是相互的，所以内连接度与外连接度是相等的。同时，社会网络密度衡量网络内各节点间联系的紧密程度，网络密度=网络节点现有连接数/网络节点所有连接数，即表示所有连接数量总和与社会网络最大节点连接数量之比。在创意产业集聚的社会网络中，基于项目合作的企业之间联系构成的是对称性关系特征，所以网络最大节点关系数 $= n \times (n-1)/2$。中心性、连接度和密度是社会网络分析研究中最基本的研究要素，所以对创意产业集聚的社会网络结构研究，也将基于数据的特征，从三方面开始确定集聚的网络基本结构。

第二节

社会网络分析对价值共创的适用性研究

社会网络分析在管理学研究中的应用，主要集中于研究网络关系如何影响企业的创新绩效。Suire 和 Vicente 认为这一研究方法的应用，有助于更好地理解创新行为和企业集聚的过程。影响企业创新行为演化的社会网络要素是研究的重点，这一问题仍然处于研究的起步阶段。而这一问题的研究与经济地理学中的本地知识溢出有相通之处。但本地知识溢出更强调企业的知识类型，将企业所处的社会网络看作静态的环境特征，忽视了社会网络结构的演变对创新知识溢出路径的影响。

一、企业吸收能力与价值共创

大量学者将社会网络分析应用于企业知识管理的创新研究中，D'Aspremont

和 Jacquemin 以及 Cassiman 和 Veugelers 都对企业特征在价值共创合作者选择中的影响做了深入研究。另外，很多学者从企业吸收能力的视角，研究企业的吸收能力在创新价值共创中的效率影响问题。

从社会网络结构和企业吸收能力的关系视角研究企业创新能力。这主要是从企业的能力视角研究其对社会网络合作对象选择的影响。企业创新是以实现商业价值为目的的新知识创造的复杂过程，是企业拥有持续竞争优势的源泉。企业为保持可持续竞争优势，对知识进行获取、吸收、转化和探索的一系列过程被认为是企业的吸收能力。Crossan、Lane 和 White 将企业对外部知识的学习进一步分为了"4I 框架"——直觉（Intuition）、诠释（Interpretation）、整合（Integration）和制度化（Institutionalization）。知识管理研究中，社会网络节点的角色可以被分为"知识经纪人"、"知识宣传者"，分别由社会网络边缘节点和社会网络的专家节点构成，而社会网络的不同角色对网络中企业节点的吸收能力有重要的影响。"知识经纪人"作为社会网络中的边缘节点，对网络内企业的知识能力有深刻认识，但他们并不直接创造新知识，所以成为众多知识的汇聚点，通过社交或代理活动将不同的知识传递给网络内的不同节点。"知识经纪人"的角色对网络内企业的知识获取能力有重要的影响。另外，"知识宣传者"一般是网络内的知识专家，他们的评论会影响到企业对知识的认识，对吸收能力产生重要的影响。所以，社会网络结构与企业吸收能力的关系研究，主要着眼于知识获得和消化的影响机理，是社会网络应用研究的重要方面。

二、企业邻近性与价值共创

企业吸收能力是从单边企业特征的视角对社会网络分析的应用研究，除此以外，从双边和多边的视角研究企业之间的邻近特点对企业创新知识管理的影响，是社会网络分析应用的更深入问题。Boschma 和 Weterings 作为基于创新网络演化企业邻近性影响研究的领导者，将邻近性与企业合作关系建立的驱动机理列为核心研究问题，最早从地理邻近性的视角探讨了同一空间位置如何促进企业之间的面对面交流，进而形成有效的创新合作网络关系。尽管随着信息时代的到来，全球化的联系使地理邻近的作用不断弱化，但大量观察发现，许多的交流仍然发生在地理邻近的节点之间。值得注意的是，Torre 和 Rallet 认为，地理邻近与位置集聚并不是完全相同的概念，位置集聚更强调企业长时间的企业选址，而地理邻近除永久性的选址以外，也包含了交易展销、会议和商业洽谈等临时性空间位置接近。邻近性研究与同质性影响研究有相通之处，逻辑假设起点都在于企业将更偏好与自身特征相类似的企业形成交流合作关系。然而，Boschma 也总结地理邻近对学习和创新并不是必要而充分的条件。所以，除了企业地理邻近与社会网络合作关系建立的机理研究外，Boschma 提出了邻近性与创新网络演化五大理论研究框架，即——地理邻近、认知邻近、组织邻近、社会关系邻近、制度邻近，对创新网络形成的影响分析。当然，邻近性是一种社会网络形成研究的分析方法，在社会网络结构形成的理论和实证研究中还可以不断扩展邻近性的类型，如语言和种族邻近性对合作网络关系形成的影响。根据实际研究的案例，尽可能全面地考虑各种邻近性影响，就可以比较研究出对网络形成影响最关键的邻近性因素，为实际合作网络的形成与持续发展起到引导作用。同时，不同邻近性因素之间的互动机理也是企业价值共创网络形成的影响因素研究的重要问题。两项不同的邻近性因素可能会形成替代因素，另外，也可能会成为补充关系。如 Singh 发现在跨学科的研究合作中，因为要素之间认知的邻近性比较低，所以地理邻近性在节点价值共创网络关系形成中的影响效应显著。

企业邻近性，主要指企业之间的特征相似性，是价值共创合作网络形成影响因素研究的重要方面，根据不同的研究主题，还有很多值得深入研究的问题。本书项目，从创意企业的领域，提取创意企业之间不同的邻近性要素，研究其对价值共创网络的影响。

第三节

文化创意企业价值共创机理的影响要素研究假设

邻近性要素的界定和相关数据的提取是价值共创影响要素研究的关键和难点。本书以社会网络分析法着眼于界定、量化邻近性要素，并逐一研究每一项邻近性要素对价值共创关系机理的影响。近年来，在西方学术研究领域，多维度邻近性对组织间合作创新和区域经济发展的影响研究得到广泛的关注，邻近性的维度划分也一直是争议的热点。Kirat、Werker、Butler 和 Greunz 等先后从制度邻近、组织邻近、文化邻近、种族邻近、社会邻近和技术邻近等方面分类定义了邻近性。虽然邻近性的概念都是指在衡量维度上的接近，但各学者对各类邻近性的定义和衡量各不相同，有相互重复和矛盾的内容。另外，也有学者尝试从区域集聚和企业双边合作的视角分类总结邻近性的概念，在邻近性对创新合作的影响研究中，应根据研究的具体问题提取相宜的邻近性要素，并重视邻近性要素之间的相互作用。基于以上的分析，本书以创意企业之间双边合作的微观视角，从地理邻近、组织邻近、认知邻近和社会关系邻近四个角度提出邻近性与创意企业价值共创关系的研究假设。

一、地理邻近性与价值共创关系假设

社会网络分析中的地理邻近性是指节点企业之间空间上的距离，Boschma 提到空间距离上的接近被认为是增进面对面交流的有效途径。地理空间的距离一般可以用度量里程或是行程时间来计算。Torre 对地理邻近和节点企业聚集作了概念上的区分，认为地理邻近中包含如会议、展示、访问等短期或中期的临时性空间汇聚，而节点企业聚集则更强调长期的节点之间的空间共筑。同时，Torre 也认为临时性的空间汇聚对合作者之间的知识交流已经足够，而正是因为节点的不断位移才能形成新的创新力量。另外，有学者认为因为信息交流技术的发展，社会网络集聚的知识交流活动更多的发生在远距离的虚拟空间内，地理邻近和面对面的交流可以被其代替，如维基百科、Linux 合作开发、Kaggle 预测建模竞赛平台。远距离的虚拟空间交流知识多是显性知识，但作为以隐性知识为主要形式的创意企业间价值共创的关系建立，仍然更加依赖于地理邻近与面对面的交流。因此，本书主要从创意企业集聚价值共创对空间临近的依赖角度研究地理邻近性。地理邻近的概念侧重于节点企业以长期地理汇聚为目的的空间选择。创意企业外部创新知识的获得，如审美、灵感刺激等都依赖于空间邻近的面对面交流，所以地理邻近所构成紧密联系的社会网络，对高度抽象的创意知识价值共创有积极的促进作用。Howells 强调驱动隐性知识创新价值共创的核心动力在于地理邻近。Boshcma 认为，地理邻近不仅对合作有直接而积极的影响，同时也会间接增强其他邻近性要素，而成为企业价值共创的基础性邻近要素。

综合上述分析，本书提出以下假设：

H1：创意企业空间地理集聚与组织价值共创关系的形成显著正相关。

二、组织邻近性与价值共创关系假设

对于组织邻近性的定义，学界大都采用 Boschma 的观点，认为组织邻近是两组织同属一个既定的组织或合作机构中，因此可降低未来合作伙伴行为的不确定性，经济成员也更容易发挥出各自的优势。企业之间同属一个组织，共同遵循一定的成长发展路径，可能形成有效的知识转移。从宏观（国家和地区）角度分析，组织邻近性主要指在同一国家和地区，受制于同样的社会法律、商业条例和教育培训系统；从微观组织角度分析，组织之间有相似的发展制度路径，内部的规则条例趋同则是衡量组织邻近性的关键。Capello、Kirat 和 Lung 都认为，组织邻近性使组织的发展思路及实践行动路径相似，有助于企业之间的知识自由流动和集体学习。根据以上的分析，在组织邻近性衡量方面，从宏观角度，如果企业组织属于同一国家或地区，受制于同一发展模式，那么就可以认为他们之间享有组织邻近性。另外，更多的学者从微观的角度，将归属于同一组织类型的企业定义为享有组织邻近性。Ponds 和 Levy 都将组织邻近性应用于研究高校、企业和政府的相互合作关系，将其分为学术、产业和政府三类组织门类，并发现组织不邻近企业间合作比组织邻近组织间合作更倾向于地理邻近。本书基于以上研究结论，将创意企业之间的组织邻近性，从微观视角界定为创意企业同属于同一孵化器组织，享有类似的发展机制和上升路径。成长于同一孵化器的创意企业，因成长路径相似，接受类似的正式与非正式的培训，所以更容易形成相互之间的合作关系。特别是项目合作涉及越复杂的知识基础，组织邻近性越有助于企业之间形成价值共创关系。

综合上述分析，提出以下假设：

H2：创意企业孵化于同一组织与组织价值共创关系的形成显著正相关。

三、认知邻近性与价值共创关系假设

认知邻近性指创意企业知识基础的相似性程度。Knoben 和 Oerlemans 认为，合作伙伴之间的持续交流和知识互动是建立在一定的知识邻近性基础上的。创意企业之间所涉及的大量隐性知识交流，不同的经历背景企业对同样的知识源会产生完全不相同的感受，所以创意企业价值共创关系成功建立的基础表现为企业之间应有相似但不相同的知识储备。有的学者对认知邻近性的界定更偏向于对美学的感知和世界观的相似性，如 Wuyts。认知相似性与文化相似性和制度相似的概念比较接近，可以被看作是将基于国家和地区的文化与制度概念进一步发展到微观的企业组织层面。Nooteboom 也解释道，认知邻近性就是要平衡企业之间的知识距离和知识重叠，优化企业之间的知识距离，使企业之间的价值共创保持高效的交流和创新行为。Antonelli、Boschma 和 Frenken 一致认为认知邻近性是企业在选择未来合作伙伴时最重要的衡量指标，因为恰当的知识距离是新知识产生最重要的基础。Vicente 在对欧洲全球卫星导航系统合作研究中，将企业在选择合作伙伴时对知识邻近性的偏好作为研究视角，量化研究了企业集聚过程中的知识偏好选择。对于以隐性知识为主的创意企业来说，知识距离更是决定价值共创成功与否的关键，恰当的知识距离将不断刺激灵感的产生。

综合上述分析，提出以下假设：

H3：创意企业知识基础相似性与组织价值共创关系的形成显著正相关。

四、社会关系邻近性与价值共创关系假设

社会关系邻近性有时也被认为是个人邻近性，或是关系邻近性，是以彼此之间信任为基础的感情建立。从社会网络分析中私人关系建立的微观层面，理解隐性知识传播的路径——嵌入社会网络中的个体互相理解认识，互相帮助和扶持，这种建立在人类感情之上的社会关系邻近使节点之间更愿意互相形成有益的信息交流和技术扶持。社会关系邻近性对价值共创关系形成影响的观点与 Granovetter 的嵌入性理论不谋而合，都认为经济行为是嵌入在以信任为基础的社会网络之中。Boschma 和 Frenken 都认为社会关系邻近性是知识非正式传播的有效途径，有助于组织之间合作关系的形成。在社会网络关系图分析中，两节点之间的社会关系邻近性与节点之间的最短距离成正比，即节点之间的社会关系越靠近，那么它们之间越有可能形成直接联系关系。所以，Boschma 和 Frenken 都认为社会网络邻近性可以通过社会网络分析图中的节点距离表示，形成网络闭合关系的节点传递性机理适应于社会网络邻近性分析，即形成节点之间网络连接的社会关系邻近性与节点距离趋于闭合的特征是高度相关的，旧时的合作感受和朋友的朋友基于信任的推荐都是社会关系邻近性的现实表现。所以，过往经历形成的友谊、建立的名誉和信任关系等都使节点之间更容易形成合作关系。创意企业基于项目的价值共创关系形成，特别处在创业起步阶段的小型创意企业价值共创合作对象选择的决策过程中，为了降低未知风险，价值共创合作的选择更是偏好社会关系邻近的创意组织。

综合上述分析，提出以下假设：

H4：创意企业之间社会关系邻近与组织价值共创关系的形成显著正相关。

图6-1是本书提出的关于邻近性与价值共创关系形成之间的四个假设。

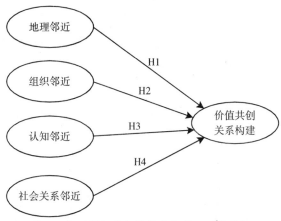

图 6-1　邻近性要素与价值共创关系形成的假设

第四节
样本描述和数据收集

社会网络分析研究的数据收集一直是研究的难点，特别是基于时间的纵向数据收集更具有挑战性。对于创新合作项目的界定以及合作的开始、结束时间确定的准确性都是研究中数据收集的难点。本书数据收集以半结构化访谈为基础，结合调查对象官方网站和 Facebook 社交网络的合作历史记录，确定项目合作的关系、参与企业数量以及开始和结束时间。本书以澳大利亚昆士兰科技大学内时尚创意企业孵化器 2011~2013 年的孵化企业为初始研究对象，同时扩展到环昆士兰科技大学的 James 创意街和都市村庄周六创意市场的初创时尚创意企业（创业期在五年以内）近三年的合作项目，以孵化器的项目记载档案为基础。通过调查问卷、访谈和社交网络平台相结合的方式，收集布里斯班本地初创型创意企业的价值共创关系数据。企业之间存在项目合作关系即表示企业之间形成了价值共创的关系网络。项目合作关系的变化以 2011~2013 年的三年纵向关系数据来量化表达。项目合作关系的变化是邻近性要素驱动价值共创网络不断演化的过程。

一、环昆士兰科技大学文化创意企业

澳大利亚昆士兰科技大学是全球第一所拥有创意产业学院的高校，配套的创意产业区域和时尚创意孵化器以及环高校的创意产业集聚逐步形成。昆士兰科技大学创意产业区域是昆士兰州政府与昆士兰科技大学合作，旨在扶持年轻创意者创业、作品展示的艺术区。它将设计师、艺术家、研究者、教育家和企业家聚集，建立便捷的合作交流网络，促进昆士兰州的创意合作精神。现阶段一期创意产业集聚区入驻有昆士兰科技大学创意产业学院、澳洲创意企业楼、创意戏剧及展示工作坊（见图6-2）。二期创意产业集聚区与一期隔街相望，于2013年4月开工，旨在建立创意产业展示合作交流空间，于2015年完工投入使用，如图6-3所示。

图6-2　昆士兰科技大学创意产业区一期实景图

资料来源：作者拍摄。

图6-3　昆士兰科技大学创意产业区二期效果图

资料来源：http://www.richardkirkarchitect.com/projects/education/qut-cip2。

时尚创意孵化器位于澳洲创意企业楼内，是现阶段创意产业区内扶持年轻设计师的核心支持板块，也是区内最能体现创意企业家精神的部分。孵化器专注于为年轻时尚设计师提供商业和技术支持，扶持和鼓励年轻设计师建立自己的设计师品牌。2011~2013 年，产业区先后扶持了 26 家时尚创意企业的建立，其在孵过程和孵后的企业发展，都伴随着企业之间的创新合作网络的演化。因此，本书正是基于对集聚区内时尚创意孵化器的这一研究认识，决定聚焦于连续三年初创创意企业合作网络的演变来分析价值共创的影响要素。

另外，环昆士兰科技大学的 James 创意街和周六创意市场，聚集了布里斯班本地大量创意企业，其中包含时尚创意孵化器的孵化企业，另外，也有很多非孵化器内企业。James 创意街是布里斯班中心城内毅力谷区的主要街道（见图 6-4），"毅力谷"（Fortitude Valley）取"硅谷"（Silicon Valley）之意，在于鼓励培养昆州青年的创意创新精神，汇聚了众多的创意工作室。而 James 创意街作为毅力谷的核心区域，更是创意展示的大市场。周六创意市场是昆士兰科技大学所在地——Kelvin Grove 都市村庄的周六创意集市，任何有创意想法并热爱创造的艺术家都可以参与其中，展示最新的创意成果，并实现其艺术品的商业价值。这是一个更加活跃和休闲的场所，深得昆士兰科技大学学生和周围居民的追捧。

图 6-4 环昆士兰科技大学创意市场

因此，本书分别从时尚创意企业孵化器、周六创意市场和 James 时尚创意街入手选取初始调研对象。然而，创意企业之间基于项目的合作，存在大量跨地域甚至跨国界的合作行为，创意市场的集聚并不代表市场内创意企业之间有项目合作关系。因此，在本书中，孵化器、创意市场和创意街只是选取调研对象的途径，但并不一定是企业之间合作关系建立的地理空间。

二、数据收集

本书着眼于初创创意企业合作关系网络的演变，通过在昆士兰科技大学创意产业学院一年的联合培养学习，扎根观察研究初创创意企业的个性及关系特征，以问卷调查和企业访谈的形式完成数据收集工作。

（一）问卷设计

问卷设计是数据收集的开端，现阶段研究相似性对企业合作网络影响的研究并没有类似实证文献可以借鉴。在问卷设计之前，通过访问澳洲时尚创意企业孵化器经理（见附录1），对澳洲创意企业的成长扶持制度和项目合作路径进行了基本了解。本书紧密围绕初创创意企业的项目参与和合作企业情况两个核心问题，结合研究假设，归纳整理出项目名称、项目参与企业、企业地理位置、教育背景、发展制度路径五个维度的核心指标，设计调查问卷（见附录2）。问卷的设计在澳洲创意与创新卓越研究中心首席研究员和昆士兰科技大学时尚设计与企业管理专家的共同指导下，进行了修改和简化。根据两位专家的建议，澳洲创意者对问卷调查的接受程度并不相同，而且问题理解有出入，建议以问卷调查为辅，以半结构化的开放式访谈和扎根观察为主，并充分利用社交网络的观察数据。综合专家的建议，本书简化了问卷调查设计，以问卷为基础框架进行访谈，并充分利用 Facebook 社交网络的观察数据。

（二）企业访谈

在澳洲创意企业孵化器经理和时尚设计及企业管理专家的支持帮助下，首先通过电子邮件向孵化器内企业转发调查问卷，对符合研究对象的企业再预约进行面对面访谈。另外，周六创意市场和 James 创意街的企业则直接通过实地企业走访的形式直接访谈。通过对初步确定的 28 家创意企业访谈后，获得其项目的创意合作伙伴信息，并结合以上两位专家处的项目合作存档，对扩展的创意合作伙伴再次确定，并进行第二轮的企业访谈。在采访过程中，本书对合作项目的界定主要依据——创意企业之间在产品设计与创意营销上的正式项目合作，其共同创意合作产品已市场化为衡量标准。最后确定符合初创创意企业价值共创网络的企业数量为 54 家，它们均符合以下标准：①时尚创意类企业；②创业五年以内；③过去三年均有项目合作行为。企业访谈是繁复而不断确认的过程，企业之间的网络关系数据在此过程中初步确定。

（三）Facebook 社会网络观察数据

Facebook 社交网络在澳洲十分盛行，几乎每家商业企业都会创建自己的官方 Facebook 账号，用以推广产品和与消费者互动。对于处于初创阶段的时尚创意企业，它们更是有强烈的欲望通过 Facebook 虚拟平台与合作伙伴和潜在消费者交流互动。所以，结合澳洲创意专家的建议，在实地企业访谈搜集数据的基础上，本书通过 Facebook 这一虚拟社交网络平台，确认完善创意企业之间的互动创新网络。通过逐一登录创意企业 Facebook 主页，观察企业互动合作网络关系，对初创创意企业间的社会网络进行查漏补缺，进一步完善企业间的社会网络数据。

基于纵向时间社会网络演化数据的收集是一个繁复的过程，本书遵循问卷调查—实地访谈—虚拟网络数据收集的三步骤，以问卷调查为基础，实地访谈为主要形式，虚拟网络平台为再检验手段，尽力做到初创创意企业之间的价值共创网络数据的完善（项目及企业名称如附录 3、附录 4 所示）。

三、纵 向 价 值 共 创 网 络 数 据

纵向价值共创网络数据分别统计了 54 家创意企业 2011 年、2012 年和 2013 年的合作网络关系变化。根据被采访企业确认的基于项目的合作企业，建立企业之间两两连接的关系矩阵，企业之间有项目合作关系用 "1" 表示，无项目合作关系用 "0" 表示，因此建立了三个 54×54 的 "0"、"1" 关系矩阵。因为企业作为独立的经济实体，相互的合作都建立在互利互惠的原则上，本书也假设单个项目中的企业关系贯穿项目始终。基于以上分析，可将纵向价值共创关系网络变化汇总如表 6-1 所示。

表 6-1 纵向网络关系变化

统计时间	0→0	0→1	1→0	1→1	missing
2011~2012	1312	83	7	29	0
2012~2013	1264	56	23	88	0

表 6-1 中的数据表示了环昆士兰科技大学初创创意企业价值共创网络关系的变化趋势，0→0 表示企业之间无项目合作关系，0→1 表示企业之间从无到有的合作关系建立，1→0 表示从有到无的合作关系瓦解。从两个统计期间的关系变化数据可知，企业之间关系的建立远远大于关系的瓦解，说明初创创意企业的价值共创网络关系处在不断发展增强的过程中。然而，经历 2011~2012 年快速膨胀

的关系建立之后，2012~2013 年的关系建立减少，关系瓦解增多，这也说明企业之间的价值共创网络关系在逐步趋于稳定。图 6-5 用社会网络关系图的形式可视化地展示了 54 家企业之间三年的网络关系链接。方形节点代表独立创意企业，线段连接代表企业之间存在合作关系。

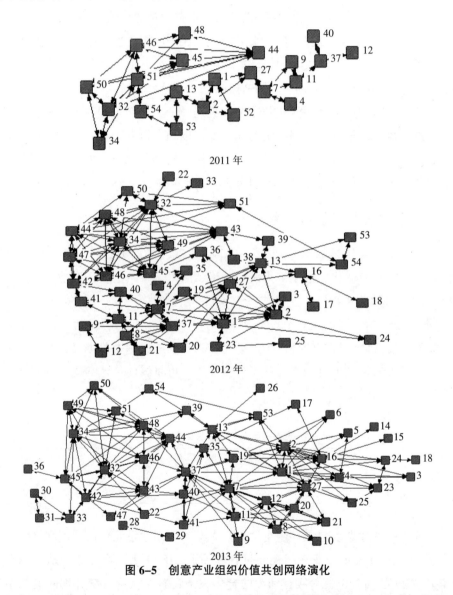

图 6-5 创意产业组织价值共创网络演化

社会网络关系图较为直观地表达了三年间创意企业的价值共创网络关系演化过程。2011~2012 年网络关系图的密集度明显增加，而 2012~2013 年的网络关系密集度变化并不明显，说明价值共创网络关系趋于稳定。图 6-5 中节点连接的线段越多，代表该节点在网络中的合作关系越复杂，越能成为网络中的核心节点。

四、价值共创网络数据结构特征

根据本书前文提到的社会网络结构分析的相关要素，本部分将在此基础上运用分析创意企业的价值共创网络结构特征。对网络结构的特征分析可以分为微观的节点角度——中心性和连接度的分析，宏观的网络视角——密集度和平均连接度的分析。本书主要着眼于纵向时间线上的网络演化的影响因素分析，所以对价值网络结构特征的分析主要从宏观网络的视角对密集度进行研究。经统计，具体的网络结构特征如表 6-2 所示。

表 6-2 价值共创网络结构特征

时间	企业数量	价值共创关系	平均连接度	网络密度
2011	54	36	1.315	0.025
2012	54	111	4.111	0.078
2013	54	144	5.333	0.101

54 家企业在三年的价值共创关系呈逐年递增的趋势，但经过 2011~2012 年的网络关系急速增加之后，2013 年的网络发展逐步趋于稳定。平均连接度指在网络中的创意企业平均价值共创关系数，表示每个企业合作伙伴的平均数量；网络密度是网络中现有的价值共创关系数与网络可形成最大关系数的比值，即，网络密度 = $\frac{价值共创关系数}{企业数量 \times (企业数量 - 1)/2}$。网络密度值越接近零，表明网络的节点间社会关系联结越弱；反之，越趋向于 1 证明关系联结越强。

通过梳理社会网络理论发展的纵向脉络，确定创意产业组织价值共创的社会网络分析框架——创意企业为节点的企业之间关系联结。从邻近性要素的研究视角，提炼地理邻近性、组织邻近性、认知邻近性和社会关系邻近性对价值共创关系的影响假设，并认为四项邻近性要素与价值共创关系形成均呈正相关关系。为了证明假设，以昆士兰科技大学时尚创意孵化器的项目记载为基础，以调查问卷、企业访谈和社交网络为方式收集了 54 家创意企业的纵向关系数据，并对社会网络结构的平均连接度和网络密度等结构特征做了总结。在第七章中，将以此社会网络数据为基础，运用 Rsiena 统计分析实证验证假设。

社会网络集聚的文化创意企业知识网络演化影响要素实证

邻近性要素对创意产业组织价值共创关系网络演化的影响假设已在第六章中提出。本章将在此基础上，运用基于角色的随机性模型统计分析工具——SIENA分别对地理邻近性、组织邻近性、认知邻近性和社会关系邻近性与创意产业组织价值共创的关系进行实证分析。本章按照从仿真模型的建立到基于社会网络关系数据的模型量化，最后根据估计参数得出实证结论的逻辑顺序，系统地分析证实了影响创意产业组织价值共创关系构建的要素，并对要素之间的互动关系尝试性地做了进一步的探讨。

第一节
文化创意企业价值共创关系演化的随机模型

创意产业组织价值共创关系网络演化的过程，体现为创意企业间基于效用选择而进行的具有随机性的关系建立和解除。因此对关系演化的仿真从随机性模型的建立入手，主要应用随机过程中的马尔可夫链理论和随机效用模型作为模型建立工具。牛津大学 Tom A.B Snijders 教授是社会科学领域统计学研究专家，为统计分析社会网络的演化过程、解决社会网络面板数据的复杂分析过程，开发了搭载于 R 软件之上的功能包——SIENA 统计分析工具，SIENA 是一款专门针对纵向社会网络数据的分析工具。本书正是基于此，尝试将 SIENA 运用于创意企业价值共创的关系演化分析中。

一、马尔可夫过程应用于价值共创关系演化的随机模型构建

马尔可夫链是基于时间序列随机过程分析预测的主要工具，被广泛应用于经济、气象、军事等预测研究中。其要义可以描述为：如果展望未来、就必须立足今日，忘记昨天，即在当前的网络关系状况下，过去（当前以前的关系状况）对于预测将来（当前以后的未来状态）是无关的，换句话说，如果要预测未来的价值共创网络关系，只需要知道现在的网络关系状态。价值共创网络演化和创意企业个体行为可以被看作是马尔可夫过程，两者的共同演化可以用 SIENA 中的行动者导向模型进行模拟。创意企业价值共创网络关系的演化统计以时间序列为基础，对创意企业价值共创关系的观测时间点为几个离散的时间点，在不同的时间观测点 t，$t \in \{t_1, t_2, \cdots, t_m\}$ 对企业集聚 $N = \{1, 2, \cdots, n\}$ 价值共创网络状态的模拟。这一过程是观测时间期间内的社会网络关系逐渐演化发展的动态过程，因此可以用离散时间的马尔可夫链来分析预测这一演化过程。将创意企业在时间观测点 t 时的价值共创关系表示为 $X_{(t)}$。每次统计观测结果都以 $n \times n$ 的矩阵记录，$x = (x_{ij})$ 表示企业 i 与企业 j 有价值共创关系（$i, j = 1, 2, \cdots, n$），x_{ij} 作为企业之间的关系，一般被认为会以非常缓慢的速度发展演化。在 $t_1 \sim t_m$ 的连续时间区间内，$T = [t_1; t_m] = \{t \in T/t_1 \leq t \leq t_m\}$，创意企业之间所有可能的价值共创关系的构成被看作随机过程的状态空间。在价值共创关系演化的分析模型中，根据研究假设设定模型参数，通过样本观测各共创网络演变概率，对于网络与邻近性关系变化的各效应参数估计，SIENA 通过马尔可夫链蒙特卡罗方法进行迭代模拟，进而验证假设。

本书中，企业集群内两两创意企业之间所有可能的双边关系的集合是马尔可夫过程的随机状态空间，其可以表示为 $\{0, 1\}^{n(n-1)/2}$。设 x^0 是当前价值共创关系网络状态，所有新的关系网络状态都是在 x^0 的基础上演化而成，设新的价值共创关系网络状态集为 $C(x^0)$，因此，可将演化为各种新的价值共创网络关系的过程经历的时间步幅设为 Q 矩阵，是有限状态空间中的马尔可夫链转移概率分布，Q 矩阵即为"转移矩阵"。Snijders 将社会网络的这一演化过程表示为：

$$q x^0, \; x = \lim_{\delta t \to 0} \frac{P\{X(t + \delta t) = x \mid X(t) = x^0\}}{\delta t} \tag{7-1}$$

创意企业之间的社会网络演化的过程通过式（7-1）表示，在单位时间内只研究单个关系状态的演化，因此本书假设从初始网络状态 x^0 演化为 x 时，有且仅有一项关系变动，即只涉及（i，j）的关系建立或是解除。当 $x_{ij} \neq x_{ij}^0$ 的关系演化涉及一项以上的关系演化时，设 qx^0，x = 0。

二、文化创意企业价值共创关系演化随机模型的分解

文化创意企业价值共创复杂网络演化过程的转移概率主要受两个关键要素的影响：

（1）企业改变价值共创关系的条件。表示在单位时间内，节点创意企业可改变关系数的发生概率，改变条件是指同时存在的可改变的关系数量，在短暂的单位时间内，往往研究单次关系改变条件发生的概率。这主要由创意企业现阶段在社会网络关系中的结构位置属性和企业属性决定，在两个互斥的区间内，企业价值共创关系改变条件具备的这一事件发生是相互独立的随机变量，这一事件发生概率符合泊松分布。

（2）企业决定改变价值共创关系的效用选择。这是对新的价值共创关系吸引力的衡量，主要由关系网络的现在和未来的新状态、企业自身特征和企业之间相关变量决定。设单位时间可改变关系数的发生概率为 λ_i，关系改变的目标效用选择概率为 p_i，企业自身属性为 v，企业之间相关变量为 w，所以可以将基于马尔可夫过程的演化过程转移概率具体化为：

$$qx^0, \ x = \lambda_i(x^0, \ v, \ w)p_i(x^0, \ x, \ v, \ w) \tag{7-2}$$

式（7-2）的要义在于：创意企业 i 改变关系的条件已成熟且决定改变价值共创网络关系，使价值共创网络关系由 x^0 发展演化为 x 的事件发生概率。另外，Snijders 对效用选择概率通过效用函数作了进一步的细化，表示为：

$$p_i(x^0, \ x, \ v, \ w) = \frac{\exp[f_i(x^0, \ x, \ v, \ w)]}{\sum_{x' \in C(x^0)} \exp[f_i(x^0, \ x', \ v, \ w)]} \tag{7-3}$$

$\gamma\{X(t) \rightarrow x | i$ 在时间点 t 关系改变的条件具备，$X(t) = x^0\}$。当创意企业 i 在时间点 t 具备价值共创关系演化的条件，企业可以从潜在价值共创网络关系集 C（x^0）中选择认为效用最高的新关系状态。在式（7-3）中，Snijders 通过多元逻辑回归模型的构建，用应用到新关系网络目标函数的指数之比分解了新关系网络选择的概率模型。基于网络节点的社会网络演化分析的随机模型是以影响网络演化的多项因素为自变量构建的模型，关于社会网络演化的研究是通过观测值对自

变量参数的估计验证研究假设。因此，对随机模型中自变量的确认，以及随机模型中条件数量的发生概率函数和效用选择目标函数的构建解释更为重要。

三、关系演化随机模型中的条件发生概率和目标效用函数

创意产业组织价值共创关系演化的随机模型建立，是基于两项基本概率函数：企业节点拥有关系改变条件的概率，并且决定改变关系的概率（价值共创的建立或解除）。本部分将对这两项核心函数进行详述。

（一）条件发生概率函数

价值共创关系改变条件的发生概率表示创意企业之间在单位时间内存在的关系改变发生的可能性，是对企业改变关系速度的表达。如企业 A 热衷于参与各种社交活动和会议，不断拓展社交圈，因此拥有更复杂的社交关系，而企业 B 更注重独特性，偏好独立创新设计。相比之下，企业 A 会比企业 B 关系改变的速度更快，期望改变关系状态的数量多这一事实发生的可能性更大，条件更成熟。只有当期望改变的关系数量多，企业改变关系的概率才会更大。因此，这一条件发生概率与泊松过程的随机事件发生的特征相符。然而在最简单的关系改变条件研究中，不考虑社会网络节点的个性特征和网络位置，每个节点企业都被假设拥有一样的关系改变条件，期望改变的关系数量也是一样的，即条件发生概率为常量，可以表示为：

$$\lambda_i = p_m \tag{7-4}$$

以此为基础，更为复杂而客观的情况是，网络中企业节点特性 v 作为相关自变量影响条件发生概率，Snijders 将考虑节点特性自变量的条件发生概率表达为：

$$\lambda_i = \exp\left(\alpha_h \sum_h v_{hi}\right) \tag{7-5}$$

α_h 是对不同的协变量影响权重的参数表达。本书中的创意企业拥有不同的企业发展规模、价值观和核心竞争力，对价值共创关系的建立偏好并不相同，不仅如此，单个企业在社会网络中所处的位置也不一样（见图 6-6），如位于结构洞或中心位置的企业改变价值共创关系的条件比其他节点企业更为成熟，获得关系改变条件的概率更大。因此，本书把社会网络中的创意企业个性特征和网络位置两项自变量考虑到模型建立中。所以，条件发生概率函数表达为：

$$\lambda_i(x^0, \ v) = p_m \exp\left(\alpha_1 v_i + \alpha_2 \sum_j x_{ij}\right) \tag{7-6}$$

式（7-4）中，v_i 是创意企业 i 的个性特征，如企业规模。对企业节点网络位置特征的量化表达主要是通过企业的连接度表示。企业的连接度分为内连接度和外连接度，而在本书中，企业节点的内外连接度相等，因此，企业在网络中的节点位置简化用 $\sum\limits_{j} x_{ij}$ 表达，表示企业 i 与其他企业 j 之间连接度的总和。连接度越大，说明企业越在网络中的位置中心，也越重要。

（二）目标效用函数

当企业存在关系改变的条件，那么企业将根据偏好和组织特征对合作关系做出选择。目标效用函数是关于创意企业效用选择过程的模型。因为本书是基于社会网络节点的、面向角色的社会网络分析，所以可以将目标效用函数解释为创意企业根据效用最大化原则做出关于合作企业的理性选择。目标效用函数也是效用选择概率函数——式（7-3）的实质内容。创意企业对合作伙伴选择的效用主要受到企业个性特征 v_i、企业之间邻近性要素 w 以及现在 x^0 和未来 x 的网络结构特征的影响。据此，将目标效用函数表示为：

$$f_i(x^0,\ x,\ v,\ w) = \sum\limits_{k} \beta_k S_{ki}(x^0,\ x,\ v,\ w) \tag{7-7}$$

f_i 是新社会网络关系 x 对企业 i，$i \in \{1,\ 2,\ \cdots,\ n\}$ 的目标效用值，β_k 是对效用影响的权重统计参数，表示不同的自变量对效用的影响程度。S_{ki} 是对各相关自变量的总体表达。一般情况下，目标效用函数的相关自变量涉及当前社会关系网络状态 x^0、潜在新的社会关系网络状态 x、企业个性属性 v 和企业之间的相似性特征 w。企业 i 选择与网络中的其他企业或建立、或保持抑或是解除合作关系的统计概率集具有离散选择模型的特征，不同效用选择之间是不同时间点上互不影响的关系演化行为。另外，在社会网络的分析研究中，如友谊关系发展等，一项关系的建立或是解除并不是同时发生在相关两节点中的，对于联结关系研究是对独立节点分别进行的统计分析。但在本书中，企业之间基于项目的合作关系，具有一项关系是相关两企业同时建立或是解除的特征，并且对关系演化的分析并不依赖于项目持续的时间。

S_{ki} 是驱动社会网络演化的因子，在本书中是影响创意企业价值共创关系的影响因素。β_k 作为影响因子的权重参数，可以通过样本数据估计得到。所以，通过此研究方法，可以解决本书的核心问题。影响社会网络演化的因子项目繁多，根据不同的研究问题，可以提取不同的影响因子。Snijders 分别从网络节点连接度分布、网络闭合性以及节点单边个性特征和两节点双边邻近性特征的视角给出了 13 项相关影响因子表达式，并且认为影响因子表达式根据实际研究的需要可以无限扩展。本书将在影响因子量化部分做详细阐述。

四、参数估计方法

β_k 是目标效用函数中影响因子的权重参数，根据权重参数值可以分析研究假设中的影响因子是否成立，以及影响的程度。根据 Bowman 和 Shenton 关于一般统计模型的解释，Snijders 认为可以利用矩估计法估算 β_k 的值，通过对网络演化结构 C(x) 和影响因子 S_k 的统计观测，以此为样本矩估计 β_k。另外，矩估计中涉及的目标函数并不能确切计算，为此，Snijders 提出用 Robbins-monro 随机逼近算法仿真代替目标函数。为解决这一复杂的参数估计过程，Snijders 基于 R 统计软件开发了 SIENA 社会网络数据分析应用项目，并还在不断的发展完善中。

SIENA 是基于以上的统计分析理论，专门针对社会网络的演化过程，分析不同数据类型所代表的复杂网络演化机理的应用。在以往的社会网络分析研究中，主要从不同的网络结构特征视角，应用计量经济学模型仿真演化过程，研究网络演化方式并提取影响网络平衡发展的要素。如 Matthew 将网络演化的形式总结为随机方式和朋友的朋友网络闭合发展的形式相并存。另外，Emily 通过网络仿真认为单一节点上存在可以维持网络关系的最大上限。Bala 则通过将网络结构分为车轮形、星形等，仿真不同结构下的网络达到平衡要素。SIENA 在此基础上弥补了以往方法只能仿真分析影响要素，而不能测试影响要素有效性的缺陷，从网络动态演化的角度估算影响要素对网络演化的权重。并且，传统计量经济学研究的社会网络更偏向于静态的发展，与真实的社会关系网络演化机理相去甚远。因此，本书尝试利用 SIENA 基于收集的数据，对目标效用函数中的影响要素权重参数进行估计。Snijders 将邻近性对目标函数的影响因子函数表示为：

$$S_i(x, w) = \sum_j x_{ij} w_{ij} \tag{7-8}$$

节点 i 与节点 j 的潜在关系状态 x_{ij}，以及两节点之间的相似性特征 w_{ij}——地理位置、成长制度、知识认知以及社会关系，作为影响目标函数的因子。以下对邻近性影响因子的量化做具体分析。

第二节

文化创意企业价值共创关系演化的影响因子量化

SIENA 是基于统计数据的，纵向社会关系演化分析参数估计应用程序，对影响因子的量化来自于对纵向社会网络相关数据的收集。本书是对初创创意企业之间价值共创关系形成机理的探讨，其关系建立的过程一般表现为企业基于期望效用（目标效用函数）随机提议与另一家企业建立项目合作关系。反之，被提议企业也基于期望效用确认项目合作关系，即两企业的价值共创关系形成。根据前文的研究假设，目标效用函数涉及的影响因子变量分别为地理邻近、制度邻近、认知邻近和社会关系邻近。另外，影响关系选择效用的影响因子一般还涉及两项控制变量——网络结构特征和企业的吸收能力。

其中，网络结构特征用社会网络的密度效应表示，即纵向社会网络分析中的密度效应量化。另外，Burt 和 Brossard 等也认为网络密度应建立在高效合理的范围内，企业社会网络关系的建立是耗费时间和金钱的行为，并且容易形成关系建立的冗余，甚至有将核心保密知识外溢的风险。而对于企业节点的吸收能力而言，因为本书的调查数据来自于对初创创意企业的采访，结合孵化器经理和创意学院教授的评价意见，认为吸收能力并没有明显的差异，作为效用研究的影响因子研究意义不大，所以，在本书中，将只针对网络密度效用这一控制变量作效用影响研究。

因此，归总本书的量化影响因子为网络密度、地理邻近、制度邻近、认知邻近、社会关系邻近五项变量。通过网络内节点企业之间的相互关系特征，对邻近性因子形成四个不同的 $n \times n$ 的 $\{0, 1\}$ 关系矩阵，量化企业节点之间的二元邻近性影响因子。

一、网络密度量化

对网络密度的量化是对社会网络中每一节点企业关系数量的汇总。对节点企业关系存在数量的统计一般分为出度和入度两方面，在网络密度量化中使用节点企业的出度作为量化指标。在社会网络演化的 $\{0,1\}$ 矩阵中，默认点入度是该节点列上的非 0 值总和；出度是该节点行上的非 0 值总和。可以量化表示为：

$$S_i(x) = \sum_j x_{ij}$$

(7-9)

式中，x_{ij} 表示节点企业 i 对其他企业节点 j 的关系总和。$x_{ij} = 1$ 在关系矩阵中表示，第 i 行的 j 列为非 0 值 1，表示 i 对 j 存在关系联结；反之，$x_{ij} = 0$ 在关系矩阵中表示，第 i 行的 j 列为 0，表示 i 对 j 不存在关系联结。网络密度的影响效应权重 β_1，表示节点企业 i 的社会网络联结密度对 i 企业再扩展社会网络关系联结的影响程度。在本书中，对网络密度的量化就是统计连续三年社会网络关系矩阵中，54 家初创创意企业所在行的值 1 的汇总。通过表 6-2 可以知道，创意企业价值共创关系密度连续三年不断增加，因此通过统计三年的联结密度值，结合三年的网络结构演变分析，可以利用 SIENA 估计参数 β_1。

二、地理邻近量化

地理邻近性是对企业之间空间位置距离上的衡量。本书在数据收集阶段是以昆士兰科技大学的创意产业集聚区这一地理位置为中心，选定了集聚区内的孵化器企业、Kelvin Grove 都市村庄的周六创意市场和毅力谷区的 James 创意街的 28 家初创创意企业为初始调研对象，然后根据它们的项目合作关系最后再将社会网络节点确定为 54，而且在数据收集过程中也发现，以上三个空间位置并不完全是创意企业项目设计工作室的所在地。实际情况是，昆士兰科技大学内的孵化器是创意企业定期获得指导的空间，而创意市场和创意街则是展示创意作品、创意产品商业化的空间。鉴于以上的研究认识，本书在收集数据时关于地理空间位置这一变量，定义为创意企业项目设计工作室的所在地。通过收集的数据，可将企业项目设计工作室所在地汇总如图 7-1 所示。

图 7-1 初创创意企业地理位置分布

由图 7-1 可知，社会网络中的 54 家节点企业设计工作室并不是全部集中集聚在昆士兰科技大学创意产业集聚区附近，而是有少数工作室分散于其他区域。因此，根据设计工作室的地理位置分布，研究地理邻近性对企业之间价值共创关系形成的影响。本书根据布里斯班市政对区域的划分（见图 7-2），将设计工作室的地理位置分为三类：1 区——布里斯班市中心区域，孵化器、创意街和创意市场都位列其中；2~4 区——布里斯班居民生活区；4 区以外——布里斯班主城区域以外。

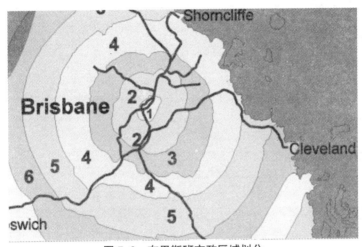

图 7-2　布里斯班市政区域划分

根据图 7-2 的区域划分，在地理邻近性的数据库矩阵建立中，根据企业设计工作室的地理位置分为三类，节点企业的设计工作室位置对应三列分类，位于 1 区则 1 区列赋值 1，表示企业位于其中，反之，则其余两列赋值 0。依此，建立地理邻近性的 3 列 54 行矩阵。

三、组织邻近量化

初创创意企业的组织邻近性表现为企业归属于同一孵化器，创业成长路径的相似性特征。根据三螺旋模型，大学—产业—政府三方在创新发展中相互作用，密切合作，本书将创意企业的创业成长路径分为学院型、产业型、政府型三类。Ponds 利用三螺旋模型的地理空间位置对大学、企业和政府之间的合作创新关系的形成影响做了研究，认为相似成长环境下的组织，如大学与大学之间的合作，地理空间位置的影响不明显，但对于不同环境下的组织，如大学与企业或与政府之间的合作，地理空间位置的影响非常显著。因此，根据采访收集的数据，54家初创创意企业的创业路径表现为创意孵化器指导、政府资金扶持、自主创业三种路径。创意孵化器指导是指通过昆士兰科技大学内的澳洲创意企业孵化器搭建的平台孵化成长，本书将此概括为学院型成长路径。因为孵化器主要是依托昆士兰科技大学的时尚创意专家及 CREATIVE 等大型活动给予创业企业成长机会，培养过程遵循明显的学院型组织特征。政府资金扶持是指澳洲政府为培养全民的创意精神，发扬澳洲传统文化魅力，存在许多针对全民的创意资金扶持项目，创业企业家可以通过此路径获得发展机会。另外，自主创业型的创意企业家，往往具有清晰的设计理念，不希望被学院或是政府限制，而是自主规划，并直接面对市场，形成自主发展成长路径。因此，在本书中，将属于同类组织、拥有相似创业成长路径的企业归为具有组织邻近性，将 54 家企业分别归列为三类组织中。组织邻近性的数据库矩阵中组织列赋 1 值，表示属于同类组织特征，反之 0 值则表示不属于，形成 3 列 54 行矩阵。

四、认知邻近量化

认知邻近性是对社会网络节点知识基础距离的衡量。Vicente、Nooteboom 和 Boschma 都基于不同的产业类型（卫星导航、多媒体）证明合作企业之间应保持恰当的认知邻近性，即刺激企业之间不断进行知识交流同时又能避免消极的关系锁定的局限。时尚创意企业是以服装设计为核心，色彩、配件搭配和展示设计为条件的创意类型。现代时尚领域，一系列成功的服装设计开发项目都是大量技术与艺术的元素融合。本书数据收集中的 54 家时尚创意企业，以服装设计为主体，配件和图片设计等为主要类型，因此，企业之间的知识基础呈现各自特色，各具差异。所以，可以将本书中创意企业涉及的知识类型总结为如图 7-3 所示。

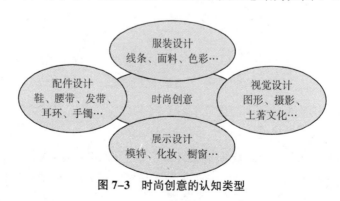

图 7-3 时尚创意的认知类型

根据 54 家创意企业的专业知识领域，本书将认知类型分为了四个类型：

（1）服装设计知识。服装设计主要就服装设计、线条风格样式、面料的选择及色彩搭配等进行确定，并了解制版和剪裁的专业技术。这也是调研创意企业中的核心组成部分，其专业知识类型可以概括为对线条、面料和色彩的认知及运用。

（2）配件设计知识，是为了配合服饰而进行的搭配，调研中的配件设计企业涉及鞋、耳环、发带、项链等的设计，与服装设计中的面料及色彩设计知识有显著的差异，而且配件设计的难度相对较小且成本低，更容易入手，因此，也有许多的创意企业将配件设计作为创业初始的选择。

（3）视觉设计知识。视觉设计是对视觉图像设计的专业领域，对创意人才在摄影技术、图形布局处理和历史文化美学，如土著文化等方面的知识要求较高。调研企业中，立足澳洲土著文化在服装上的运用是视觉设计企业的代表。

（4）展示设计知识。展示设计是服装的再次创新过程，对服装的市场化有重要的推动作用，是艺术品商业化的有力推手。展示设计主要是对外部环境的认知和创造过程，涉及模特、化妆和橱窗等各式展示要素。基于以上的分析，在认知邻近性的数据库矩阵中建立 54×4 的矩阵，创意企业属于同类认知类型赋值 1，反之则赋值 0。

五、社会关系邻近量化

在社会网络分析研究中，社会关系邻近的定义建立在社会网络结构分析的基础上，因此量化社会关系邻近也从社会网络结构图的视角对其进行量化，是关于节点之间距离的研究。社会网络结构分析主要从结构洞理论和闭合性理论两个视角对网络特征进行总结。在社会网络结构图中的结构洞位置，是连接其他节点的关键连接点，在社会网络中占据信息、权力的优势地位。结构洞越多，说明网络节点之间的连接分散，网络闭合性弱；反之，结构洞越少，网络的闭合性越高。Burt 根据社会网络关系的结构洞与网络闭合性的特征，提出了网络约束系数，系数越高，闭合性越高。Snijders 将网络闭合性又称为网络的传递性（Transitivity）和聚集性（Cluster），以朋友圈的演化为例，认为朋友的朋友更容易成为朋友。由此，形成了社会网络研究中的三节点传递效应：$i \leftrightarrow j$，$j \leftrightarrow h$，$i \leftrightarrow h$，节点 i 与节点 j 有直接关系，节点 j 与节点 h 有直接关系，那么节点 i 与节点 h 就有很大的概率构成直接的连接，节点 j 占据了网络的结构洞位置。节点 $i \leftrightarrow h$ 之间有越多的结构洞，它们形成直接连接的可能性就越大。Snijders 将社会网络的三节点传递效应表示为：

$$S_{i(x)} = \sum_{j,h} x_{ij} x_{ih} x_{jh} \tag{7-10}$$

根据以上社会网络结构的分析，三节点传递效应中的 i ↔ h 的最短距离为 2 （见图 7-4），两节点之间有一个相同的连接关系 j。因此，可以将最短距离为 2 的节点称为社会关系邻近点。

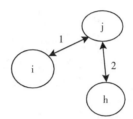

图 7-4　三节点传递效应

本书中根据连续三年的网络演化关系数据，统计第 t 年中最短距离为 2 的节点，是否在 t + 1 年构成了价值共创关系。β 表示最短距离为 2 的社会关系邻近性节点对形成价值共创关系的影响权重。直接基于三年网络演化数据，运用 SIENA 中的三节点传递效应函数估计 β 值。

第三节
文化创意企业价值共创关系影响要素的实证结果分析

SIENA 是用 R 语言编写的针对纵向社会网络演化数据统计分析的应用程序。本书对创意企业价值共创关系影响要素的研究，把 2010~2013 年的创意企业关系演化矩阵和企业之间的邻近性量化矩阵输入 SIENA，基于式（7-1）至式（7-10）作 1000 次仿真模拟，依次估计求解参数值：选择条件概率 λ_i 和目标函数中的影响因子权重 β。

为了使参数的估计值更加稳定，本书选用条件矩估计代替广义矩估计。对所有模型参数的 t 值检验均小于 0.1（t-values < 0.1），模型具有较好的收敛性，模拟值和观测值的误差较小，结果具有说明意义。表 7-1 是对模型模拟结果的参数估计汇总表，是创意企业价值共创关系影响因素的实证结果。

表 7-1 文化创意企业价值共创关系影响因素的参数估计汇总

	模型 1 (n=54)		模型 2 (n=54)		模型 3 (n=54)		模型 4 (n=54)		模型 5 (n=54)		模型 6 (n=54)		模型 7 (n=54)	
	par.	(s. e.)	par.	(s. e.)	par.	(s. e.)	par.	(s. e.)	par.	(s. e.)	par.	(s. e.)	par.	(s. e.)
条件发生概率														
λ2011~2012	17.2985	(0.9681)	16.6282	(0.9235)	16.9132	(0.4585)	18.4765		18.6523	(1.4783)	16.0945	(0.6413)		
λ2012~2013	13.2475	(0.5434)	12.6467	(0.4898)	12.9984		14.0278	(0.6145)	14.3609	(0.3343)	13.8489	(0.3750)		
出度效应											0.2579	(0.0994)		
目标函数														
网络密度	-0.7438	(0.3388)	-0.6536	(0.4028)	-0.7182	(0.5494)	-0.9023	(0.3786)	-0.6401	(0.4413)	-0.8758	(0.5319)		
地理邻近性			0.5862	(0.1328)	0.6418	(0.1399)	0.6383	(0.1401)	0.5509	(0.1483)	0.5476	(0.1692)		
认知邻近性					-0.4754	(0.1345)	-0.4374	(0.1377)	-0.3505	(0.1372)	-0.3439	(0.1512)		
组织邻近性							-0.0838	(0.2022)	-0.0965	(0.1810)				
社会关系邻近性									0.3143	(0.0311)	0.2836	(0.0384)		
社会关系与地理邻近性的互动关系													0.6701	(0.0650)
社会关系与认知邻近性的互动关系													-0.3794	(0.1307)

一、条件发生概率实证结果分析

表 7–1 中条件发生概率部分是对创意企业连续三年在社会网络演化过程中价值共创关系改变条件的参数估计，主要从三年纵向网络数据的统计分析中估计 $\lambda_{2011\sim2012}$ 和 $\lambda_{2012\sim2013}$ 的条件发生概率，如图 7–5 所示。

Data Definition

Group	Name	Filename	Format	Period(s)	ActorSet	Type	Selected	MissingValues	NonZeroCode	NbrOfActors
	network	2011.txt	matrix	1	Actors	network	Yes	4	1	
	network	2012.txt	matrix	2	Actors	network	Yes	4	1	
	network	2013.txt	matrix	3	Actors	network	Yes	4	1	

图 7–5　条件发生概率分析的数据界定

如表 7–1 所示，$\lambda_{t,t+1}$ 呈逐年下降的趋势（17.2985 > 13.2475；16.0945 > 13.8489；…），2012~2013 年企业改变关系的机会明显少于 2011~2012 年。表明随着创意企业之间价值共创关系网络的不断发展成熟，创意企业关系网络逐年趋于稳定，企业期望拓展关系和创造条件改变关系的概率降低，整个价值共创关系网络的演化发展随着时间的推移趋于缓慢。从个体企业在价值共创网络中所处位置影响条件概率的视角分析，将网络中企业的出度对条件发生概率的影响参数纳入最终模型估计。估计结果显示，出度效应影响正向且显著（0.2579），说明在创意企业的价值共创关系网络中，企业对外关系联结越多，越有可能建立新的价值共创关系。

二、目标效用函数实证结果分析

表 7–1 中目标效用函数部分是对影响创意企业价值共创关系效用评价的参数估计。涉及的统计分析数据包括三年的纵向网络演化数据和邻近性影响因子数据，如图 7–6 所示。

Data Definition

Group	Name	Filename	Format	Period(s)	ActorSet	Type	Selected	MissingValues	NonZeroCode	NbrOfActors
Group1	network	2011.txt	matrix	1	Actors	network	Yes	4	1	
Group1	network	2012.txt	matrix	2	Actors	network	Yes	4	1	
Group1	network	2013.txt	matrix	3	Actors	network	Yes	4	1	
	geo	geography.txt	matrix		Actors	constant covariate	Yes	4	1	
	inst	institution.txt	matrix		Actors	constant covariate	Yes	4	1	
	rec	recognition.txt	matrix		Actors	constant covariate	Yes	4	1	

图 7–6　目标函数参数估计的数据界定

如表 7-1 所示，网络密度对目标函数影响效应的参数估计负向且显著（-0.7438…-0.8758）。这一结论与一般社会网络研究中关于网络密度这一控制变量的影响效应结论相一致。网络密度作为结构控制变量，其负向且显著的影响说明新的社会网络关系的建立肯定伴随着企业机会成本的付出。本书中，初创创意企业选择建立新的价值共创关系，必定会伴随相应的关系消解，越是发展成熟的网络，关系密度越高，建立新关系的机会成本越高。因此，基于网络密度这一控制变量，创意企业在此基础上需要以其他补偿性要素作为判断标准，如网络其他结构特征、单边特征及双边的邻近性等，最终做出是否建立新价值共创关系的决定。以下将对机会成本的补偿性要素——创意企业之间的邻近性影响做实证结果分析。

（一）地理邻近性的实证结果分析

根据地理邻近性的效应参数估计结果（0.5862…0.5476），地理邻近性要素与价值共创关系形成显著正相关关系，初创创意企业明显偏好与地理位置接近的企业形成价值共创关系。说明与创意企业相关的创新和知识创造过程仍然需要地理位置的接近，面对面的交流有助于创意企业隐性知识的交流。这一实证结果再次证明了创意产业集聚区在创意知识创新活动中的重要地位，虚拟网络平台只能作为交流的辅助手段，而不能成为合作的主要平台，以隐性知识为主要交流形式的创意企业价值共创行为的成功离不开地理位置邻近下的面对面交流。本书根据主城区域的划分界定了企业地理位置，实证结果证明初创创意企业不仅偏好与地理位置接近的企业形成价值共创关系，同时也偏好选择离目标市场较近的位置建立工作室，以尽快获得最新市场信息。地理邻近性的实证结果再次证明了地理空间邻近性的面对面交流在创意知识交流和创新活动中的重要地位。

（二）组织邻近性的实证结果分析

根据组织邻近性的效应参数估计结果（-0.0838…-0.0492），组织邻近性要素与创意企业价值共创关系的形成呈非显著的负相关关系，这一研究结论否认了组织邻近性要素在影响创意企业价值共创关系形成决策中的重要性。参数估计结果为负，说明创意企业在选择价值共创合作伙伴时，可能偏好创业成长背景不一样的企业，以获得更多元的发展机会信息。但是，因为整体参数估计值 < 0.1，相较于其他影响因素项，组织邻近性并不是创意企业的主要考虑因素。创意企业在评估价值共创合作对象时，无论合作对象是大学、企业或是政府组织背景成长发展起来，相互之间的合作关系都是包容而开放的。这与 Ponds 认为企业偏好与相

同组织背景的企业合作的结论相反。对于以吸纳新兴前沿知识为核心竞争力的创意企业，创意产生的过程不受制于某一组织的局限，很少有统一而类同的创意组织，可能同一组织本身就会扼杀创意的灵感生成。创意企业之间的价值共创行为是对自由创意的尊重，只有打破组织和派别的局限，创意的思想才能自由的流动，发挥创意的价值。所以，组织邻近性在价值共创关系形成中的影响不显著。

（三）认知邻近性的实证结果分析

根据认知邻近性的效应参数估计结果（−0.4754…−0.3439），认知邻近性要素与价值共创关系形成呈显著负相关关系，这否定了研究的最初假设，初创创意企业之间的价值共创关系形成更偏好于不同知识背景的企业。当企业具有相同或类似的知识基础时——在本书中，如企业的专业知识领域都是服装设计知识，企业之间的知识距离比较近，价值共创关系只会阻碍企业获取外部互补的知识。认知邻近性容易形成非意愿知识的溢出风险，因此，企业都避免与知识背景相同的其他企业建立合作关系，以规避这一风险。所以恰当的知识距离是形成价值共创关系的显著影响因素。根据参数估计结果可以看出认知邻近性的影响特别显著，说明在本书中，时尚创意企业对认知邻近性这一影响要素特别敏感。因为时尚创意企业的知识创新演化过程，是依赖于在形态各异而丰富的社会经济文化要素，以及专业特色技术领域中寻找有价值的互补知识的融合过程，并且其中围绕新兴前沿技术知识的运用逐渐成为重点。所以，对时尚创意企业来说，从最初创意灵感的捕捉到创意作品的呈现，以及流通过程的服务等环节都要求以各异的知识走不寻常的发展之路。而且，因为初创创意企业之间的吸收能力相当，知识邻近性更容易导致保密性知识产权的溢出。所以，创意企业对外部各异知识的获取能力将决定企业的创新能力，知识邻近性将阻碍价值共创关系的成功项目开发。

（四）社会关系邻近性的实证结果分析

根据社会关系邻近性的效应参数估计结果（0.3143；0.2836），社会关系邻近性要素与价值共创关系形成呈显著正相关关系。这肯定了研究的最初假设，初创时尚创意企业偏好与有非正式社会关系的企业建立价值共创关系。社会关系邻近性的量化是依据社会网络结构分析中的三节点传递效应特征而衡量的，即在正式的合作关系之下形成的非正式社会联系才会显著影响价值共创关系的形成，企业偏好与合作伙伴的伙伴建立合作关系。特别是在时尚创意领域，创意作品的创作过程往往是带有情感宣泄的倾注，友谊、亲情和信任等非正式联系下的知识交流成为情感构成的基础，也是社会关系邻近性的本质，这显著影响未来的正式价值共创关系的形成。本书研究对象中 54 家创意企业，许多价值共创关系的形成都是基于非正式的社会关系邻近，如同事关系、亲属关系等。创意企业的知识创新过程需要宽松而相互信任的社会环境，所以社会关系邻近性为创意企业的价值共创活动创造了理想的软性关系条件，使创意企业能够最大限度地发挥创意能力。因此，创意企业都偏好与社会关系邻近的企业建立价值共创关系。

三、邻近性要素之间的互动影响实证结果分析

地理邻近性、制度邻近性、认知邻近性和社会关系邻近性是本书中提取的，是影响创意企业价值共创关系形成的邻近性要素。在邻近性要素影响价值共创关系的同时，邻近性要素之间也存在相互的影响和制约。通过以上各邻近性要素的实证结果分析，可以排除制度邻近性要素的影响。另外，地理邻近性和社会关系邻近性是形成正向的显著影响，认知邻近性形成显著的负向影响。地理邻近性是硬件可选择要素，主要受其他两要素的控制和影响。而认知邻近性是显著的负向影响，对其他要素的影响研究与价值共创合作关系的形成研究相违背。因此，本部分主要是针对社会关系邻近性与地理位置邻近性和认知邻近性之间的互动关系。

（一）社会关系邻近性与地理位置邻近性的互动关系

社会关系邻近性与地理位置邻近性的互动关系，表示在社会网络节点之间社会关系邻近的情况下，价值共创企业之间的地理位置邻近性状态。参数估计结果为负，表示根据表 7-1 中的参数估计结果（0.6701），可以分析出社会关系邻近的创意企业之间要形成价值共创关系仍然需要地理位置的接近，面对面的交流。社会关系邻近是在地理空间接近的客观条件允许下，才能形成最后的价值合作行为。社会关系邻近性与地理邻近性之间的正向影响，表明社会关系越接近，地理邻近性的可能性越大，或解释为地理邻近性使社会关系邻近性的可能性越高。

（二）社会关系邻近性与认知邻近性的互动关系

由参数估计结果（-0.3794）可知，社会关系邻近性并不能成为创意企业之间形成价值共创关系的全部理由，如果企业之间的知识距离接近，相同专业知识背景的创意企业仍然很难形成价值共创关系。因此，创意企业虽然偏好与有一定社会关系的其他企业形成价值共创合作关系，但是，创意知识仍然是合作的核心基础，如果认知邻近性越近，越难形成创意企业之间的价值共创关系。社会关系邻近性程度越高，知识的锁定效应越明显，认知邻近性对创意企业价值共创的负

向影响也越显著。因此，社会关系邻近性应保持在合理的范围内，而不能以牺牲知识的多样性为代价。因为本书的数据收集对象具有明显的西方文化价值观体系，它们有强烈的西方个人主义特征，因此，社会关系邻近性（亲属关系、同时关系、夫妻关系）对于知识邻近性的趋同影响程度与中国东方文化价值观（集体主义、奉献精神）体系下的影响程度有很大差异。因此，在后续的研究中，应从东方文化价值观体系比较研究社会关系邻近性与认知邻近性的互动影响。

第四节
基于实证结论的文化创意企业价值共创构建建议

一、重视构建丰富多样的跨组织价值共创网络

创意产业价值共创网络对组织邻近性要素并不敏感，价值共创构建中，创意企业会打破不同组织背景的藩篱，形成合作关系。创意产业价值共创网络的多样性是相对单一价值共创网络而言的。单一价值共创网络中汇聚的创意企业，随着网络关系的不断发展成熟，企业之间的共创合作行为逐年趋于稳定，致使企业期望拓展关系和创造条件改变关系的概率逐渐降低。基于纵向时间的网络密度不断增加的发展趋势，表明单一价值共创网络内的企业关系联结随着网络演化会逐渐完善之间的关系从而容易形成知识锁定效应。

通过联通丰富多样的组织跨界创意产业价值共创网络，规避单一组织价值共创网络的知识发展趋同。多样跨界的网络联系意味着丰富多样的网络文化背景和技术特征的融合，不同组织文化的融合是创意产业价值再共创的驱动力。所以，在创意产业组织价值共创网络的发展中，即要着眼于网络内的构建完善，同时更要强调跨界的价值共创网络的形成。

创意产业发展实践中，创意产业价值共创网络的规划发展，多以核心创意产业类型为中心，优先发展价值共创网络的优势产业类型。集中力量打造特色价值共创网络，有利于价值共创网络的快速形成，但从深入发展的视角，此发展模式将容易陷入知识锁定，甚至创意企业之间出于竞争原因而形成知识封闭等问题。因此，在创意产业价值共创网络的构建实践中，要保持多样而丰富的跨文化融合。

二、鼓励创意尝试积极打造价值共创网络的动态流动性

文化创意企业价值共创网络应避免构建延续的传统产业发展模式。从价值共创网络的网络密度视角可以发现，创意企业选择建立新的价值共创关系，必定会伴随相应的关系消解，越是成熟的网络，关系密度越高，建立新关系的机会成本也越高。然而，从知识邻近性与价值共创的负向关系中，创意企业与具有知识差异的企业伙伴更容易形成价值共创关系。因此，一方面，为降低创意企业建立新价值共创关系的机会成本，另一方面，保持企业之间的知识差异，要将传统相对稳定趋于静态的产业发展模式，发展为高动态流动性的创意产业价值网络环境。尊重鼓励创意企业人才的创业尝试性流动，对失败的创意尝试予以鼓励，对成功的创意尝试给予肯定，将价值共创网络的动态流动性作为创意产业价值共创的核心特征，为创意企业营造良好的流动性价值共创氛围。

三、以地理空间集聚为基础的社会关系邻近式网络发展

通过地理邻近性的实证分析发现，空间上的接近仍然构成创意企业价值共创的重要客观条件。地理邻近为创意企业之间更深入的面对面交流提供了可能，而且创意企业也偏好在地理上靠近目标市场，为尽快获得最新市场信息提供了可能。然而，地理空间集聚只能成为价值共创网络发展的基础，应避免过于强调地理集聚。若大兴集聚土地规划风气，而将创意企业地理位置人为拉近，形成规划下的创意产业集聚区，则打破了价值共创网络的需求驱动式自主集聚。

另外，创意企业偏好与有一定社会关系基础的组织形成价值共创关系。所以，在地理空间邻近的基础上，注重创意组织之间的非正式关系网络的构建形成是价值共创关系形成的加速器。非正式的社会关系网络有助于创意组织之间信任关系的建立，而信任是以非物质文化为共创成果的组织之间合作的保障。所以，在创意产业价值共创网络的构建中，以地理空间的邻近为客观基础，以非正式的社会关系构建为驱动力，将成为价值共创网络可持续构建发展的保障。

根据实证，可以将创意产业组织的价值共创机理概括为：以地理空间集聚为基础，组织之间社会关系邻近为驱动力，塑造认知动态流动性的知识多样化为核心，组织跨界为方式的价值共创路径。

本章是研究的实证结论部分，首先通过模拟创意企业价值共创网络演化的过程构建了马尔可夫随机模型，通过条件概率和目标效用函数的分解，形成了各假

设的参数估计。其次分别量化网络密度、地理邻近性、制度邻近性、认知邻近性和社会关系邻近性影响因子，并通过基于 R 平台的 SIENA 应用估计各影响因子参数值。结果表明，社会网络密度越高，网络发展越成熟，创意企业建立新关系的机会成本越高，企业越倾向于形成知识锁定效应。地理邻近性和社会关系邻近性与价值共创关系呈正相关，物理空间的接近以及一定社会关系基础是创意企业之间形成价值共创合作的客观条件。认知邻近性与价值共创关系呈负相关关系，其实创意企业价值共创形成的主观条件，跨界知识更容易形成价值共创关系。最后组织邻近性表现为负向非明显的关系，表明组织邻近性要素对价值共创关系形成的影响并不显著，创意企业在价值共创关系形成的判断中并不会太注意所属组织成长背景的差异。同时，基于实证结果，对创意产业价值共创机理提出了可行性建议。

实践篇

第八章

文化创意企业知识网络构建的历史嬗变

　　20 世纪 90 年代，计算机技术与现代通信技术的结合使"信息高速公路"得到迅猛发展与普及。以传媒业为核心代表的文化创意企业，在知识传播网络的编织中有了根本性的颠覆发展——新媒体。新媒体以互联网为基础，以其开放性、互动性与即时性等传播优势向传统媒体——电视、报纸和广播等渠道提出了挑战，文化创意企业的知识传播网络也随着信息技术革命掀开了新的一页。

　　1994~2014 年，经过 20 年的积淀，互联网已经完全成为知识传播的最重要平台，关于新媒体平台的知识传播网络也是随着新技术平台的出现而相继发展起来的。新媒体知识传播网络作为时代发展、技术进步条件下产生的新现象，为中国的文化创意企业带来了新的活力，同时也产生了新的问题，我们理应研究这一新的课题。

　　以历史发展的纵向时间轴线为视角，可以将知识传播网络的发展划分为四个阶段。这四个阶段体现了文化创意企业知识传播网络飞跃式的前进：

　　第一阶段：文化创意企业知识传播网络实现了从传输到互动的飞跃。

　　第二阶段：文化创意企业知识传播网络以天时、地利、人和的优势实现了历史的跨越。

　　第三阶段：文化创意企业知识传播网络呈现出错综复杂的繁荣景象。

　　第四阶段：文化创意企业知识传播网络是知识网络平台的理性回归。

第一节

知识网络平台的萌芽：从传输到互动的飞跃（1994~2002 年）

基于信息技术发展的知识网络平台的萌芽，是技术革新的产物，是民主开放的要求。传统的文化创意企业知识网络平台主要依赖于地理环境的邻近性和传统单项传输的媒体平台，抑或是近亲的社会关系而形成有限范围内的知识网络平台，并且这种知识网络容易形成知识的锁定与封闭。自 1994 年以来，传统的知识网络平台开始"抢滩"互联网这片新疆域，同时，各类基于互动的商业网站在追求新闻知识价值中迅速发展，这些都为文化创意企业知识网络的萌芽提供了肥沃的土壤。基于社会热点事件的互动讨论，成为媒体类企业构建知识网络平台的试验田，围绕当年的"五·八事件"和"南丹特大矿难"展开的讨论监督，让中国文化创意企业自建的互动知识网络平台跨出了从无到有的历史性一步。

一、知识网络在理性缺位中起步

1994 年，中国正式迈入互联网的大门，当基础设施的建设在全国范围内铺开时，以新媒体为代表的文化创意企业也在悄悄地萌芽，互动式的知识网络应运而生。

（一）传统媒体企业抢滩网络互动平台

最初进行网络互动平台尝试的传统媒体是《杭州日报》。1993 年 12 月 6 日，《杭州日报·下午版》通过该市的联机服务网站——展望咨询网进行传输，从而拉开了中国传统媒体企业知识网络化的序幕。不过当时中国尚未与国际互联网联通，更多的是局域知识网络，所以《杭州日报》网络版在技术上还不成熟，其影响也十分有限。我国真正意义上跨入互动知识网络的媒体企业应该是 1995 年 1月 12 日《神州学人周刊》的电子版《神州学人》在互联网上发行——它为留学生提供丰富的信息，在祖国和留学人员之间搭起一座沟通的桥梁。这一年还出现了昙花一现的《中国贸易报》电子版和稳扎稳打的《中国日报》网站。1995 年之后，中国传统媒体企业加紧了网络化步伐，这一阶段出现了中国文化创意企业的第一次互动知识网络构建浪潮。截至 1996 年底，在互联网上发行电子版的报纸包括《中国贸易报》、《经济日报》、《China Daily》、《Shanghai Star》、《产业信息报》、《南方日报》、《新民晚报》等 30 余种报纸。这一阶段，传统媒体企业的知识网络构建热潮主要以知识传输无纸化的变化为主，互动的功能并未显现，发展的特征可以概括为重视形式大于重视内容。

（二）商业类新兴媒体企业迅速发展

1995 年至 1999 年底是中国商业网站的萌芽时期，新浪、搜狐、网易等商业网站在全球网络化的浪潮中纷纷创立，网络媒体作为一类独立的文化创意企业逐渐发展起来。在这一阶段，商业新兴媒体企业在相互竞争中抢占有限的资金、技术、网民资源，最主要的是依靠风险投资商的资金支持。风险资本的涌现，带给人们一种"烧钱"的感觉，缺乏理性的内核，仅仅将技术纬度的领先认为是商业网站的价值所在。1999 年以后，中国商业网站遭遇了互联网的寒冬，网易的停牌及新浪的一系列变动标志着中国新兴媒体企业进入了一个发展低谷调适期。

在中国新兴媒体企业的起步阶段，无论是传统媒体还是商业网站都伴随着技术更新的盲目性，网络独有的特征对知识传播网络的颠覆以及新闻事业的作用并没有被意识到，中国网络媒体的起步是缺乏理性思考的萌芽。不过，无论是传统媒体的网络版（如《人民日报》），还是商业网站的兴起，都客观上为宽领域的互动式知识传播网络的形成提供了重要的平台。

二、知识网络在社会热点事件中形成

加拿大传播学者麦克卢汉（M.Mcluhan）说"媒介是人的延伸"[①]。根据麦克卢汉的理论：报刊是对人眼睛的延伸、收音机是对耳朵的延伸、电视是对眼睛和耳朵的同时延伸、电话则是对耳朵和嘴的延伸。但这些延伸都是对各人体感官机械的独立延伸。互联网和以往的传统媒体有着本质的不同。互联网具备传统媒体的所有传播特征。中国网络媒体产生后，凭借其综合开放的知识传播手段，迅速在各项社会热点事件中成为信息发布的平台，刺激了互动式知识网络平台的产生。

（一）以爱国主义为旗帜催生互动知识网络

以"黄丝带运动"为导火索，以爱国主义为旗帜，互动知识网络首先在中国民众中自发形成。1998 年 5 月，政局动荡的印度尼西亚发生了暴乱，后来被称为"五月暴动"。起初，整个事件的起因被认定为政治和经济的原因，人们的注

[①] 麦克卢汉 [加拿大]. 理解媒介——论人的延伸 [M]. 何道宽译. 北京：商务印书馆，2000.

意力集中在印尼政坛上寡头的争夺，并没有重视暴乱的本质。后来真相逐渐被揭露——这是一场极端恶劣的迫害华人事件。在印尼新闻媒介完全封锁华人遭遇的情形下，互联网打破了沉默，网上迅速流传开身着印尼军服的暴徒蹂躏华人妇女的 10 多张照片，并号召所有电子邮件的收件人竭力传送或张贴在网页上。这些照片在极短时间内通过电子邮件传送到全世界华人社区和华人群体，并展开了网络声讨，形成强大的网络舆论怒潮。北美著名中文网站华渊网（SINANET）于 1998 年 7 月发起了"请支援惨遭凌虐的印尼华妇"的"黄丝带"运动。该网页有一打结黄色丝带的图形，网站称：华渊邀您参加"黄丝带"运动，以电子邮件的传播力量，将"黄丝带"的内容传送给您所认识的人，把印尼华裔所受暴行公之于众，引起国际社会的重视，为印尼华裔争取应有的权利——印尼华裔的前途就在此一"系"之间。互联网迅速将"黄丝带"这一标志传到了世界各地。世界各地的华人举行抗议集会游行时，参加者无不佩戴"黄丝带"。在国内，不少用户也用电子邮件传递着"黄丝带"，时至今日，"黄丝带"已经成为爱国主义的文化标志，人们用它表示对祖国的热爱和对同胞的声援。在以统一标志"黄丝带"命名的这场世界声援印尼华人运动中，新兴媒体企业构建的知识网络平台以快捷、开放、互动等优势首次向中国民众展现了强大的知识构建与传播的效能，带来了虚拟空间之外的效果，引起世界对暴行的强烈谴责。

（二）传统媒体企业网站开启互动知识网络平台先河

传统媒体企业的网站成为知识网络平台构建的起点，而《人民日报》网站——人民网，成为开山鼻祖，引导了互动知识网络平台的发展。

1999 年 5 月 8 日，中国驻南斯拉夫大使馆遭到以美国为首的北约组织导弹袭击，激起中国人民的强烈愤慨，5 月 9 日，《人民日报》网络版开设了"强烈抗议北约暴行 BBS 论坛"，广大网友以高度的爱国情怀参与其中，截至 1999 年 6 月 19 日晚"抗议论坛"改版为"强国论坛"，网友共上贴 9 万余条帖子，迅速形成强大的知识网络。

以"五·八事件"为催生婆，BBS（Bulletin Board System）这一知识网络平台在国内获得了合法性。"强国论坛"之后一些政府网站纷纷开设 BBS，一些市场化的论坛 BBS，如天涯社区拥有庞大的用户群。2001 年 7 月 17 日，广西南丹发生特大矿井透水事故，由于当地政府隐瞒、压制媒体报道，致使事件发生两周后，才终于有群众通过网络论坛传出消息。此事引起了人民网记者的疑惑，于是他们前往广西南丹，进行跟踪采访，截至 8 月 3 日，人民网共发布了南丹矿难独家新闻 17 条，并率先公布部分死难者的名单，同时，还推出广西南丹特大事故专题供人们阅读讨论，经过人民网的连续报道，案情终于浮出水面，随后传统媒体相继介入，并得到中央领导的高度重视。

第二节
知识网络平台的历史跨越：天时地利人和（2003~2006 年）

基于创意个体人才的知识网络首次在中国实现大爆发，是被称为"非典之年"的 2003 年。草根网民跃升为知识网络平台议程设置的主体，单一的由上至下的集中式知识传输体系发生了根本性变化。知识网络成为个体创意人才各抒己见的交流地，成为下情上传的对话通道，在中国经济社会改革发展的进程中扮演着越发重要的角色。

一、"非典"兴起知识网络化生存模式

在知识网络的萌芽阶段，网络的应用似乎还仅仅局限于精英阶层，但到了 2003 年，"非典"使多领域知识网络化应用迅速传播，兴起了一股知识网络化生存热潮，将主要依靠地理邻近性的局域知识网络，扩展成为主题式的知识网络化生存模式。如经济学家胡鞍钢曾说："如果说在前一段时间，大家对网络的作用只是理论上的认识的话，那么，'非典'时期的网络则给我们的经济、工作、学习、生活带来了实实在在的便利。""非典"促进技术性网络到应用性网络的重要转变。网络真正走进了寻常百姓家，走进了培养扶持创意人才的机制设置中，从某种意义上讲，"非典"是一个知识网络化的大课堂，是一场知识网络化的大体验，是一次知识网络化的大普及。

在病毒肆虐的危机中，互联网技术基于自身互动传播优势，产生了巨大动员力量，使广大草根阶级得到检验，客观上刺激了知识网络的跨越式发展。面对"非典"肆虐，人们为了避免因人群聚集、流动和近距离接触而迫不得已改变了以往基于地理邻近性的生活、学习、工作和交流方式，推动了电子商务、网络远程教育、娱乐在线和 SOHO 等"知识网络化生存"方式的发展。例如，在"非典"盛行的重灾区，学校被迫停课，有的学校要求学生每天都必须按时登录网校主页，利用 BBS 开展学习，其他学校的同学也可登录"旁听"。还有的网校规

定，凡北京地区的中小学生均有机会免费得到一个月的网上学习时间，并投入专项经费，用于"非典"时期的教学及处理相关的技术保障。有的网站面向全国因"非典"而停课的中学生提供免费的网上课程，免费优惠到本学期结束。也有的网站则专门面向全国高考考生，提供免费的远程高考英语辅导课程。与此同时，人们利用电子邮件、网络短信、聊天室、QQ等网络即时通信方式互相沟通，所产生的业务量大幅增长，新浪网等门户网站短信的日均发送量比平时高出2~3倍。"知识网络化生存"因"非典"肆虐而一下子变成了一大部分中国人的主要生活方式，这是史无前例的。另外，在"非典"疫情通报中，与传统媒体的集体失语形成鲜明的反差，网络媒体中的所有网站都开办了抗击"非典"专题，向人们通报最新疫情，传授预防"非典"知识，发布最新消息。由于区域原因，南方网在全国网络媒体中率先进行"非典"报道。2003年2月10，在广东省的疫情通报还没出来之前，南方网就邀请广东省"非典"性肺炎专家小组组长黄文杰博士通过网络与网民交流，请他介绍防治"非典"的相关知识。互动交流也成为网站进行"非典"报道的一个重要手段，个体创意阶层通过互联网平台积极传递着关于"非典"的最新消息，表达着对"非典"的观点态度。在危机传播中，网络发挥了开放性、交互性等传播优势，对"非典"进行了相关知识的组织和互动交流，客观上保证了人们对于"非典"信息的知情权和"非典"知识的共享。"非典"让中国人在迫不得已的情况下，体会到了基于互联网技术构建的自主知识网络平台给现实生活带来的便利，这是一次突如其来的大面积启蒙，在潜移默化中改变了中国未来的知识传输与创造的生活习惯，为"知识网络化生存"模式的跨越式发展奠定了坚实的群众基础。

二、独立创意人才成为知识网络平台的新生力量

"非典"中传统知识平台即传统的媒体平台集体缺位引发中国传统知识传播媒介最深刻、最全面、最彻底的一次反思，对于过去传统的知识网络结构有了许多突破，政府和媒体都认识到开放、互动的知识网络平台在推进我国的信息公开与舆论开放、保障社会和谐发展中的重要作用。因此，在"非典"之后，又经过"孙志刚案"、"宝马撞人事件"等一系列社会热点事件的互动知识网络构建实践，基于互联网的知识网络平台锻炼了一批精英创意人才，他们有较强的经济社会发展趋势的洞察力和忧患意识，有表达思想的强烈愿望，并保持着对人类对社会冷静的思考。一部分人利用专业优势和资金优势成立了专业的创意人才集聚网络平

台，如用户自创与分享内容的知识网络——豆瓣网，以及着眼于生活信息及交易的知识网络平台——大众点评网，它们不属于任何传统媒体，而与专业媒体一起进行着知识网络的议题设置，成为知识网络平台构建的新生力量。

同时，还有许多关注社会热点事件的独立网站也应运而生。2004 年 6 月 10 日，一篇题为《下跪的副市长》文章被贴在了由普通民众李新德创办的网站——中国舆论监督网上。其中包括山东济宁市下跪副市长李信和举报人李玉春之间的恩怨纠葛，李信涉嫌贪污、受贿、绑架、故意伤害等多种违法违纪事实，还配有李信满脸忏悔、神情沮丧、涕泪横流下跪的照片。一时间，各大网站纷纷转载，引起全国轰动。一个独立创意人创办的网站，将一位堂堂的副市长违法犯罪的事实公之于众。这是独立创意人成为知识网络平台新生力量的首次亮相。至此，中国民间网站如方舟子的学术打假网站"新语丝"、李新德的"中国舆论监督网"、姜焕文的"中国民间举报网"、宋阳标的"权益网"、徐祥的"中国名记在线"、朱辛民的"中国投诉网"等迅猛发展起来。独立创意人才创办的网站是一种民间知识网络平台，创意个人在知识网络构建过程中进一步掌握了话语主动权，成为议题设置的主体。

第三节
知识网络平台的繁荣发展：错综复杂（2007~2009 年）

知识网络化作为社会意识形态的一种独特体现，随着社会的发展、科技的进步，依托互联网技术的繁荣，知识网络平台的发展迎来了繁荣期，在新的征程上表现出错综复杂的新发展。2007 年，创意人才知识网络化力量的全面爆发，到 2008 年以后，"5.12"地震知识网络化形成的救助活动，再到 2009 年的"邓玉娇事件"、"毒奶粉"风波，基于互联网的知识网络平台积极关注社会问题，并表现出前所未有的力量和新的特点。

一、"微力量"的知识网络化平台

互联网技术的发展进步深刻影响着知识网络平台的发展变化。自 20 世纪 90 年代互联网技术的正式应用，互联网走过了一条"网"与"人"不断接近、不断融合、不断合二为一的道路。无论是萌芽期，依靠传统媒体开启的知识网络化进程，还是跨越时期，独立创意人才的兴起，都在不同程度上依赖于传统媒体或是精英阶层。当知识网络平台迎来繁荣期时，标志着知识网络化的过程开始告别依赖传统媒介和精英的生产模式，开启了自下而上的、草根自发进行的新式知识网络化平台。Web3.0 时代的到来，创意人才在"碎片化"的知识网络空间里获得了表达、参与、聚合资源的条件，使得知识网络平台的内容构建已经真正延伸到广大草根创意个人的终端。闲散于草根的巨大创意热情被激发，从被动的接受者成为主动投身知识创造的创作者和编辑。互联网技术的进一步智能化，使知识网络平台具有更加强大的应用模式，如维基百科、"第二人生"等，这些知识网络平台充分利用全社会的"微力量"、"微内容"、"微价值"，形成具有不凡影响力的知识网络平台。正是互联网所具有的互联互通、海量存储和相关连接等功能，再加上 Google、百度等有效的搜索引擎工具，把本来微不足道的离散价值聚拢起来，形成一种强大的话语力量和丰富的价值表达。互联网上创意人才的博客内容、QQ 空间或者网友发帖在繁荣时期为知识网络的构建提供了更多有价值的观点表达，如"重庆钉子户"是源于互联网站点上的一幅图片；"封口费"事件是《西部时报》记者戴晓军把一张惊险拍摄的图片和一篇文字稿发至网站；天价香烟的周久耕事件也发于西祠论坛。随着互联网技术的不断发展，知识网络再造生活，带来更多憧憬。

二、两个话语场的对话与博弈

如果说代表"微力量"的创意个人集聚形成知识网络，那么代表国家意志的政府构筑的知识网络成为与其相协同的另一知识网络，两个话语场形成对话与博弈的协同关系。具体说，政府要实现其社会管理目标，就要极力营造有利于自身执政的氛围。他们倡导和反对的，加在一起形成官方构筑的知识网络巢穴。普通民众在接受官方话语后，总会从自身的真实感受出发去观察社会生活，根据自身的是非观和利害关系，得出自己的看法。自然，民众的看法和官方的话语会形成两个不同的话语场。2010 年 2 月 27 日，温家宝总理接受中国政府网、新华网联合专访，与网友交流，针对民众关心的房价和医疗等问题进行沟通。温总理当即表示，2011 年将还会在网上继续与网友交流。这是总理涉足网络的一小步，意味着中国知识网络化平台发展的一大步，必将促进民间话语场与官方话语场的良性对话。繁荣时期，知识网络化过程中各利益阶层关系发生了质的改变。每一个代表草根阶层的网民，也是我们的创意人，既是信息的接受者，也是信息的传播者。每一个网民都可能成为一名创意的"新闻记者"、一名"电影"工作者，甚至是一个"新闻编辑部"，默默无闻的普通人可能一夜之间家喻户晓，媒体知识平台也不再是公众人物的舞台，草根创意人拥有在知识网络平台上的绝对话语权。

但是，在知识网络平台快速繁荣发展期间，也伴随着紊乱与阵痛。如"微力量"的创意个人在知识网络发展中，出现了以偏激言论和泛道德主义一边倒的非理性行为，"群起而攻之"的混乱局面，使正常的知识网络化过程超越合理范围。特别是由此而衍生出的"人肉搜索"行为，进一步助长了一些滥用权力、挖人隐私、恶意诽谤的暴力行为。因此，知识网络平台的理性回归显得越发迫切。

第四节

知识网络平台的理性回归：线上与线下联动（2010~2015 年）

"碎片化"的知识网络力量经过"人肉搜索"、对话博弈，最终成为经济社会持续发展的新动力，企业家看到了"碎片化"的力量，并因此提出了新的商业运营新知识——长尾理论（The Long Tail）。基于社交网络的知识网络平台也已经成为创意人才不可缺少的部分，从 Facebook、Twitter 到微博、微信、人人网，越来越多的知识网络合理化利用如雨后春笋般发展起来。

一、从线上走向线下的网络化力量

知识网络平台的繁荣，让越来越多的创意人才选择通过社交类知识网络平台（Social Networking Platform）发表创作、想法并上传作品，同时因为共同的爱好参加各类线上线下活动，这些互动不仅可以让好友之间时常保持联系，而且让创意人才认识更多的陌生创意人，拓展社交关系。但是，单纯的线上知识互动已经无法满足创意人才的需求，越来越多的知识网络平台推出了基于线下活动的应用，如 Facebook Events、LinkedIn Events、Meetup、新浪的微活动和豆瓣同城活动等。这些应用和服务不仅让创意人长期保持现有的线上知识互动关系，还为创意人才提供真实线下交互。诸如，成立于 2005 年的知识网络平台——豆瓣，发展到今天已经成为集图书、电影、音乐唱片、评论和创意比拼，以及城市独特的文化创意生活的交流知识平台。44 天内 6545 个活动，近 10 万参与创意个人以及部分创意个人的人际关系，最多的知识交流类活动主要是讲座、音乐和聚会，且知识交流活动持续时间一般在 10 天以内。同时，O2O 模式（Online to Offline，线上到线下）打通了传统的实体与虚拟知识网络交往方式，让线上与线下的"微力量"集结，成为知识网络平台理性回归的重要标志，在生活的细微之处都闪烁其熠熠光芒。2015 年 2 月，苏州一位医生因一时疏忽，配错药量，报警求助后，警方通过人口、计生、公安"知识网络平台"等多个系统查找无果。为尽快找到该孩子，一时间，这则消息在苏州的大街小巷、微信微博等网络空间里快速传播，参与者众多。在"碎片化"网络上，素昧平生的人共同实现着一个目标——这个孩子在哪里？当然，事情的结局是可喜的，因母亲的觉察，孩子并未食用药物，但通过这一小小的事件传递出的却是知识网络平台的合理化应用——它已经成为经济社会、市民生活中整合优势信息资源的重要渠道。

二、知识网络平台的理性演化模式

通过对知识网络各个阶段的分析，以及对创意人互动的认识，可以看出，知识网络平台是一个时空交错的创意博弈场，创意主体也是社会生活的主体，他们根据生活客体的发展变化进行创意表达。随着互联网技术的发展，知识网络化的形成过程越趋错综复杂、牵涉的相关方更加多元，涉及民生、政策甚至国际关系等各种问题。期间伴随着创意主体的博弈与融合，充斥着理性与非理性的言论，直至形成既定知识观点。因此，知识网络平台形成过程可以简要概括为：创意焦点—创意扩散—创意制衡—创意升级。

创意焦点，是创意作品扩散的潜伏期，创意作品基本已经形成，通过互联网、个人社交网站或是传统媒体等知识网络平台披露，但收获的关注度并不广泛，属于汇聚人们目光的阶段，也可以称为创意推广的预备期。之所以称为焦点，是各个知识网络平台通过转载和讨论，使创意作品初步具备成为焦点的潜力和特征，并以初步成熟创意作品的形式潜伏在知识网络中。知识网络为创意提供公众广泛关注的平台，在自由互动的知识网络中不断聚集关注度，创意互动活跃指数上升，初步形成就某一创意的新的讨论空间，引领该创意成为知识网络内的焦点创意。

创意扩散，是创意从潜孵化向显性作品过渡的重要阶段，更加强势权威的知识网络平台介入（或再介入），形成各层次知识网络的共振，创意传播呈现雪崩式的速度、广度和力度，并迅速引起广泛关注，形成网状辩论、空前多元的态势。在这一演化阶段，针对创意焦点展开激烈讨论，形成各方多元观点，属于观点采纳的冲突期。当然，在这一阶段也容易形成创意思维的滥用，滋生误导性知识，或形成相关失范问题，如不能及时应对，将会导致创意夭折于襁褓中，甚至形成非理性的创意。所以，在这一阶段，要紧密跟踪创意的发展态势，知识网络平台的基本观点态度，与各层次知识网络积极配合，全面、翔实、客观地形成良性的创意成果。

创意制衡，这一阶段属于创意从草根上升精英知识文化的过程，表现为草根与精英创意阶层的互动、博弈，创意知识认识更加清晰，创意态度趋于稳定。这一阶段，创意知识由下至上，由表及里，不断提炼、深层挖掘，将创意的影响不断放大，形成宽广范围内的创意关注场域。这一阶段更需要各创意力量的整合和优势互补。

创意升级，这一阶段是旧创意广泛应用并理性沉淀形成新创意升级的时期。旧创意已经得到相应的社会响应，并成为文化发展中的一部分，从流行关注到习以为常，关注点逐渐分散，直到新的创意焦点再次产生。由此可知，知识网络平台的演化是一个错综复杂的过程，创意知识在其中从无到有，从焦点到习惯，循环更迭，为创意产业的发展提供强有力的源泉。

第九章

文化创意企业知识网络建设的实践策略

文化创意企业的知识网络构建主要围绕知识传播、知识生产、知识应用构成特定的联结机制，是创意知识创新活动形成的各种正式和非正式合作关系的总体结构，主要构成创意知识传播网络、创意知识生产网络、创意知识应用网络三网互动融合的结果，具体表现为高流动性下的持续互动创新策略。

第一节
创意知识传播网络的建设实践

文化创意企业的知识具体分为显性知识和隐性知识，显性知识表现为已完成的文化创意作品，如时装秀、画展、影视剧作品等，而隐性知识是文化产品的来源，主要存在于创意人员的头脑中，创意人才及其隐性知识构成了创意知识网络管理的关键，如何将文化创意人才头脑中的隐性知识转化为具有艺术价值的文化作品，是创意知识网络建设的核心使命。

知识本身难以测量，文化创意知识更要求其抽象的感情表达，因此，创意知识网络对隐性知识的传播效率与效果，是文化创意企业知识网络建设的难题。有研究将社会网络与知识网络相联系，将创意人才及其头脑中的隐性知识看作知识传播网络的节点，将创意人才之间的开放交流看作连线，从而形成了文化创意企业的知识网络。总的来说，文化创意知识网络可分为正式知识网络（以显性知识的展示传播为载体）和非正式知识网络（以隐性知识的开放交流为内容）。

一、正式知识传播网络的构建路径

正式知识网络是指创意企业为了实现文化产品的广泛交流与销售，通过正式的传播渠道、明确的知识产权归属契约以及固定成员及组织之间形成的相互合作关系而构成的传播网络，正式的知识传播网络大致可分为横向与纵向的传播体系。文化创意产品的正式知识横向传播体系主要包括：①杂志，如服装传播领域的《VOGUE》，摄影作品传播领域的《旅行摄影》，电影作品传播领域的《香港电影》。这一传统纸质传播平台将文化产品栩栩如生地再现，形成专业领域人才竞相阅读并积极投稿展示的重要网络。②互联网，互联网作为新媒体的策源地，目前已深入到文化创意产业的各个领域。在第18届上海国际电影节的论坛上，有记者甚至认为，"互联网+"成为绝对的主角。的确，随着技术的发展，互联网已经成为文化产品传播最重要的平台，文化产品消费者不仅可以通过互联网了解感兴趣文化产品的相关信息，更可以在互联网上直接观看影片，如Youku、乐视，也可以在互联网平台上预订购买文化产品，如格瓦拉订票生活网，携程、途牛旅游网等。③电视电影，电视电影作为最主要的传统媒介形式，在消费影视剧作品的同时也是各种文化产品展示交流的渠道，如影视剧音乐、影视服装、影视道具等都传播了文化信号，构成了文化知识的正式传播网络。④其他传播渠道，话剧、音乐剧、报纸、海报宣传等都可以构成文化产品的正式知识传播网络。无论是杂志、互联网还是电视电影与报纸，它们相互融合、互为依托，特别是互联网基本上可以与其他任何平台互通，构成正式文化作品的传播网络。许多文化创意人才都可通过正式的知识传播网络，实现创作文化产品的价值，并形成相互学习的重要渠道。另外，文化创意产品的正式知识纵向传播体系主要表现为文化产品消费者之间的消费推荐以及事后评价，这个推荐与评价将通过互动平台传播影响文化创意人才的创作理念和再创作灵感，甚至继续发展的方向。而这一纵向传播形式也构建了正式知识传播网络向非正式知识传播网络发展的方向。

二、非正式知识传播网络的构建路径

非正式知识网络突破了正式知识网络的界限，将创意人才的工作与生活相结合，通过工会、兴趣班、读书会和虚拟社区等形式，形成共同的行为准则和惯

图 9-1 VOGUE   图 9-2 旅行摄影   图 9-3 香港电影

例，隐性知识的传播更多地存在于非正式的知识传播网络中，也是形成文化创意创新的重要源泉。非正式知识传播网络的特点相较于正式网络，没有固定的传播渠道和平台，也没有清晰的知识产权契约，结构松散，形式多样，不易管理。Krackhardt 将正式网络比作生命体的骨骼，而将非正式网络比作生命体的神经系统，由于非正式网络是各文化创意人才因为业务、兴趣和目标相近而自主形成的团体，其成员在团体内分享知识及交流情感，因此，非正式网络实质上是社会网络的外显形式。所以，社会网络是非正式知识传播网络的实质内容，在实践中，社会网络的构建具有较大的随机性。而大量的文化创意人才正是在随机社会网络交往中，通过对创意灵感的捕捉，通过不同的创意禀赋以及各类文化创意产业资源的积累，以完成将机会转化为现实价值并尽可能减少机会损失的创作过程。姜鑫（2012）认为，非正式网络具备跨功能性、背景相似性、良好沟通性等特征，决定了非正式网络具有良好的知识传播功能，是正式网络的重要补充，在文化创意产业领域甚至经常超越正式网络，成为知识传播的主要平台。

利用社会网络理论的解释，如果将每一文化创意人才或组织看作一个节点，节点之间的线段代表他们之间的关系（见图 9-4），非正式知识传播网络的最大获利者便是位于社会网络中心位置的个人或组织，图 9-4 中表现为节点 15 或者 16 的位置，社会网络将其称为占据结构洞位置，即在非正式知识网络中能够直接联系的节点最多，起着知识传播扩散的桥梁作用，在实践中表现为各类非正式组织（社团、读书会、论坛……）的组织者和召集人。与正式知识网络构建路径的结构一样，非正式知识网络的构建也要依赖于横向与纵向网络的齐头并进。

非正式知识传播横向网络是基于社会网络横向扩散传播的结构特点，一般将

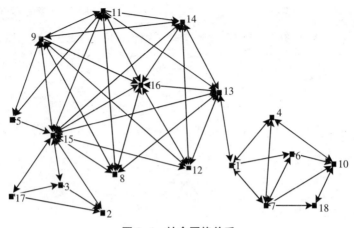

图 9-4　社会网络关系

具有相同生活经历、相互关联专业特长的创意人才联系在一起。因此，横向网络可进一步理解为，基于创意创新需求，各创意人才、创意组织社团、艺术高校等组织在平等自愿基础上联结而成的网络。在横向网络平台上，各主体具有相同的地位和权利，在互利互惠的基础上自愿交流，形成知识的传播。如中国传媒大学与广州动漫企业展开了长期广泛的合作，类似的还有上海文广新闻传媒集团与上海外国语大学共同筹办的上海电视台外语频道（ICS）。除了校企合作以外，还有创意人才自办的联盟组织和动态项目联盟。文化创意产业多以项目为单位，为了项目临时组建，实现作品创作之后就解散，之后又形成新的项目单位。这种灵活动态的临时项目联盟，使企业的知识传播网络更为丰富和多变，也更能适应市场的需求和社会的发展。总之，非正式知识传播体现了创意主体基于创作需求的互动。正是创作需求使创意主体努力寻求资源的整合，促成创意主体互动增强，进而在平等自愿原则基础上构建起横向知识传播网络。

　　另外，非正式知识传播纵向网络即垂直传播网络，指政企的互动关系——政府及相关部门运用科层组织的权威自上而下推动建立创意传播网络，其目标在于整合文化创意产业发展各个阶段的资源，进而最大限度地为提高创意组织的创作能力服务。在中国，文化产业的兴起最初是依靠政府自上而下的推动，打通各个核心环节而构建的纵向知识传播网络。自中共十七大以来，文化部连同财政部、税务总局、海关总署、银行及保险业就支持文化创意产业发展的指导意见就多达20 个，对支持文化创意产业发展的贷款政策、进出口指导意见以及文化产权交易管理等事项作了规范，以此促进建立和完善以文化创意企业为主体、市场为导向、产学研相结合的创意知识传播体系，以最大程度支持我国文化创意产业的爆发式发展。非正式知识传播纵向网络其实质是政府借助制度安排加强创意的顶层设计和统筹协调，从而构建起企业、联盟社团、区域创意网络到国家经济升级体系的宏大框架。在这一框架的庇护下，企业往往能够快速有效提高自身的创意能力。

三、虚拟空间知识传播网络的构建路径

根据纵向垂直整合价值链分析，进入创新驱动阶段，文化创意产业的知识传播网络实质是一个汇聚分散创意并使其产业化的庞大平台，即以汇聚创意为核心，突破时间和空间的限制将闲散且抽象的创意转换成具有高度经济价值和社会价值的产品，并在市场机制和高科技的支撑下实现扩散渗透效应，从而实现经济价值。

在传统经济增长模式中，创意产业价值创造的过程仍然离不开传统的生产制造与市场营销等环节，继续遵循创意专家生产创意、创意产品的产生、创意产品的营销、创意产品的市场推广和创意消费者的交换消费五个基本的横向环节。进入虚拟空间创新驱动阶段，创意产业重新整合了价值创造的全过程，价值链的供求关系发生了根本性的变化，由需方驱动，形成了基于社会化网络市场的新的商业模式和新的人类交往方式，遵循创意型用户创意生成、社会化网络创意市场的形成、创意企业采纳、创意产品升级、创意产品交换、消费者再次创意生成这一可持续的创新循环系统，如图9-5所示。

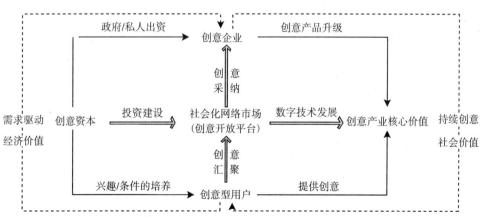

图9-5 社会化网络市场的创意产业价值创造模型

在创新驱动阶段，用户是创意价值创造的出发点和归属点，在互动的过程中满足用户的交流需求、文化需求，实现文化创意产业的价值创造。"用户就是上帝"在创意产业中得到完美的展现，消费者不再是创意产品的被动接受者，而是始终指挥着整个价值创造的系统，消费者的概念被创意型用户伙伴所代替。

当然，虚拟空间知识传播网络的构建发展过程中，离不开技术进步的推动，尤其是伴随信息化过程的电信、电视、出版业的融合为创意产业的发展提供了全新的组织环境。处于不同文化背景中的创意型用户可以根据自身的兴趣爱好和技术条件选择适合的切入点进入社会化网络市场，提供创意思想与文化内涵，这种创意行为往往带有浓厚的趣味性和非理性的含义。知识传播网络作为一个创意开放平台，每位参与其中的用户文化、知识以及个人的选择都是创新系统的组成部分。为了充分发挥知识传播网络的创新效率，其间的用户文化、知识和每次选择都应被收集、汇聚，并重新整合为众多类似的价值活动，形成专门化、以提升用户价值为目标的虚拟创意产业集聚区。集聚区的形成是创意企业产品升级创新的智囊库，也是创意产品交换消费的重要市场。通过虚拟空间知识传播网络的有效应用，创意企业与创意型用户之间形成创新循环系统，创意企业为创意型用户提供持续再创意的动力，并通过再创意的过程实现用户的社会价值，反之，创意型用户的需求驱动促使创意企业优化升级，实现其经济价值。

基于虚拟空间的知识传播网络构建，其核心特征是鼓励个人创造力的无穷释放，充分发挥个人想象力以创造新的产品和新的市场。信息技术与数字媒体的发展冲破了传统资源的硬约束，在这个虚拟空间中，随时的互联互通使个人创造力无穷释放，将创新的过程大大缩短，使创意产业的价值创造效率大幅提高。

在虚拟空间中，文化创意企业的知识价值实现过程与虚拟平台中个人创意息息相关。个人创意包含个体的隐性和显性的想法及创作。根据个人创意爱好的不同切入点，虚拟空间提供群组服务，使有共同爱好的创意用户形成虚拟创意集聚区，如在网络上经常出现的考研 QQ 群或是魔兽世界的论坛等形式都是集聚区的初级体现。在创意集聚区中，大多数个人创意经常存在于大脑中而显得不清晰，但部分创意在社会化网络所提供的创作服务环境中，可以外化成文字、图片、照片、视频等形式，容易在虚拟平台中被检索、组织、交流及借鉴参考并最终形成相互影响，使创意在传播的过程中上升为有效性创意，从而为创意企业所采纳并再次刺激新的创意的产生。图 9-6 表示社会化网络市场中用户创意的构成及扩散路径。

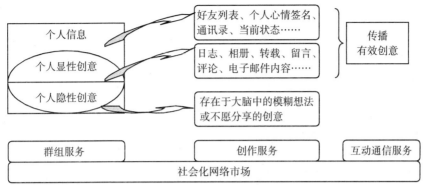

图 9-6　用户创意的构成及扩散路径分析

基于虚拟空间的知识传播网络，以社会化网络市场的群组、创作、互动通信数字技术服务为基础，受益于社会差异化、多样化带来的创新潜力，将创意创造的工作面向大众，让个体利用智慧及爱好生成创意，是个体的行为。当前，用户的需求正在走向多样化，特别是创意产业长期以来需求的不确定性、多样性、易变性，对创意企业的创新能力提出了相当高的要求，同时也为基于社会化网络的创意生成提供了市场条件。

虚拟空间所提供的服务，使文化创意企业的发展从经济增长驱动阶段逐渐步入创新驱动阶段，创意产业作为整个社会经济发展创新系统的原动力，对社会经济结构转型具有重要意义。社会化网络中"分享创意"的行为使创意产业的供求关系发生了根本性的变化，需方驱动将形成持续的创新循环系统。创意用户的创意和趣味工作的过程逐步走向规范化，经济价值与社会价值的实现路径变得更加清晰，未来，产品创新的过程将是创意型用户与创意企业共同创造的时代。

四、城市空间知识传播网络的构建路径

在文化创意企业发展壮大的征程中，城市空间作为现代文明的主要形态，成为分析现代社会文化知识传播网络的重要手段。各处兴起的以自由开放为目的的自贸区、区域经济一体化等，都是知识传播网络构建的重要手段。法国社会学家布尔迪厄在《区分》一书中强调了文化空间与社会空间的结构同源性。当代城市空间理论大师爱德华·索亚认为，人类是空间性的存在者，总是忙于进行空间与场所、疆域与区域、环境和居所的生产，人类主体自身就是一种独特的空间性单元。人类的空间性则是人类动机和环境或语境构成的产物。因此，知识网络构建过程中，起着极为重要作用的因素仍然是我们所身处的城市环境。20 世纪八九

十年代，在知识管理运动（Knowledge Movement）的推动下，对城市中以知识为基础的发展（Konwledge-based Development）进行深入研究，提出"知识城市"理念。旨在充分利用和挖掘在城市现有经济、社会、文化资源的基础上，通过鼓励知识培育、技术创新、科学研究和创造力的城市发展战略，将"知识"置于城市规划和经济发展的核心地位，将知识管理和智力资本规划相结合，促进知识传播和创新，并以此提升城市的创造力，从而为城市在未来国际竞争中赢得有利地位。

创意产业从最初提出，就与众多的地理经济学家密不可分，城市空间规划与知识传播一直都是文化创意产业重点关注的领域。纽约、伦敦、东京、巴黎、上海，这五大时尚之都在地理空间上吸引众多的文化创意人才，这本身就值得规划总结出一条知识传播网络的地图。着眼中国，我们可以发现，众多的知名文化创意企业，如英皇集团、时代华纳等，高度积聚于上海、北京和深圳等东部沿海地区，除了地缘上的优势以外，当地知识基础设施的供给情况与文化创意人才的选择息息相关。知识经济时代，以人才和知识为表征的知识资本与社会资本（Intellectual and Social Capital），展示公民社会的民主资本，以价值、行为和公共表达为特征的文化资本（Cultural Capital），以自然资源为主体的环境资本（Environmental Capital），以人力资本和基础设施为特征的技术资本（Technical Capital），以资金和资产为主体的金融资本（Financial Capital）六大资本，已经成为城市综合实力的主要表现形态，也是城市赢得未来竞争主动权的动力源泉。因此，城市空间知识传播网络的构建，正是通过这六大资本的综合运用管理。

第二节
创意知识传播网络构建的影响因素分析

正式与非正式知识传播网络的构建路径都可以从横向与纵向的网络结构入手进行分析，横纵向的网络结构下，知识传播的效果会受到较多因素的影响。David Denyer 认为，研究较少考虑网络个体特征对网络结构、知识传播效果的影响。因为网络个体间的竞争性，创新合作被认为只发生在纵向关系的企业间，横向企业间的知识共享由于加剧核心知识被学习和模范的风险而几乎不存在。然而，横向企业间的知识共享却有着独到的优势：企业间差异较小，创意知识传播效率较高；创意成果可学习借鉴的程度较高，可加快学习者的创意速度。实践中，网络个体间的关系特征往往比知识网络的结构更加影响网络内知识传播的效果。在创意产业集聚区中，为什么有许多文化创意企业空间距离大大缩短，具有知识传播尤其是知识外溢的相对优势，但实践中却联系松散，很少进行知识的学习交流；相反，在自发形成的行业伙伴网络（Industry Peer Networks，IPN）中，虽然创意企业间空间距离较远，知识传播成本也较高，但却保持密切联系，并通过多种方式充分共享各自的核心知识，对企业、创意人才乃至整个行业的发展都起到了积极的促进作用。因此，在竞争市场中形成的知识网络不会自然形成高密度的连接结构，它会因为多种因素的影响而失灵，诸如文化创意知识的传播成本、估值难度以及管理机制等。为此，有必要对创意知识传播网络的影响因素及方式进行研究，实现文化创意企业之间的若干传播优势。

企业知识理论（The Knowledge-Based Theory of the Firm）认为，企业的异质性源于各自拥有知识的差异性。文化创意企业是知识密集型企业，其资产主要以无形资产为主，其核心竞争力来自于创意知识的生产以及差异化知识的创造。而核心知识体系的形成过程主要是通过创意组织的逐渐积累形成自身特有的知识和能力的过程，其形成具有很强的路径依赖性，最终构成文化创意企业的核心知识产权。核心知识类别，也就是知识产权类别相同的企业相互进行知识传播，主要是提高各自的核心知识体系深度，构成核心知识产权的竞争力，进而获得市场竞争力。核心知识类别不同的企业相互进行知识传播时，主要是提高各自的核心知识体系宽度，形成生态系统的竞争力，有利于企业适应能力的增强。同理，可以认为文化创意企业的横向知识传播网络是属于同类核心知识体系组织间的竞争性合作，在交流合作的实践中会受到知识产权竞争损失的影响，而纵向知识传播网络属于不同类别核心知识体系组织间的合作，在交流合作的实践中，无形资产的风险评估成为其合作与否的关键所在。

一、知识网络构建中的知识产权保护

知识产权保护机制的创新是文化创意产业知识网络构建的灵魂，知识产权保护是文化创意产业产生和存在的基础。在过去的 10 余年，我国大力鼓励引导文化创意产业的发展，兴建了基于地理集聚的创意产业园区，并相继出台了大量有关扶持文化创意产业发展的财政、税收、融资等方面的政策法规。文化创意产业发展效果显著，但问题同样突出——创意产业园区并没有展现出运用地理邻近而刺激创意创新的互动行为，其关键在于文化创意企业都担心导致知识产权竞争损失。因此，涉及文化创意产业知识产权创新激励和保护方面的政策缺失问题显得尤为突出。诚然，任何国家、产业的自主知识产权创新都是建立在借鉴他人成果的基础上，从日本、韩国到中国台湾、新加坡的文化创意产业创新崛起之路，都是通过期初的模仿，进而实现自主创新的成功范例。社会的经济转型之路被各个国家证明，正是沿着模仿（Imitation）—创新（Innovation）—发明（Lnvention）的循环路径而不断实现的。当下,中国的文化创意产业知识产权创新应该是既包括原创发明，也存在模仿创新的多样化创意实践环境。

将知识产权作为一种重要的企业运营资产已经成为一种共识，对于文化创意企业而言，知识产权资产，即无形资产更是其企业核心竞争力的来源。然而，与西方发达国家相比，中国的知识产权意识仍然较为薄弱；在知识产权上经常受到发达国家的排挤和打压。这主要体现为中国企业在知识产权产品的国际贸易中常因技术壁垒而受到限制，或者遭遇知识产权侵权纠纷，抑或是被其他国家侵犯，抢注其知识产权资产，损失惨重。知识网络构建的进程中，经常会涉及委托与合作共创的文化创意成果财产权利的归属保护问题。我国的《著作权法》、《计算机软件保护条例》等相关知识产权法律法规中都对委托作品、合作作品、综合作品的财产权做出了明确规定。在文化创意企业的知识网络建设中，知识产权保护机制应充分利用相关的法律法规作为其保护机制。

（一）委托创作作品

委托作品与职务作品及法人作品性质不同。职务作品及法人作品要求作者与法人或者其他组织之间有职务关系。委托作品不但可以存在于任何民事主体之间，包括创意人才与创意人才、创意企业（法人或者其他创意组织）与创意人才或创意组织与组织之间，并且委托作品的认定不限制当事人之间存在任何民事关系。即使当事人双方有职务关系也不妨通过合同形成委托创作。

在权利归属上，职务作品及法人作品强调依照法律规定分配包括署名权、优先使用权和报酬请求权在内的所有著作权内容。而委托作品的著作权归属首先取决于当事人的合同约定。唯有双方没有约定或约定不明的情况下才适用相关法定。

《著作权法》第 17 条规定，"受委托创作的作品，著作权的归属由委托人和受托人通过合同约定。合同未作明确约定或者没有订立合同的，著作权属于受托人"。《计算机软件保护条例》第 11 条也规定，"接受他人委托开发的软件，其著作权的归属由委托人与受委托人签订书面合同约定；无书面合同或者合同未作明确约定的，其著作权由受托人享有"。该条例第12条规定，由国家机关下达任务开发的软件，著作权的归属与行使由项目任务书或者合同规定；项目任务书或者合同中未作明确规定的，软件著作权由接受任务的法人或者其他组织享有。因此，根据相关法律法规不难发现，在文化创意作品的著作权没有明确约定的情况下，委托作品著作权属于受委托方。

（二）合作创意作品

关于合作作品著作权的归属。《著作权法》第13条第1款规定："两人以上合作创作的作品，著作权由合作作者共同享有。没有参加创作的人，不能成为合作作者。"《计算机软件保护条例》第10条规定，由两个以上的自然人、法人或者其他组织合作开发的软件，其著作权的归属由合作开发者签订书面合同约定。无书面合同或者合同未作明确约定，合作开发的软件可以分割使用的，开发者对各自开发的部分可以单独享有著作权……合作开发的软件不能分割使用的，其著作权由各合作开发者共同享有。《著作权法实施条例》第3条规定，"创作"是指直接产生文学、艺术和科学作品的智力活动，"为他人创作进行组织工作，提供咨询意见、物质条件，或者进行其他辅助工作，均不视为创作"。据此，无论对一般作品还是计算机软件开发，只有为作品完成做出创作性贡献的人才才可以成为合作作者，享有共有著作权。

关于合作作品著作权的行使。《著作权法》第13条第2款规定："合作作品可以分割使用的，作者对各自创作的部分可以单独享有著作权，但行使著作权时不得侵犯合作作品整体的著作权。"《著作权法实施条例》第9条规定："合作作品不可以分割使用的，其著作权由各合作作者共同享有，通过协商一致行使；不能协商一致，又无正当理由的，任何一方不得阻止他方行使除转让以外的其他权利，但是，所得收益应当合理分配给所有合作作者。"另外，《计算机软件保护条例》第10条规定："无书面合同或者合同未作明确约定，合作开发的软件可以分割使用的，开发者对各自开发的部分可以单独享有著作权；但是，行使著作权时，不得扩展到合作开发的软件整体的著作权。合作开发的软件不能分割时用的，其著作权由合作开发者共同享有，通过协商一致行使；不能协商一致，又无正当理由的，任何一方不得阻止他方行使除转让权以外的其他权利，但是所得收益应当合理分配给所有合作开发者。"

（三）综合创意作品

有许多创意作品是一系列创意作品的组合。例如，词作品和曲作品共同构成了一首完整的歌曲。而影视作品则是剧本、词曲、舞美等更多创意元素的自然结合，一部影视作品往往包括一系列不同主体享有的多个著作权。《著作权法》第15条规定："电影作品和以类似摄制电影的方法创作的作品的著作权由制片者享有，但编剧、导演、摄影、作词、作曲等作者享有署名权，并有权按照与制片者签订的合同获得报酬。电影作品和以类似摄制电影的方法创作的作品中的剧本、音乐等可以单独使用的作品的作者有权单独行使其著作权。"因此，影视作品的整体著作权属于制片者，其权利义务由制片者单独承担。在影视作品著作权整体行使时，导演、编剧、作词、作曲、摄影等作者只享有署名权。但对于影视作品中可以独立使用的作品，例如词、曲与剧本，该作品作者则可以单独行使独立著作权。除了影视作品以外，整体著作权和局部作品独立著作权的综合作品还有很多形式，例如，晚会等综艺节目，需要独立的导演、摄像、舞美设计等共同创作。综艺节目作为整体，著作权由节目组织者享有，但组成综艺节目的各个独立节目，如相声、舞蹈、小品、歌曲等独立作品的著作权则由相应作者独立享有并独立行使。值得一提的是，在知识产权保护中，整体作品著作权与独立作品著作权相互不冲突，是相互并存的关系。例如，电影作品虽然包含主题歌，但电影光碟的发行者只需取得制片者授权即可，无须再征得词曲作者同意。同理，词曲作者亦无须制片者授权即单独发行唱片。

（四）二次创作作品

随着技术的革新、社会文化元素的多样化，对传统经典文化创意作品的翻新演绎成为流行，如《泰坦尼克号》3D版,《还珠格格》续集……因此，在原有智力成果基础上产生新成果和新的知识产权，原则上再开发者应享有二次开发智力成果的知识产权，但新知识产权以原智力成果作为开发基础，原权利与新权利在行使上必然产生冲突，协调两项知识产权的关系，成为知识网络构建中知识产权保护的重点。

对原作品进行改编、翻译、注释、整理和特效汇编产生的新作品称为演绎作品，或者派生作品。演绎是文化创意产业不断衍生新产品，不断开发新市场的重要手段。一部图书可以从文字作品衍生成动漫，又可以从动漫衍生到影视剧、舞台剧，从单幕剧衍生成系列剧，再可以从音像作品衍生到网络游戏甚至对衍生商品的特许经营等周边产品，把握再创作作品著作权的归属事关文化创意企业的根本利益。《著作权法》第10条明确将对作品改编、翻译、注释、整理和汇编的权利赋予著作权人。同时《著作权法》第12条和第14条分别规定，改编、翻译、注释、整理和汇编已有作品而产生的作品，其著作权由改编、翻译、注释、整理和汇编人享有，但行使著作权时不得侵犯原作品的著作权。根据以上规定，虽然再创作作品著作权归属再创作者，但对已有作品进行演绎须取得已有作品著作权人的同意，且对新作品著作权的行使不得侵犯原作品的著作权。《著作权法》第 34 条、第 36 条和第 39 条分别规定，出版者、表演者以及录音录像制作者，出版、表演及使用改编、翻译、注释、整理、汇编已有作品而产生的作品，应当同时取得已有作品和演绎作品著作权人许可，并支付报酬。这两条规定进一步保护原作品著作权人通过许可使用演绎作品获得收益的权利。同时，《著作权法》第 37 和第 41 条还规定，被表演或录音录像的作品的著作权人，可以从表演者权和录音录像制作者权的行使中获益。

二、知识网络构建中"互联网+"的促进

随着中国互联网技术的飞速发展，数字媒体的应用越来越得到大众的追捧，网络已经俨然成为人们生活和工作中重要的一部分。尤其近年来社会化网络在激烈竞争中迅速崛起，国内的微博、微信和国外的 Facebook、Twitter 等社会化网络都积累了大量的用户群，形成了一个庞大的社会化网络市场。利用这个虚拟市场，人们突破了时间和空间的束缚，建立了彼此之间的互动关系，构筑了一个基于互联网平台的创意集聚空间。文化创意企业知识价值创造的过程打破了地域集聚的陈规，全面改变创意人才的集聚方式，打造了无界域国际化的虚拟创意知识网络，未来的创意产业价值创造的崭新模式将是建设一个迅速顺畅交换传播的数字化网上市场和一个数字化的交易平台，"虚拟创意产业集聚区"和"文化创意信息数字交易港"将在这个虚拟的平台上孕育而生。

前期，社会化网络的实践应用多集中于运营模式、产品推荐与病毒式营销（Viral Marketing）等方面。而现在，将社会化网络的实践应用于文化创意产业知识价值创造的全过程，利用这一虚拟市场，将闲散的智慧和人才聚集，形成"虚拟创意产业集聚区"，其核心是数字化"微创意"产品的扩散与商品化，是数字化时代的创意产业价值创造过程。

2015 年，"互联网+"一词首次出现在政府工作报告中，无疑让互联网这一虚拟平台的重要性进一步凸显，互联网产业本身就是文化创意产业非常重要的部分，同时也是促进其他文化创意产业繁荣发展的强心针。"互联网思维"已经成为文化创意企业知识网络构建实践中最重要的思维能力。互联网、大数据、云计

算、物联网与人工智能都可以在知识网络构建的融合创新路径中得到充分运用。

诚然，搭载于"互联网+"平台上的社会化网络（Social Networking，SN）早已有研究，它起源于美国著名社会心理学家米尔格伦（Stanley Milgram）于20世纪60年代提出的六度分隔理论，是指个人之间的关系网络。按此理论，若平均每个人至少和社会中的25个人有联系，每个个体的社交圈就都能不断放大，最后形成一个大型网络，这就是社会化网络。

放在互联网的环境中，用户通过Blog、Wiki、E-mail、Wechat等方式联系在一起，也就形成了一个基于虚拟平台的真实社会化网络（Social Network Service，SNS）。对于虚拟平台上社会化网络的运用是对生活方式的一种开拓性创新，在全球开始流行应用始于2005年，公司管理层以及学术研究者对于"社会化网络"的应用还没有准确的定义。Kaplan（2010）基于社会化网络的社会临场感/媒介丰富度和互动过程中用户的自我表现/自我揭露的深度两个维度将社会化网络具体划分为创意项目合作、博客、创意内容分享、社交网站、虚拟游戏和虚拟社会，将虚拟平台的社会化网络应用进行了较为清晰的分类（见表9-1）。而将互联网上社会化网络应用联系贯穿起来，就形成了一个基于虚拟平台的巨大知识网络。

表 9-1　互联网社会化网络应用分类

		社会临场感/媒介丰富度		
		低	中	高
自我表现/自我揭露	高	博客/微博	社交网站 （如人人网、Facebook）	微信/虚拟社会 （如开心网、Second Life）
	低	创意项目合作 （如维基百科、威客）	创意内容分享 （如优酷、YouTube）	虚拟游戏 （如魔兽世界）

注：根据中国的具体情况稍作改动。

社会化网络的应用作为一种新的生活方式形成，是由技术、文化等各方面的相关因素协调、影响而最终形成的，是主客观条件都成熟之后的产物。后现代意义上的消费主义文化产生于西欧，在19世纪末开始扩散到全球各地，以符号化、"去中心化"为主要特征。《消费社会》的作者让·波德里亚等认为消费社会的首要特征就是符号化消费。我国学者陈昕认为，在消费社会中，"人们所消费的，不是商品和服务的使用价值，而是它们的符号象征意义"。消费文化所形成的符号消费特征正是个性化"微创意"需求产生的前提，也是社会化网络应用得以盛行的文化基础。文化创意的生产从某种角度看，是对于个性化的思想、情感用某种鲜明的符号方式予以表达的过程。

"去中心化"是后现代主义文化的重要观点和表现，也是目前流行的消费文化的主要特征。它是对传统一元论的否定，从追求同一性、确定性、整体化转变为追求差异性、不确定性和多元化。社交网络正是后现代"去中心化"、碎片化哲学在创意产业中的体现。用户之间交流互动的各种"微创意"标志着社会化网络市场已进入创意需求个性化、多元化、差异化的"后创意"时代。社会化网络的最大特质是每个人都是"微内容"的生产者。网络用户上传到网上的任何数据，甚至每一次支持或反对的点击，都将成为互联网上的微内容。正是由于用户对互联网内容的广泛与深度参与，使创意产业价值创造的权利由原来的创意专业人士转变为普通大众，由此赋予了社会化网络超出技术进步之外的更为深刻的社会意义。

社会化网络这一模式是对于传统创意产业在互联网上的延伸，重树了创意产业的意义，很多创意产业的新兴业态就发生在社会化网络这一虚拟平台上。社会化网络市场通过汇聚民间智慧，向全球提供带有草根性质的文化创意服务。

传统创意产业经常被认为是高贵的奢侈品，而社会化网络的出现使广大平民成为创意的主角，支配着创意产业价值创造的全过程，其聚集了众多分散、闲置的创意资源并挖掘出其潜在的巨大效能，使理想的价值共创（Co-creation）、用户创造内容（User Generated Content）、众包（Crowdsourcing）等模式逐渐成为知识网络的构建路径。

三、知识网络构建中的信用评价

信用评估又称资信评级（Credit Rating）、信用评级，是在市场经济信用关系下产生的，由专门从事信用评级的独立机构，运用科学合理的指标体系，采用定性分析和定量分析结合的方法，对企业、金融机构及债券发行者等市场参与主体的信用记录、财务状况、经营水平、外部环境、发展前景及潜在风险等进行科学、公正、客观的研究分析，得出其信用能力的综合评价，并用特定的等级符号标定其信用等级的一种制度。如大家所熟知，商业银行内部在对企业信用评级时，是为了评价银行潜在的贷款风险，为银行的决策活动提供依据。以此类推，创意知识网络构建中，相关创意组织及独立创意人之间的关系构成也建立在彼此的信任之上。国外商业银行非常关注债务人的信用评价，在多年的实践过程中形成一套较为成熟的衡量标准，即大家熟悉的 5C 或 6C 标准：品德（Character）、才能（Capacity）、资本（Capital）、担保品（Collateral）、经营环境（Condition）、事业的连续性（Continuity）。显然，这些标准不完全适用于文化创意组织和创意个人这样轻资产类的经济组织，对于文化创意组织的信用评级应符合其高知识含量，轻实物资产的特征。比如，无形资产价值难以预测，导致无形资产的账面价值与实际价值不吻合，"知识产权"应作为文化创意产业组织的信用评价的重要部分。

借鉴传统信用评价指标体系，可以将文化创意产业组织的信用评价指标大致划分为财务指标与非财务指标两大主要影响因素，另根据银行信贷人员、信用评估工作人员、金融领域专家、创意产业管理人员、高校创意产业研究员的综合意见，可以进一步选取 10 个左右的一级指标，每个一级指标下又有若干个二级指标，共同组成文化创意组织的信用评价指标体系。如表 9-2 所示。

表 9-2　文化创意组织信用评价指标体系

主因素	一级指标	二级指标
财务指标	偿债能力	资产负债率
		流动比率
		速动比率
		利息保障倍数
	盈利能力	总资产报酬率
		销售利润率
		净资产收益率
	经营能力	应收账款周转率
		存货周转率
		总资产周转率
	创新能力	创新研发费用与销售收入比率
		创新人员比率
		新产品销售收入比率
	收益发展能力	销售收入增长率
		利润增长率
非财务指标	创新风险	品牌生命周期
		品牌口碑
		品牌忠诚度
		知识产权
	成长能力	文化前景
		主营业务的发展前景
		新创意开发前景
		企业发展方向

偿债能力，指的是企业资产偿付债务的能力。债务偿还和现金支付的能力，关系到企业的健康生存和发展，债权人、投资人和利益相关者都关注企业的偿债能力。文化创意产业组织的偿债能力是定量分析的重要部分，主要通过衡量长期和短期的财务指标，综合评判企业组织的债务偿还能力和安全性，其主要指标包括财务中的资产负债率、流动比率、速动比率、利息保障倍数。相关指数优良，说明企业的债务风险越低，对知识网络平台构建越有利。

盈利能力，指的是企业的获利能力，是企业内外的相关利益者都关注的问题。利润作为债权人收回本息、投资人获取投资收益的资金来源，集中体现了文化创意产业组织的管理效能和可持续发展的能力，保障了组织设施的不断完善。最终决定文化创意产业组织生存和发展的根本指标，主要由盈利能力来决定。分析企业盈利能力的财务指标有总资产报酬率、销售利润率、净资产收益率。

经营能力，完整的财务分析包括偿债能力、盈利能力和经营能力。经营能力分析的指标通常为应收账款周转率、存货周转率、总资产周转率，通过对这些指标的计算观察，并将其与同行业其他公司对比，投资者可以了解企业资产的运营情况。

创新能力，创新能力是反映文化创意产业组织的核心竞争能力，对企业的可持续发展能力起着关键性作用。文化创意产业组织获得竞争优势的根本在于创新能力，要在激烈的环境中发展，就必须不断进行创造，推出新的喜闻乐见的文化创意产品，抢占有效市场，获取竞争优势。文化创意产业组织的推陈出新是一个复杂的过程，由许多影响因素构成，要想获得持续不断的创新能力，就要不断优化重组所处的创新环境，提高创新人员比率，并保持在一个持续流动更新的过程中，提高销售收入中用于创新研发费用的支出，保证一定数量新产品的问世，并及时获取销售情况的一手数据，做到有的放矢，保持与市场发展趋势同步，并能进一步起到文化引领的作用。所以，量化创新能力的指标可以选取创新研发费用与销售收入比率、创新人员比率和新产品的销售收入比率。收入的增长是文化创意产业组织持续发展的最终衡量指标。

收益发展能力，通过对销售收入增长率和营业利润增长率的考察，可以较全面评估组织的收入增长情况。除了量化的财务指标以外，还应对质化的非财务指标进行考察——创新风险和成长能力。品牌和知识产权的持有是文化创意产业组织降低经营风险的重要保障，市场也更加信赖知名品牌出品的作品，因此，知名品牌可以使文化创意产业组织在知识网络中享受更高的信用评价。同理，拥有更多专利和版权的组织也能够在享受知识的回报中占据优势地位。同时，基于细分行业的组织发展前景预测，也足以成为信用评级的重要组织部分。

四、知识网络构建中的创意管理人员结构机制

对于市场经济中的企业而言，有效的企业管理是企业能够在资本市场中为投资人获利的关键保障，而作为管理层的核心——董事会，又被认为是影响整个企业发展的核心发动机。构成知识网络的文化创意产业组织已经走出了传统文化创意产业重文化意义而轻经济效益的桎梏，现代知识网络内的文化创意产业组织是文化与经济效益并举的组织形式。因此，文化创意产业组织核心管理人员的结构也同样会直接影响到组织的发展以及知识网络的构建路径，甚至是整个知识网络的健康发展。核心管理人员与企业的董事会一样具有强烈的责任意识以保证管理人员的活动有利于企业的持续发展，并为文化创意产业组织制定战略发展方向。核心管理人员对知识网络建构利用的合理高效与否，取决于核心管理层的构成结构。借鉴企业管理学者的研究成果（Cadbury Report，1992；Carver，2010；Gillan，2006；The UK Corporate Governance Code，2010），为了能够更好地组织知识网络，利用知识网络为组织的发展服务，核心管理人员应该每隔一段时间聚集起来针对重要事项进行商议，并监测组织在知识网络中的位置和发展态势，以免创意人才个人的一意孤行而偏离了组织应有的战略发展方向。与此同时，Cadbury Report 的相关研究成果也认为，多元知识背景的成员组成核心管理层有助于组织目标的实现。在创意产业组织的知识网络中，知识的多元使网络内成员能够拓宽既有眼界，获得更多的创作灵感。同时，核心管理层的知识背景多样化也能够使文化创意产业组织更具包容性，更具开放性。另外，代理理论（Agency Theory）、现代管家理论（Stewardship Theory）和资源依赖理论（Resource Dependence Theory）都从不同的视角解释了核心管理层的行为心理和治理结构特征。

代理理论最初是由简森（Jensen）和梅克林（Mecking）提出，其主要涉及企业资源的提供者与资源的使用者之间的契约关系。按照代理理论，经济资源的所有者是委托人，而负责使用以及控制管理资源的经理人员是代理人。根据代理理论，当经理人员本身是企业资源的所有者时，他们拥有企业全部的剩余价值索取权，经理人员会努力为自己而工作，这种环境下不存在代理问题。但是，当代理人与委托人相分离，如通过发行股票方式从外部吸取新的经济资源，管理人员就

有动机去提高在职消费，自我放松并降低工作强度。显然，在理性经济人的前提假设下，企业管理者的行为与之前拥有企业全部股权时有显著差别，这就形成了代理问题，随之而来就是为了解决这一代理问题而产生监督成本、守约成本和剩余损失。而与代理理论相对立的现代管家理论则认为在长期人际关系互动影响下，经营者对自身尊严、信仰以及内在工作满足的追求，会促使其努力工作，做好"管家"。现代管理理论从另一心理需求出发，解释了尽管委托人与代理人相分离，但他们的利益仍是一致的。根据代理理论和现代管家理论，在文化创意产业组织中，受委托的核心创意管理人员同时又是委托人、组织的出资人，这将最大限度地促进文化创意产业组织在知识网络中的利用管理效率，减少无谓的利益冲突。

另外，资源依赖理论认为组织的生存需要从周围环境中吸取资源，需要与周围环境相互依存、相互作用才能达到发展的目的。组织最重要的是生存，为了生存，组织需要资源，而组织自己通常不能完全生产这些资源，因此，必须与它所依赖的环境中的因素互动，这些因素通常包含其他组织。组织生存建立在一个控制它与其他组织关系的能力基础上。以资源依赖理论为基础，文化创意产业组织生存在知识网络中，可以通过知识网络进行资源的相互交换，较高频率的管理层会议不仅有助于减少信息的不对称性，而且有助于保证代理经理人在目标导向下的高效行为。因而，提高知识网络内资源的利用率，以此提高组织的知识网络利用效率。可以总结为：核心管理层会议的频率将与组织的知识利用率正相关。

Pfeffer 和 Salancik 曾提出，核心管理层（董事会）能够为企业带来四个方面的好处：①提供企业管理行为的咨询建议；②联通企业与不确定性环境之间的距离；③提供偏好资源；④相关法务咨询。而这些优势发挥的前提都在于拥有一个活跃而称职的核心管理层。其中，是否引入外界的独立董事尤为重要。之前的安然和世通丑闻，都让企业管理专家学者认为独立董事能够提高企业管理水平和绩效。借此理念，在知识网络构建中，核心管理人员引入外部独立的相关资质专家将有助于提升组织在知识网络中的创意利用率。同时，核心管理层的规模与企业的绩效也是企业管理人员关注的重点。有学者认为大规模的核心管理层将有助于企业绩效的优化，因为它能够为企业带来更多的专家人才，聚集更多的智慧。同样，资源依赖理论学家也认为，越多的核心管理层将越有助于企业应对生存环境条件的不确定性。当然，也有持反对意见的学者，Eisenberg 和 Yermack 认为，大规模的核心管理层将降低企业的运作和决策执行效率，而且核心管理层规模越大，思维的碰撞就越多，越容易形成冲突，最终导致失信、敌对，进而缺乏执行的动力。而对于文化创意产业而言，对新人的开放度、对异质现象的容忍度和对科技的创新性都将决定组织的发展前景，因此，对于文化创意产业组织而言，大规模的创意核心管理人员将意味着组织的开放度、包容度和创新性。综上所述，大规模的核心创意管理层将有助于组织更好地利用知识网络环境。

第三节

创意知识传播网络的产权管理实践

文化创意企业知识网络的核心竞争力在于知识产权的竞争，文化创意行为与知识产权之间的关系是构建文化创意企业知识网络的中心问题。在知识网络形成构建的实践中，创意组织的开放式创意行为与知识产权保护的规制是两项促进文化创意繁荣与可持续发展的关键。本节将围绕知识产权价值管理分析知识网络内的开放式创意的可行性路径进行深入分析。

文化创意产业是技术密集与知识富集的产业，而专利、版权、商业秘密等知识产权是针对这些新技术、新设计、新形式或新思想孕育出来的产权管理机制。一方面，如果没有知识产权，创意产业将面临任意仿制、随意复制的混乱局面，整个行业都将面临生存和发展的危机，没有产权激励、没有利益保障，就没有创意、创新和创造，文化创意企业的知识网络就会成为复制粘贴的专业场，谣言四起的策源地；另一方面，可喜的是，随着我国知识产权战略的实施，文化创意产业的持续推进，极大程度促进了专利申请量的增加。2013 年我国发明专利申请受理量达到 82.5 万件，同比增长 26.3%，连续三年居世界首位。同期，我国发明、实用新型和外观设计三种专利申请的总受理量更是高达 237.7 万件，同比增长 15.9%。这些数据都表明，我国的知识产权管理意识已经得到很大程度的提升，但细看之后发现，专利质量均较低，品牌建设能力不足，知识产权的市场化水平更是有待融合发展，因此，在发挥促进经济发展作用方面，知识产权整合、利用与保护，已经成为提升企业特别是文化创意企业竞争力的重要方式。文化创意企业知识网络内的知识产权具有独特新颖性、高风险性、高增值性、强衍生性、权利复杂性等特点。

一、知识产权风险管理

知识网络是文化创意组织协同创新的生态环境，其中，知识创新的成果通过产权形式加以整合、利用及保护，但同时，知识产权保护的风险也影响着协同创新的合作关系。在协同合作中，知识产权管理是各个创意组织都关注的重要问题，组织通过报名协议、版权等形式进行知识产权的保护。Panico 研究了协同合作的契约治理，为协同创新合作中非经济因素投入的进行提供保障。Van 等也认为，知识网络模式的合作创新过程中的障碍包括文化障碍、制度障碍与执行障碍。根据创意知识网络合作创新的特点，合作创新的知识产权风险可分为产权风险、侵权风险、成果流失风险和成果实施风险。

（一）知识产权归属风险

根据产权理论，产权包括所有权、使用权、收益权与处置权四大权能。合作创新知识产权风险中的产权风险是指因知识产权的所有权、使用权、收益权与处置权的分歧而使创新合作拖延或失败的可能性。具体而言，产权风险包括：

（1）所有权风险。表现为合作各方对合作创新成果的所有权归属产生较大分歧而使合作拖延或失败。

（2）使用权风险。表现为合作各方对合作创新成果的使用权范围产生较大分歧而使合作拖延或失败。

（3）收益权风险。表现为合作各方在合作创新成果的收益分配约定方面产生较大分歧，使合作拖延或失败。

（4）处置权风险。表现为合作各方在合作创新成果的所有权转让的约定方面产生较大的分歧，使合作拖延或失败。

按照阶段性划分，产权风险属于签约阶段风险，主要发生在开展实质性的合作研发活动之前。这种风险一旦发生，将使合作研发前期的签约成本与日俱增，严重时将使合作失效。在创意知识网络合作中，每一参与合作的文化创意组织都希望拥有知识产权的所有权、使用权、收益权和处置权，以享有高收益，但是在知识产权管理的实践中，应以尊重知识、尊重创意能力为出发点，以网络合作利益最大化为原则实施知识产权归属谈判。

（二）侵权风险

（1）故意侵权风险。表现为合作创造的知识产权成果或者合作一方提供的专利技术、技术秘密或商业机密被其他方故意违反约定使用，从而侵犯了合作一方的知识产权，给该方带来风险。另外，故意侵权风险还表现为合作一方故意不按约定的要求提交全部的合作创新知识产权成果或全部背景知识产权技术，从而侵犯了合作其他方应享有的知识产权使用权或所有权，给合作其他方带来风险。

（2）非故意侵权风险。表现为合作创造的知识产权成果或者合作一方提供的背景专利技术、技术秘密或商业机密被其他方无意中违反约定使用，从而侵犯了合作一方的知识产权。这种情况的发生，是合作各方都出于被动的，给各方都带来风险。按照阶段性划分，侵权风险主要发生在合作研发的全过程中，这种风险一旦发生，将会给其中一方或双方带来损失，并使合作关系受损，导致合作失败。

（3）成果流失风险。这一风险应该是知识网络合作创新中最容易出现的知识产权风险，也是知识产权管理应重点关注并解决的情况，主要是指合作创新所产生的版权、技术秘密，包括还未申请保护的创意成果在未经合作各方同意的情况下被泄露给第三方或为公众所知，从而使一些合作方利益受损的风险。按照成果流失的方式，包括以下两种类型的风险：①创意成果未经一致同意而公之于众。这种风险表现为当其中一方需要用技术秘密的方式保护合作创意的成果时，另一方却因价值观念的差异想尽早公开成果，结果会导致合作创新成果在未经双方一致同意下公之于众。②成果因创意人员的流动而流失。创意人员是处于长期流动过程中、富有高度个性的创意个体，也常常只有这样的创意人员才能保证持续的创新能力。创意人员向外流动也会造成合作创意成果流失的风险在知识网络合作中产生，且发生的可能性较大。从阶段性看，知识产权流失风险主要发生在合作创新项目实施的中后期，在阶段性创意成果或最终创意成果被开发完成之后，这种成果流失风险将会导致合作各方投入了巨大的成本与精力的杰作却为他人所得，使预期收益受损。

（4）成果实施风险。因知识网络合作而引发的成果实施风险主要是指因合作一方的原因使成果的实施与收益受到影响，从而使合作各方的知识产权收益受损。成果实施风险可分为三种类型：①不积极实施风险。表现为合作一方不积极实施或不积极配合实施创意成果的市场化。②背景知识产权瑕疵风险。表现为合作一方在合作研发中提供了有权利瑕疵的背景知识产权技术，而合作其他方当时并不知晓或很难识别，使得合作其他方在实施含有该背景的知识产权时，可能造成侵犯第三方知识产权的情况。③敲诈风险。表现为合作成果中使用了合作一方提供的背景知识产权，使得合作其他方在实施该合作创新成果时受到合作一方漫天要价的敲诈威胁。按照阶段性划分，知识产权实施风险主要发生在知识网络合作创新完成之后的成果商业化过程中，这种风险的发生将导致实施合作创新技术成果时，合作伙伴的利益受损，对长期合作关系产生严重影响。

发生知识产权风险的原因可以总结为以下三点：合作各方对创意成果贡献的可评估性；各创意组织相互信任的程度；知识产权保护环境。

首先，知识网络作为开放的合作平台，对创意成果贡献的可评估性较难达到合理状态。例如，合作一方提供了原始的想法，而另一组织提供了基于这一原始想法的调研启动资金和相关文化装备，成果形成以后，很难再对创意贡献程度进行量化，把握主动权优势的一方往往不会有风险，并愿意持续合作下去，然而位于相对劣势的被动方就会形成不平衡感，从而在创意成果的所有、使用、权益与处置分配上存在较大分歧，因而带来较大产权风险。总体而言，对各组织贡献程度的评估应与提供资源的稀缺性相关。

其次，创意知识网络内各组织的相互信任为降低所有权风险提供了基础保障。如果各组织相互信任与理解，保持良好的沟通与坦诚交流，即使创意成果的贡献大小在客观上难以评估，但也可以通过彼此的信任来协商解决产权争议；反之，则会引发产权风险。也正因为如此，知识网络内的创意组织合作很多都发生在家庭成员之间、好朋友之间。

最后，国家营造的知识产权环境，知识产权保护意识的树立对知识网络产权风险管理有重要影响。知识产权司法保护完善，知识网络内的知识产权争议便会减少，就算不具有知识产权所有权的一方，在健全的司法保护下，也会获得相应的经济利益。

二、知识产权价值管理

一个健全的文化创意产业市场包括有效的文化资本市场、透明的文化经理人市场以及一个活跃的并购整合市场。这些市场间的相互协作将实现文化创意市场经济有效配置资源的功能。其中，并购市场的活跃程度是衡量资源配置效率的一个重要指标。应该说，近年来在我国，随着文化创意产业对经济转型发展的重要驱动作用，关于文化创意企业的并购活动可谓异彩纷呈。并购重组是企业实践资本运作的高级形态，也是推动文化创意企业跨越式发展的有效途径。当前，活跃的文化创意企业并购重组，对提高文化创意企业整体实力和竞争力，推动文化产业成为国民经济支柱性产业具有重要意义。通过重组并购，可实现规模经济、增强文化产品市场控制、提高文化产品经营效率、分散经营风险。

知识产权的价值管理可具象化为无形资产的价值评估，也是文化创意产业组织深化合作的关键，更是文化创意产业与金融市场对接的关键。文化创意产业组织的知识产权价值评估特指：对文化产品版权的经济价值进行评估，并以定量的货币价格形式表现这一价值。文化创意产业相关产品的专业性、复杂性以及市场前景的不确定性，使知识产权价值评估成为难题。可以说，文化创意产业的轻资产评估问题已直接影响到了文化创意产业投融资机制的建立。具体讲，从知识产权的表现形式来看，文化创意组织的知识产权价值评估涉及专利权、专有技术、特许权、版权等多项内容，其中又主要以版权价值评估为主要核心，包括商业价值、艺术价值、相关成本、社会价值几部分。每部分的评估都涉及版权本身的专业性、复杂性及市场前景的不确定性。另外，从文化创意产业组织的价值链来看，知识产权的价值管理主要由顾客知识价值、创作流程知识价值、学习提升知识价值和财务绩效知识价值构成。从知识价值链的视角分析，文化创意产业组织作为经济盈利组织，要实现财务获利的价值创造，必须首先实现顾客满意、员工持续学习成长和组织创作流程不断更新的价值。知识产权价值管理不能只重一点，不及其余，应寻求不同价值链之间的平衡。在量化管理时，可为每条价值链制定可量化或可具体评测的衡量指标，并对知识产权价值管理进行评价。这样，对内可以不断反馈在知识来源或知识活动过程中，促进知识不断创新；对外则可与上、中、下游的组织以各自的知识价值输出链形成另一个更庞大的知识价值生态，组织间便得以将知识的价值整合并发挥到最大效益。

知识活动是知识产权价值管理中具有创造性价值的活动，通过对其有效的知识管理给组织带来价值，主要体现在提高创意人员和组织的智商以及组织的反应能力，实现组织内部流程的改进提升及取得直接的经济绩效，这也是研究和衡量文化创意产业组织知识管理绩效评价问题的前提。从知识价值链中知识活动输出的顾客、流程、学习、财务四个方面构建知识管理绩效评价指标，将财务指标与非财务指标结合起来，解决财务指标不能揭示绩效的动因和改善的关键因素的问题，认识到非财务指标是实现财务指标结果的驱动要素。从顾客、流程、学习和财务四个层面对知识产权价值管理绩效进行评价具有的可行性表现为以下几方面：

顾客：文化创意消费者是企业存在的价值，其顾客的知识管理有助于文化创意产业组织更好地了解消费者，也是与其保持长久关系的关键，顾客需求知识、业务知识以及处理与创意顾客之间关系的知识都是增强顾客保留率的知识维度，所以说，顾客知识是文化创意产业组织实施知识产权价值管理战略中外部知识的一个重要来源。以创意消费者为导向，增强组织获取、创造与运用满足消费者需求或者潜在需求的知识与技能，以适应千变万化的市场和多样性需求的顾客，是知识产权价值管理的终极目标。

流程：关键流程是影响创意组织竞争优势或驱动组织价值创造的流程，组织的管理、业务和创作三个流程中的每个流程都有知识部分或者需要利用知识来完成，分析融于其中的知识内容，才能从知识产权价值管理中获得知识，才能真正达到知识产权价值管理创造业务价值的目的。同时，管理、业务、工作流程改造是设计、实施知识管理系统必须涉及的，需要找到组织的核心流程和核心流程中需要的知识。在进行绩效评价时，就是看企业知识能否最大程度解决流程中的问题，提高流程运行效率，提高生产力，比竞争对手更具创新能力。

学习：学习能力是组织得以生存和可持续发展的动力，建立学习型组织是知识管理的必然要求，通过知识共享、应用，激发创造性思维、提高创造新知识的能力，让"核心知识"成为组织核心竞争力的不竭源泉，不断提高组织应付内外变化的能力，使企业不断学习新知识，在学习中成长。

财务：知识产权可以创造价值，通过作用于生产可以提高生产能力、降低成本，能够给文化创意产业组织带来收益，这已得到普遍的认同。文化创意产业组织对知识资产进行价值评估是对股东和其他资源供应者的传统财务报表的一个补充，可以增强文化创意产业组织持续推进知识管理的信心，推动组织知识管理战略的发展和价值提升。

三、知识产权价值评估

文化创意产业组织的知识产权主要体现为版权、商标、商誉三项内容，知识产权的价值评估也主要围绕这三项资产而进行。

首先，版权是指出版单位经申请被国家出版管理部门批准的拥有对某一著作的出版发行的专有权利，如一部新书的出版发行，或是新电影的上映发行。版权有两种形式：一种是出版单位与著作者共同拥有的版权，出版物发行所得收益共同分享，因此这种版权是作者的著作权与出版单位的出版权的组合版权；另一种是出版单位从作者手中一次购买其作品的著作权，并向政府出版管理部门申请，获批准而取得该作品的出版发行权，出版物发行所得收益不与作者共享，这种被出版单位独立拥有的版权称为独立版权。版权一旦经国家批准即受法律保护。版权是一种独立性无形资产，具有可测的价值。

其次，商标也是无形资产的重要组成内容。商标是商品的特定标记，它是文化创意产业组织以表明自己所生产或经营的商品，并使其商品与他人制造或销售的商品有所区别的文字、图案、颜色或文图色组合的一种标志，如服装品牌——例外（见图9-7）、箱包品牌——LV（见图9-8），体育运动品牌——NIKE（见图9-9）等。商标权商标所有人在一定期限内依法对这种特定标志用于其商品上的一种专有权。商标具有收益价值，能给企业带来更高的利润，因此商标也是具有可测现值的。当然，对于自创品牌，开发成本是微不足道的，估测其成本现值是没有多大意义的。另外，商标转让有两种形式：一种是商标权转让，其交易结果是使商标权的原占有方丧失其专有权，而购买方享有其专利权。另一种是商标使用权转让，其转让结果是使原占有方仍保持其专有权，而购买方仅在有限范围、一定时间内拥有其使用权，因而有必要对商标权及商标使用权进行其市场价格的评估。

图9-7　例外　　　　　　图9-8　LV　　　　　　图9-9　Nike

最后，文化创意产业组织的知识产权还表现为商誉，商誉是工商企业由于企业家的高智慧管理、企业制度、企业文化、企业形象、企业产品或服务及其市场信誉和社会影响等对企业的收益价值产生直接贡献的依附性无形资产。商誉是整个创意产业组织的荣誉和光环，不能离开组织而独立存在，故不可转让，因此不存在可测的市场价格，它的交易只能和组织的收购交易一起进行。商誉的产生不是资本投入的直接结果，而是伴随产物，虽然对商誉的形成付出了代价，但其成本是难以量化的。商誉之所以成为资产项目，是它具有影响企业收益价值的能力，因此商誉具有收益价值。商誉不仅有高低，而且也有好坏，因此商誉的收益价值有其大小，还可能有正有负。

因此，对知识产权的价值评估方法一般可分为成本法与收益法。顾名思义，成本法的理论基础是生产费用价值论。知识产权的价值取决于其构建时的成本耗费，原始成本越高，其原始价值越大。依循成本法的评估思路，组合版权的成本现值是指从著作人制作作品开始到出版单位申请版权至批准版权成立的全过程中投入的费用表现在评估时间中的成本价值，其中，包括著作人的制作工资、资料、交通、材料能源动力、设备房屋场地等费用，出版单位申请批准版权费用、最低作品出版费用等。在独立版权形式下，独立版权是指出版单位单独拥有作品的出版权，假定作品的取得是购入著作者的著作原稿，或出版单位自创作品。独立版权成本现值中包括作品原稿的购价或创作费，申请批准版权所需费用。另外，收益法估价是指通过将被评估无形资产预期收益资本化或折现以确定价值的评估思路。以商标权为例，商标是依附性无形资产，不能单独使用创造收益，必须与相应的产品一起才能获取更高的利润，商标能够获利是由商品本身的内在内容决定。商标之所以价值差别大，是由于产品的质量、功能、售后服务、社会形象、信誉广告等有很大差别。名牌产品不是商标而是产品本身，品牌（商标）是创出来的，而不是商标一使用就是名牌。商标的价值随产品的社会信誉提高而提高，随产品社会信誉的下降而下降。因此对商标未来的收益估价，只能假定在一定时期、一定市场、一定社会环境、一定的经济发展水平、一定的文化环境下评估商标价值。

从资产属性看，文化创意产业组织的知识产权属于无形资产的重要内容，既有无形资产所共有的特征，也有其自身独特的特质。从价值评估的角度考量，文化创意产业组织的知识产权评估具有以下特质：①关于评估的基本原则问题。文化创意产业组织的知识产权项目或资源由于其自身的文化性、创意性、精神性的特质，导致其价值相较于其他性质的资产更具不确定性，而这也正是就文化创意产业组织的知识产权项目进行价值评估的最大难点。文化创意产业组织的知识产权项目价值区间巨大，可以在0~无穷大价值之间波动。因此，基于保守、谨慎的原则对其进行价值评估十分必要，这是在对文化创意产业组织进行知识产权价值评估前应确定的基本原则，即"在最坏的情形下得出的合理价值"。②对于具体评估方法的采用。从资产价值的来源看，一项资产价值的大小最终取决于利用该资产所能带来的所有收益的大小。一般来说，在通胀适当、可控的情形下，未来可能产生的收益越大，资产价值越大。因此，采用收益法进行价值评估更接近知识产权价值的内涵。但是，采用收益法来对文化创意产业组织的知识产权项目进行价值评估，就会面临传统资产价值评估所不具有的新问题。

首先，未来究竟能产生多大的收益？很显然，未来能产生的收益越大，则折现至当前的价值越高。但知识产权具有精神性、无形性、文化性特点，其商业价值的实现高度依赖于其自身内容的艺术价值大小。而对艺术价值的评判，很大程度上不完全是依靠理性分析或基于历史数据构建的数学模型得出的。另外，艺术价值的商业评判与艺术价值本身的评判并不是一致的，艺术价值高的无形资产其商业价值不一定高。因此，在评判、估算文化创意产业组织的知识产权项目价值大小时，既不能撇开其艺术价值而孤立估算其商业价值，也不能仅依据其艺术价值的大小来推演其商业价值。在艺术价值基础上谨慎预测其商业价值，可能更接近于其未来收益流入实际。

其次，要考虑收益流入的独特性。知识产权的盈利模式与其他传统产业有着很多的不同之处。其中，因衍生业态的拓展带来的商业收益往往占据了整体收益结构中的大部分。文化创意产业组织知识产权是多种载体——图书、电影、电视剧、网络游戏、玩具、服饰、信用卡等，多重渠道——平面媒体、电波媒体、在线网络媒体、移动网络媒体等的商业而形成衍生商业价值或商业开发价值。此部分价值又可根据现行的商业开发实际与潜在的商业开发前景区分为两个价值模块：一块是合理的、可行的商业开发价值；一块是可预期的超额商业开发价值。即在对知识产权项目的价值进行评估时，其总体商业价值的大小可大体上用下列公式考量：知识产权项目商业价值=知识产权项目的基本商业应用价值+知识产权项目的商业开发价值（或是版权项目的商业开发价值=合理、可行的商业开发+可预期的超额商业开发）。

最后，关于商业价值的深入分析。在对文化创意产业组织的知识产权价值进行评估时，除了要考虑知识产权项目内在包含的艺术价值外，还必须考虑我国目前知识产权商业应用市场的实际状况。虽然知识产权商业价值的很大一部分取决于其后续衍生性商业开发与应用所带来的高额收益，但从我国目前知识产权商业价值开发实际现状看，由于进入知识产权产业的资本回报要求的短期性、衍生性商业开发市场拓展的高风险性、法律环境的不完善与盗版现象的屡禁不止，以及消费者对后续衍生性产品的消费动力不足，使得我国的知识产权衍生开发市场规模相对较小。再加上我国的电视播放渠道系统从整体上看仍处于垄断地位，众多中小内容生产与提供商在与电视播放渠道系统进行谈判时，往往处于无奈的弱势地位。这严重挤压了知识内容生产、制作商的利益空间。这种不平衡的产业链格局一定程度上成为知识产权项目难以获取更多商业价值的重要因素。当然，随着网络视频行业的激烈竞争与完全的市场化运作以及随之产生的对优质知识资源的巨大需求，能从本质上拓展知识产权的商业价值空间。就前文所提到的艺术价值与商业价值的关系问题，在对知识产权价值进行评估时，要综合权衡其商业价值与艺术价值。一方面，商业价值的有效实现在很大程度上取决于知识产权项目内在包含的艺术价值，缺乏艺术价值与内涵的知识产权项目，不论采用如何酷炫的包装手段与营销工具，最终都很难真正持续性地激发消费者的购买与衍生性地消费；另一方面，拥有较高艺术价值，也并不意味着该知识产权项目具有较高的商业价值。"好看并不代表能赚钱"，这或许成为知识产权项目价值评估最难以把握的一点。从实务角度看，实现艺术价值向商业价值转化的程度，取决于对一系列相互关联的生态要素的把握，包括知识产权项目的市场定位是否清晰、与市场需求的契合度如何，以及是否具有足够广泛的需求基础、主创团队的制作水平及创意表现力；演员与导演的合理选配与组合以及知名度、项目实际运营方的运营水平与经验等都将对知识产权的价值实现产生深刻影响。

四、知识产权贸易网络

在世界各国经济往来越来越频繁的今天，文化创意企业只着眼于空间邻近的企业抑或止步于国内，这远远不能满足创意多样化的需求，知识产权贸易不论是从宏观国家外交发展需要，还是微观创意企业拓展知识网络的需要，都已经显现了重要作用。美国、英国、澳大利亚等发达国家利用自身的知识产权优势进行文化输出，并进一步将其转化为贸易优势，往往在国际贸易活动中占据较大主动权，文化贸易处于顺差地位，并因此赚取利益。所以，从宏观上，为了弘扬国家软实力，并能够在国际贸易活动中占据有利地位，越来越多的国家都将知识产权作为国家战略的重要部分。对于中国而言，当前正处于经济结构深度转型的发展过程中，科技文化创意创新能力不足，以往依靠人口红利在贸易中取得优势地位的时代随着人口老龄化而一去不复返。中国经济社会的再发展需要依靠创意、创新，而刺激创意、创新行为繁荣的基石便是知识产权保护，加强对知识产权的保护，从国家立法上予以保障。对于知识产权贸易，应在政策上予以鼓励、支持和引导，提高我国自主知识产权的产能，在国际市场上编织知识产权贸易网络。TRIPS 是《与贸易有关的知识产权协议》（Agreement on Trade-related Aspects of Intellectual Property Rights）的缩写，TRIPS 是世界贸易组织法律框架的重要构成法律之一。该协议订立的主要推动国是以美国为代表的第一世界国家，在 1986 年的有关世界性会议上，美国为了保护其国家利益，提出了关于智力成果保护以及对国际买卖活动中附加了智力成果的货物进行保护的建议。然而，发达国家的这个意见受到了许多发展中国家的抵抗，原因是关贸总协定中所统辖的是有形商品交易的自由化，而关贸总协定中并没有对智力成果保护以及对国际买卖活动中附加了智力成果的货物进行保护的内容，就是说该项提议是不在该次会议的议程范围之内的。

无论如何，TRIPS 协定签署之后给第一世界的国家带来了巨大的好处。从该协定的内容中可以看到，发达国家对其国家的产权保护和贸易优势地位的维护是不遗余力的。由于发达国家科技水平高，文化科技产能实力强大，在国际上的话语权自然就大。这也就造成了在制定 TRIPS 协议时，发达国家为了保护自身国家利益，总会制定出一些有偏向性的条款，以稳固其现有的优势地位。因此，TRIPS 对于我国知识产权贸易网络的构建在产生积极影响的同时也伴随着消极的阵痛。我国自改革开放以来，由于开放的对外政策，接受发达国家的产业转移，形成自上而下的知识外溢路径，我国的国民生产总值得到迅猛增长，产品代加工（OEM）这类基础性的制造生产活动为经济发展做出了巨大贡献。然而，面对现如今发达国家制造业回流，自上而下的知识流格局被打破，与此同时，我国内部的自主创新能力还不够，知识产权产能低下，产品涉及盗用他国知识产权的风险较大，这也使得我国的文化创意企业在对外交流，构建知识产权贸易网络时面临诸多问题。

在很长一段时间里，我国的盗版肆虐，甚至"山寨"二字成为我国文化创意产业的代名词，无论是电影、电视、综艺节目还是动漫游戏，对于知识产权保护的意识明显落后于其他国家。当然，这主要是由于我国的经济发展水平滞后，模仿是快速提升生产效率的捷径。但当经济发展到今天，改善我国知识产权保护现状，教育国民，提升其对于知识产权保护的意识，维护自己的权利，成为知识产权贸易网络构建的基石，也是经济转型发展的保障。可喜的是，近年来我国政府意识到知识产权保护的重要性，不断完善知识产权保护制度，根据国家统计局的数据显示（见图 9-10），从 2009 年起我国的专利申请受理数以及专利申请授权数逐年以 25% 的速度增长，我国的专利数量大幅提升，可见随着企业组织知识产权意识的提高，企业组织已将知识产权的申请作为经营战略的重要一环。

对于文化创意企业而言，知识产权保护制度下构建知识产权贸易网络，首先应该树立品牌意识，充分发挥品牌的传播效应，提高品牌在知识产权贸易中的竞争力。对于文化创意产品来说，在加入世界贸易组织以后，携带西方意识形态的文化创意产品大量进入国内，各国文化交流展览空前繁荣，如奥运会、世博会、法国文化周等文化活动，对文化创意企业知识产权贸易网络的搭建起到了重要作用。文化意识形态之间的碰撞使知识产权贸易网络从官方深入延伸到民间，让我

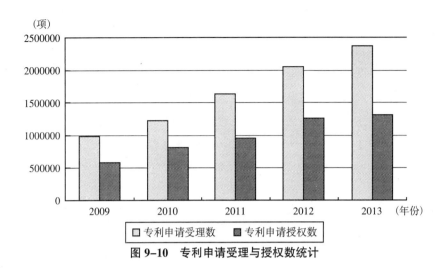

图9-10 专利申请受理与授权数统计

国的知识产权贸易网络空前繁荣。让"中国制造"到"中国创造"不再仅仅停留在口号，让依靠传统廉价劳动力赢得国际合作的旧貌有了新颜，让我们以往依靠人口红利、资源耗竭的成本优势更新换代为依靠知识产权的创新保护和品牌效应。应该说，在知识产权不断完善的当下，知识产权的保护水平与知识产权贸易网络的构建呈正相关关系。

文化创意企业因其高风险、项目制的特征，多为灵活的中小型企业类型。学界一般认为，确定中小企业的概念时，有以下两点需要特别注意：一是中小企业的实际规模受行业的影响。不同的行业，企业的规模也不相同，所以，中小企业也因行业不同而企业规模不尽相同。无论采取什么样的标准，中小企业的规模因为行业差别反映了每一个行业的特点。中小文化创意企业的规模一般为1~15人。二是中小企业的概念相对变化。中小企业可能因为时间的变化，通过自身的努力，从中小型企业晋升为大型企业；另外，中小型企业是跟大企业作对比的，一个企业的规模只有和其同行业的企业进行对比，才能够确定它真正的含义。所以，只有在有参照物对比的时候才能确定其实际意义。

另外，与文化创意企业齐头并进的科技型企业，其与文化创意企业本质上是没有差别的，文化创意加上科技的引擎，让创意作品更加生动，冰冷的科技附以文化创意的温情也可以使科技更加令人爱不释手。然而，因为技术的庞杂性，科技型企业的规模相对于文化创意型企业的规模要稍大一些，知识产权贸易网络更加倾向于跨越地域限制的合作。从高新技术及产品的研制开发、生产转化和销售经营的各个环节形成全球化的知识产权贸易网络。所以，科技型中小企业从规模上更注重人才与技术的革新，其经营活力能够快速地适应市场变化。因此，科技型中小企业需要我们不断加强对于其科研成果的保护，这样才能提升其发展前景，给企业的发展与壮大留足空间。

文化创意产业所涉及的电视、出版、动漫、服装、艺术表演服务、广告、会展等行业，它们往往是相互交叉、相互渗透的有机结合体，构成知识产权贸易网络。文化创意企业构建知识产权贸易网络是增强核心竞争力、发挥义化创意产业促进经济结构调整转型的关键。提升自主创新能力已经上升为我国的国家战略，分享经济让更多的民众享受到改革开放带来的福利。文化创意的贸易网络更是知识产权的竞争。要构建知识产权贸易网络，国家的宏观政策调控必须先行，知识产权的形态变化多样，难以捉摸。对于文化产业来说，只有完善知识产权的保护力度，文化创意产业才能在经济转型发展中起到应有的作用。因此，对于文化创意企业来说，专业的知识产权管理人才在构建知识产权贸易网络的过程中至关重要，不管是保护自有知识产权还是应对其他可能的侵权纠纷，必须有知识产权管理的专业人才。企业要设立专门岗位专人负责，通过在岗基础培训、演讲会、海外培训课程等方式，使员工了解知识产权工作的各个流程，提高其专业素质，保证知识产权的应用效能。

第四节

文化创意企业知识网络建设案例研究

文化创意企业的类型丰富多样，文化产品更是让人眼花缭乱，随着各国对文化贸易的重视，文化软实力的彰显已经成为各国的国家战略。因此，在我国纷繁的文化创意企业中，代表弘扬中国传统文化的文化创意企业极其值得研究。另外，电影产业作为文化创意产业的重要组成部分，近年来已经成为文化创意消费的风向标，其衍生产品的价值越发丰富。基于此，本节将针对中国传统文化类企业和电影制作类企业的知识网络建设案例进行深入的剖析。

一、中国传统文化企业的知识网络建设

中国传统文化是通过不同的文化形态表示的各种民族文明、风俗、精神的总称，具有鲜明的民族特色、悠久的历史、博大精深的内涵以及优良的传统。它的

创造主题是中华民族。它是中华民族在特定的历史时期，地域空间范围内，在特定的政治，经济习俗等方面的条件下创造出来的文化成果；它是历代相传的文化成果，是各历史时期传承下来的文化习惯和文化积淀，主要表现形式有思维模式、价值观念、伦理规范、审美情趣、风俗习惯等；它是珍贵的历史文化遗产。几千年的中华灿烂文化和悠久历史为它奠定了深厚的基础，使其历经千年风霜而绵延不断，始终保持着强大而旺盛的生命力。中国传统文化的价值体现在它对自然界、人类社会生活等的认识及其能够指导人的社会活动。

概括来说，中国传统文化的内容主要包括传统伦理道德、传统文学、传统民俗艺术和古代哲学思想等，具体来说其主要有以下三个方面：首先包括思想、文字、语言，如《诗经》、《论语》、汉字，其次是六艺，即礼、乐、射、御、书、数，最后是从过去富足生活中衍生出来的书法、曲艺、棋类、音乐、武术、民俗、节日等，具体来说有太极拳、春节、中秋节等。总之，传统文化与我们的生活息息相关，它融入了我们的生活，但我们在享受它时却不自知。

在 2015 年全国两会上，不少政协委员提交了关于如何保护和传播中国传统文化的提案，大家迫切呼吁中国人一定要守住传统文化的根。而中共十八届三中全会《决定》也提出，要提高文化开放水平。坚持政府主导，企业主体，市场运作，社会参与，扩大对外文化交流，加强国际传播能力和对外话语权体系建设，推动中华文化走向世界。这体现了国家对于我国文化产品知识网络建设的重视。然而尽管在过去的 10 多年里，我国对外贸易迅速发展，文化贸易也随之水涨船高，呈现出总体向好的趋势，但我们应看到，传统文化产品出口贸易相对于我国其他一般出口贸易的发展，其仍处于发展缓慢、规模小的状态。如表 9-3 所示，由 2008~2013 年主要传统文化产品出口贸易占出口贸易总额的比重可知，传统文化贸易占比过小，其基本在 0.040‰附近波动。

表 9-3 2008~2013 年主要传统文化贸易与贸易总额对比情况

年份	项目 传统文化贸易出口额 （万美元）	出口贸易总额（亿美元）	传统文化贸易出口额与 贸易总额之比（‰）
2008	5584.17	14306.9	0.039
2009	4966.51	12016.1	0.041
2010	7119.76	15777.5	0.045
2011	7566.60	18983.8	0.040
2012	13125.92	20487.1	0.064
2013	8918.96	22090.0	0.040

资料来源：由历年《中国统计年鉴》的数据计算而来。

下面将以具体的传统文化产品为例来进行说明。表 9-4 中"图书、期刊、报纸"，"电视节目出口"等项目在 2008~2013 年增幅较小，发展比较缓慢，特别是"音像及电子出版物"在 2008~2011 年一直处于负增长的状态，直到 2012 年出口局面才开始大幅好转。另外，值得注意的是，2012~2013 年，由于受国际经济持续走软、国际金融危机的影响，表 9-4 中"图书、期刊、报纸"，"电视节目出口"，"音像及电子出版物"均出现了负增长，分别减少了 17.44%、20.41%、94.41%，受到了不小的冲击和影响，这也使得我国对外文化贸易的局面更显紧张和严峻。

表 9-4　2008~2013 年我国主要传统文化产品贸易额

项目 年份	图书、期刊、报纸 （万美元）	电视节目出口（万元）	音像及电子出版物 （万美元）	版权（项）
2008	3487.25	12476.06	101.32	2455
2009	3437.72	9173	61.11	4205
2010	3711	21010	47.16	5691
2011	3905.51	22662	35.17	7783
2012	7282.58	22824	2191.5	9365
2013	6012.4	18166	122.43	10401

资料来源：历年《中国统计年鉴》。

2013 年，中国就已成为世界第一货物贸易大国。据海关统计，2014 年，我国进出口总值 26.43 万亿元。其中，出口 14.39 万亿元，进口 12.04 万亿元。然而尽管我国是第一出口大国，但在文化产品贸易方面仍处于较大的逆差状态，面临严峻的考验和挑战。

从表 9-5 中我们可以看到，我国主要传统文化产品均处于逆差状态。尽管近几年逆差状况有所好转，但是总体仍处于较严重的逆差中。特别是音像及电子出版物，在 2013 年出口与进口之比只有 0.0061。

表 9-5　2010~2013 年中国主要传统文化产品出口与进口之比统计

项目	年份 2010	2011	2012	2013
图书、期刊、报纸	0.1427	0.1376	0.2418	0.2143
音像及电子出版物	0.0041	0.0025	0.1313	0.0061
版权	0.3428	0.4678	0.5324	0.5725

资料来源：历年《中国统计年鉴》。

随着中国成为贸易大国，中国的对外贸易文化也有了较大的发展，文化产品出口大幅增长，但承载"中国文化内容"的产品却凤毛麟角。另外，我国文化资源丰富多彩、博大精深，然而在文化对外贸易出口方面却略显单调和薄弱，出口的传统文化产品主要以图书、期刊、电视节目、电影、动漫、音乐广播等为主。而以这些类型为主的文化产品的题材又较为单一，以电影为例，中国向海外推广的电影大多为蕴含和展示中华精深武术的动作类型片，其中较为经典的有《卧虎藏龙》、《英雄》、《十面埋伏》、《功夫》等。此类动作类型影片收益在对外电影贸易中占有绝对的主导地位。2011~2014年，名列海外票房榜首的仍然是以动作见长或以动作为主要类型元素的大片，如《十二生肖》、《一代宗师》等。

除了产品种类单一之外，出口的地区也过于集中，市场比较狭隘，过于局限。西方发达国家在进行文化贸易的同时，不仅获得了巨额的经济利益，还在世界范围内广泛传播着它们的文化和精神文明。这很大一部分可以归功于这些发达国家出口的文化产品种类繁多，出口市场开阔，几乎遍布全球。反观中国，情况大有不同，中国传统文化产品输出国（地区）一直过于集中。在历史的传统文化产品输出中，中国传统文化产品输出地主要以中国港澳台地区和日韩等汉文化圈为主，因为这些国家的文化与中国的文化有极大的关联性和相似性，如韩国和中东国家一直都是我国动画电影的主要出口对象。而我国向包括美国、德国、法国、英国、加拿大等国家在内的发达国家出口的传统文化产品，平均每年占中国主要输出传统文化产品总数的比重却不足10%。由此可见，传统文化产品出口区域过于局限。

以我国代表传统文化产品——刺绣为例。刺绣，古代称"黹"、"针黹"。后因刺绣多为妇女所作，故又名"女红"。它起源于人们对装饰自身的需要，是我国优秀的民族传统工艺之一。史传黄帝时代就有了关于彩绘花纹的记载，也就是说古代原始的人类就已懂得用色彩来美化装扮自己。近年来，我国刺绣产品出口也不断呈现上升趋势，本书从知识网络的视角，分析我国刺绣产业的网络化发展要素，分析如下：

（1）知识产权要素：我国刺绣工艺历史悠久，在技术方面积累了丰富的经验，技艺娴熟，十分精湛，且刺绣风格呈现多元化。我国有四大名绣，分别为苏绣、粤绣、湘绣、蜀绣，此外，还有顾绣、京绣、瓯绣、鲁绣、汉绣、麻绣和苗绣等。不同的绣种在针法的运用和作品的风格设计方面也各有其特色。此外，我国也培养了许多技术高超、娴熟的专业刺绣人才，这些人才往往是"亲友相传，师徒相授"，不仅经过了长时间的培训，具有丰富的美术功底，更是多才多艺，在刺绣风格的设计上各显神通。而正是由于对刺绣人才的培养成本高，培养周期长，我国在刺绣产品出口方面形成了独特的竞争力，是他国难以在短时间内效仿和比拟的。

（2）知识网络条件：相传虞舜之时就已有刺绣，其多被用来做装饰或加工后附着在实用品上以显价值，对于刺绣，人们也是不断惊叹于其制作的精妙绝伦，对其的需求自古就已初具雏形。而到了现代，刺绣不仅彰显了中国优秀传统文化的内涵，更是作为生活品或工艺品出现在大大小小的家庭中，使得越来越多的人以一种欣赏的态势看待刺绣作品。在国外，刺绣产品更是助推中华文化走向世界，让想要了解中国文化的外国友人体验中国风情。因此，刺绣在国内外都具有广阔的消费市场，需求旺盛。

（3）跨界支持性知识网络：自古以来我国就是一个纺织大国，苏州、长沙、四川等地的桑蚕业、丝绸业的迅猛发展，为刺绣业的发展提供了高质低价的原材料。产业如果要形成竞争优势，就不能缺少世界一流的供应商，这样的供应商会协助企业认知新方法、新机会和新技术的应用。此外，我国的绘画技术领先于世界，在现代的刺绣作品创作方面，许多画家都会参与刺绣的画稿设计工作，通过对色彩和图案的设计和丰富，使得每件刺绣作品都极具原创性和观赏性，既能展现中国风，传达中国传统文化，又能对作品的艺术感染力进行升华。另外，旅游业的迅猛发展也为刺绣行业的发展带来了便利。越来越多的外国游客如雨后春笋般涌入国内，刺绣作品更容易被他们所发现、所赏识。

（4）文化创意人才引入：一直以来，刺绣都是家庭作坊式的生产方式，企业以通过发放订单，个人在家绣制为主，之后进行统一收购，但这样往往不能保证产品质量和工期、不利于资源的整合利用、打造国际知名品牌，更不利于刺绣产业的发展和推广。近年来，企业逐步引入了现代销售模式，统一生产标准和质量标准，通过完善人才制度，鼓励绣娘加入，聘请技术专家进行技术指导，知名学者教授美学知识，逐步提高员工的美学素养和审美能力，从而解决人才问题。此外，这种现代销售模式还支持品牌加盟，连锁经营。

自20世纪90年代以后，刺绣市场的竞争便愈演愈烈，这样的局面倒逼企业不断创新，增强竞争力，能够利用科学技术手段来为刺绣服务，如已能通过电脑绘制画稿。而在刺绣材料方面也不断进行开发，更是引入了人造丝绸等。而随着物流业的高速发展，网络也成为了销售的重要手段。

（5）跨国界知识网络构建机会：出口贸易迅速发展，文化产业贸易总体向好。当今国内对中国文化的需求增长迅速，再加上我国刺绣（如苏绣、湘绣）在国际上颇享盛誉，并凭借其精湛的技艺和独特的绣风得到了欧美人士的广泛认可。因此，未来刺绣产品的出口存在很多商机，中国已经跃升为第二大经济体，GDP 排名世界第二，国际影响力和话语权更有分量。在这一情况下更有助于推动中华的文化"走出去"，让刺绣等传统文化产品更容易被其他国家接受和认可。刺绣产业属于"无烟产业"，不会受到当今一些欧美国家为保护本国贸易主义而实行的绿色壁垒等规则的影响。当其他国家出口的文化产品遭遇绿色壁垒冲击时，刺绣产业便显现出了市场国际化的优势。

（6）宏观政策：中共十八届三中全会通过的报告提出了"要提高文化开放水平。坚持政府主导、企业主体、市场运作、社会参与、扩大对外文化交流，加强国际传播能力和对外话语体系建设，推动中华文化走向世界"。这显示出我国对于文化出口的高度重视。此外，近年来，政府也在不断制定刺绣行业标准。

因此，综上所述，中国传统文化产品输出地域单一在一定程度上制约了中国传统文化产品知识网络的发展。为了扩大输出区域，打开思路，同时解决目前有资源没产品的僵局，需要政府干预。从宏观的角度讲，政府要从大处着手，在现有的社会主义市场经济条件下加强对文化知识产权网络化发展的引导并做好战略布局，同时为文化贸易的壮大营造良好的发展环境。具体来说，可以从以下三个方面进行尝试：

一是不断完善相关法律法规，采取强有力的有效措施保护知识产权，为致力于传统文化产品出口的企业提供贸易保护，同时要严厉打击抄袭、恶性竞争等不良行为。现阶段，为了谋求海外市场份额，某些企业复制抄袭他人创意成果，或以低俗不健康内容为题材进行文化产品生产，这不仅使海外市场对中华传统文化价值观和中国文化产品的创新能力及水平产生误解，还扰乱了出口秩序。若继续放任，将不利于中国传统文化产品品牌的形象建立和海外运作的健康发展。

二是加大资金和税收支持力度。如政府可以积极倡导并鼓励担保和再担保机构开发关于文化出口的贷款担保业务品种，以支持文化产业发展和文化企业"走出去"。

三是积极组织参与各类展会和赛事，加强与世界其他地区文化产业机构、组织间的交流，倡导合作机制的建立，以向海外大力推广中国传统文化产品。

我国拥有几千年的历史，是四大文明古国之一，经过几千年的积淀，我国拥有丰富和优秀的文化遗产。各种文化元素构成了中华文化的基本成分和精髓。要充分挖掘我国传统文化中的文化符号，应用企业开发模式形成文化产品是获得国际市场的基本条件。传统文化资源的具体开发应依托企业，根据现有资源的特性和市场自身的规律进行运作。在致力于传统文化资源开发的过程中，我们必须本着科学的态度，遵循实事求是的原则，有所取舍，有所扬弃。这样才有利于正确地传承与弘扬中华优秀文化，才有利于提供和展示健康向上的传统文化产品。随着中国影响力的不断扩大，中国创意和中国元素正在逐步走向世界，因此，我们要深度挖掘中国文化中的内涵，并融入中国本土文化的创意元素。

新经济时代下的文化贸易离不开新科技创新平台，文化资源是一部分，最重要的是如何利用新型创意将文化资源进行转化，以供资源输出。任何一种传统文化资源想要传播得更远，让世界认可，就必须经历现代化转换的过程，尽可能减少文化输出的"折扣"。因此我们要抓住机遇，调整战略，重视产品的创新和与科学技术的有机结合，以增强我国传统文化产品的国际竞争力和影响力。谋求传统文化出口的变革与创新，可以将文化内容、科技与资本相结合，同时拓宽载体形式，大力发展新兴领域，从而形成以技术、品牌等为核心的出口竞争新优势。

对于传统文化产品来说，品牌的意义十分重大，如果没有品牌做依托，难以提升文化产品的内涵和竞争力。一个知名的品牌，不但可以降低消费者搜寻需求产品的成本，而且可以减少企业交易成本，从而大大提高企业的经济效益。在这个新经济时代，舞台属于会讲故事的人的，像世界顶级的十大奢侈品牌，在每一个成功品牌的背后都有着一段经典故事的传承，一讲就是几百年。中国从不缺少历史典故，只是缺少会讲故事的人。只要我们有了会讲故事的人，品牌的价值自然会翻倍上升。

在文化贸易中，文化折扣是不可避免的，而要想尽可能地降低文化折扣所带来的消极影响，我们必须正视这一现实，同时明确好产品的市场定位。企业应在明晰海外市场的分布状况的基础上，结合目标市场的文化特点、互联网和经济基础来划分市场梯队，并根据不同市场的文化诉求推出相应的产品。在文化产品"走出去"的过程中宜遵循"先易后难，由浅入深"的原则。例如，当推出具有中国传统文化特色的游戏产品时，要想降低文化折扣，使其更易于被当地消费者接受，需要在题材、背景设计、内容选择、玩法上利用好目标市场，熟悉当地文化符号，然后再植入中国文化元素。同时，本着求同存异，具体问题具体分析的原则进行海外推广。即便无法完全做到以当地人的价值观、思维模式从事游戏的设计和研发，也应努力寻找横跨区域、种族、语言的共鸣因素。

任何事情的发展都离不开人，文化贸易同样如此。缺乏精通外语、法律和专业知识的文化贸易人才一直制约着中国文化贸易的发展。如何培养这样的专门人才，以改变文化贸易高端人才短缺的现状，从而扩大当前文化贸易份额，是十分迫切的问题。笔者认为，可以从以下三个方面进行尝试：

第一，利用高校学科资源。可以通过利用高校学科资源并采用产、学、研一体化模式进行文化贸易方面人才的培养：将文化和经贸专业进行有效的整合，开设如文化贸易、文化经济等相关专业，同时适当提高文化贸易专业的招生比例，重点培养文化贸易方面的外向型和复合型人才，以满足文化贸易对这类人才的需求。

第二，发挥高校社会服务功能。众所周知，高校有三大功能，培养人才、科学研究和社会服务。其中，我们可发挥高校的社会服务功能，鼓励和倡导高校与文化企业进行合作，互设人才培养基地，选拔一些人才做专门培训，借鉴国外成熟经验，通过开展有针对性的企业经营管理培训，培训高素质的文化企业经营管理人才。

第三，企业完善人才使用机制。为充分调动文化贸易人才的积极性，可完善相关奖励制度，设立奖励基金，为文化专业人才到国外深造提供机会。同时，加大对海外优秀文化人才的引进力度，让优秀人才进得来，留得住，用得上。

二、国际电影制作企业的知识网络建设

第二次世界大战前，美国已经将文化产业作为国家战略。20世纪中期，美国凭借第二次世界大战的胜利便开始登上世界经济和文化的中心，文化产业开始快速发展。20世纪80年代以后，文化商业化进程加速，美国凭借其背后强大的经济和技术支撑，开始将文化产品向世界其他国家（特别是发展中国家）进行倾销。90年代以后，随着建立经济全球化和世界贸易组织，各个国家的文化保护壁垒也随着贸易壁垒被一个接着一个打破。再加上美国本身的经济发展，美国各个企业兼并重组形成一批超级跨国文化集团，引领着全球的文化产业。现阶段，美国的整体实力和竞争优势无可匹敌。

世界知识产权组织的最新数据显示，2013年美国国内生产总值中，文化产业增加量的占比达到11.3%，而全球各主要经济体的平均值为5.26%。2009~2012年，美国的文化产业年均增长5.0个百分点，相较于同期的国内生产总值的

年均增速要高出 2.9 个百分点。

根据国际知识产权联盟于 2011 年公布的统计数据，2007~2010 年美国文化产业各年度的实际销售额以及所占当年国民生产总值的份额如表 9-6 所示。

表 9-6　2007~2010 年美国版权产业收入以及所占 GDP 份额

年份		2007	2008	2009	2010
产值 （亿美元）	核心版权产业	9043	9139	9010	9318
	全部版权产业	15836	15930	15627	16269
当年 GDP（亿美元）		140618	143691	141190	146604
占 GDP 份额	核心版权产业（%）	6.43	6.36	6.38	6.36
	全部版权产业（%）	11.26	11.09	11.07	11.10

资料来源：肖江文. 美国文化产业的发展分析及对我国的启示 [D]. 首都经贸大学博士学位论文，2013.

文化产业因其具有特殊性质，即使在 2007~2010 年美国经济受次贷危机影响而萧条时，也保持着良好的增长态势。其核心版权产业在这三年间仍然保持 1.1 个百分点的增速，全部版权产业的年均增速达到了 1.47 个百分点，而同期美国的 GDP 增速仅为 0.05 个百分点。

表 9-7　2007~2010 年美国版权产业及 GDP 年均增长比例

单位：%

时间		2007~2008	2008~2009	2009~2010	2007~2010
年均增长率	核心版权产业	3.05	-3.07	3.44	1.10
	全部版权产业	2.39	-2.07	4.20	1.47
	美国 GDP	0	-2.63	2.85	0.05

资料来源：肖江文. 美国文化产业的发展分析及对我国的启示 [D]. 首都经贸大学博士学位论文，2013.

尽管美国次贷危机期间文化产业的就业也随之递减，但它创造的就业机会还是超过了纺织、化工、造纸、木材、家具、石油、煤炭和航空工业的总就业人数，占美国就业总人数的 8.19%，就业人口总数超过 1073 万。

表 9-8　2007~2010 年美国版权产业就业人数所占比例情况

年份		2007	2008	2009	2010
就业人数 （万人）	核心版权产业	549.61	547.48	517.61	509.76
	全部版权产业	1155.72	1142.81	1082.52	1073.37
就业人数（人）		13759.80	13679.00	13080.70	12981.80
私营企业就业人数（人）		11538.00	11428.10	10825.20	10733.70

续表

年份		2007	2008	2009	2010
占就业比例	核心版权产业（%）	3.99	4.00	3.96	3.93
	全部版权产业（%）	8.40	8.39	8.27	8.19
占私营企业就业比例	核心版权产业（%）	4.76	4.79	4.78	4.75
	全部版权产业（%）	10.02	10.04	9.99	9.91

资料来源：肖江文.美国文化产业的发展分析及对我国的启示［D］.首都经贸大学博士学位论文，2013.

这些数据表明，在美国的经济发展中，文化产业具有不容忽视的地位。据统计，文化产业是美国的第二大支柱产业，位于军工产业之后；文化产品每年出口额超过 600 亿美元，超过了航空航天业，是美国最大的出口创汇行业，在 GDP 中所占比例已达到 25%。

在杂志、书籍、报纸行业，美国共有日报约 2300 家，周报约 8000 家和杂志约 12000 家。各种普通出版社、大学出版社和些许附属于政府的专业性出版社约有 1000 多家。仅《读者文摘》一类杂志每月就以将近 20 种不同语言和约 50 种国际版本在世界范围内发行 1.3 亿份。美国图书出口额在 1977~1989 年增加了 2.5 倍多，从 3.2 亿美元增加至 11.23 亿美元。据统计，美国在 2010 年总共发行了各种图书约 31 亿册。

而在广播电视多媒体等方面，美国则拥有 1440 家电视台和 1965 家电台，还有美国广播公司、全国广播公司、哥伦比亚广播公司、福克斯广播公司和由哥伦比亚及华纳兄弟共组联合电视网形成的美国五大电视网。在世界各地超过 200 个国家和区域美国有线电视新闻网以各种语言形式被授权播放。世界十大传媒集团中美国公司占据七个，包括著名的时代华纳公司和迪士尼公司。美国掌握了全球 75% 以上的电视节目主导权，在世界 120 多个国家和区域都占有较大的市场份额。

电影方面，全世界最具代表性的电影工厂——好莱坞坐落于美国加州洛杉矶。2009 年，美国共有 6039 座剧院或电影院，电影大屏幕的总数达到 39717 块，并且大型和巨型影院数量依然在不断增加当中，2009 年巨型影院达到 638 个，领先于世界水平。2009 年，美国海外电影票房达 193 亿美元，占据了 64% 的全球票房，电影版权产业（包括票房、广告、音响、软件、游戏、玩具、主题公园和旅游娱乐等）的综合收益达到了千亿美元的规模。截至 2010 年底，来自美国的电影产品占据了欧洲票房的 74.3%，并且在全世界超过 160 多个国家和地区放映。而数据显示 2014 年全球票房榜前十位全被美国的电影产品所占据，如表 9-9 所示。

表 9-9　2014 年全球票房 Top 10

单位：亿美元

	片名	票房	发行公司	北美/比例（%）	海外/比例（%）
1	《变形金刚 4》	10.87	派拉蒙	2.454/22.6	8.420/77.4
2	《银河护卫队》	7.73	迪士尼	3.330/43.1	4.396/56.9
3	《沉睡魔咒》	7.58	迪士尼	2.414/31.9	5.163/68.1
4	《X 战警：逆转未来》	7.48	20 世纪福克斯	2.339/31.4	5.121/68.6
5	《美国队长 2》	7.14	迪士尼	2.598/36.4	4.543/63.6
6	《超凡蜘蛛侠 2》	7.09	索尼	2.029/28.6	5.061/71.4
7	《猩球崛起：黎明之战》	7.08	20 世纪福克斯	2.085/29.4	4.997/70.6
8	《饥饿游戏 3：嘲笑鸟》	6.79	狮门	3.162/46.6	3.630/53.4
9	《霍比特人：五军之战》	6.57	华纳	1.989/30.3	4.578/69.7
10	《星际穿越》	6.51	华纳/派拉蒙	1.803/27.7	4.707/72.3

资料来源：Mtime 时光网. 2014 年北美影市回顾［EB/OL］. http://news.mtime.com/2015/01/03/1535890-3.html#content, 2015-01-05.

在版权音乐方面，美国现在拥有超过 1200 家唱片发行公司，其中最主要的华纳公司目前在 50 多个国家拥有各项音乐业务，2004 年全球音乐市场份额占 11.3%。据统计，美国的各大娱乐集团所出版的音乐已经占据全球市场份额超过 60%。

而在网络产业方面美国更是独占鳌头。调研机构 Net Applications 发布的 2015 年 1 月的计算机桌面操作系统份额统计数据显示，微软的 Windows 操作系统市场占有率达到 91.56%，苹果公司的 Mac OS X 操作系统占 5.27%。全球智能手机操作系统中，谷歌的 Android 系统和苹果的 IOS 操作系统占 2014 年全部智能机出货量的 96.3%，市场份额第三的则是微软的 Windows Phone 系统。美国是目前世界上最大的软件生产和出口国，其产值高达 2650 亿美元，占据全球 40% 的市场份额。

此外，美国的非营利性文化产业方面也有非常不错的表现。超过 369 亿美元的经济利益以不同形式从美国每年的非营利性文化产业中被创造出，满足了超过 130 万个就业岗位的需求。美国政府直接资助或管理包括多家知名博物馆在内的超多 1200 家博物馆、总面积超过 33 万平方千米的 8500 座纪念馆和纪念碑、12000 多个历史遗址和 388 个国家公园。综上所述，美国文化产业已经成为了美国能够主导世界经济的关键之一，而全球的文化产业也在一定程度上被美国文化产业所主导。

DC娱乐公司和漫威娱乐公司在美国，甚至是全球都具有不凡的影响力。它们都塑造出了许多风靡全球且颇具美国风味的人物角色，如超人、蝙蝠侠、蜘蛛侠和钢铁侠等。这些超级英雄们不仅为美国的投资人赚取了丰厚的利润，还在世界各地撒下了美国文化精神的种子。

DC娱乐公司创立于1934年。1938年塑造出世界上第一位超级英雄——超人，从此改写了美国漫画史。"DC"这两个首字母来自公司出版的最受欢迎的漫画《侦探漫画》（Detective Comics）的缩写，而侦探漫画为蝙蝠侠的处子秀。1967年公司改名为DC漫画，1969年，时代华纳集团对DC漫画公司进行收购。2009年9月11日，华纳公司正式改组DC漫画公司（DC Comics）为DC娱乐公司（DC Entertainment），其经典角色包括超人、蝙蝠侠、绿灯侠和神奇女侠等。

漫威娱乐公司创立于1939年，1961年正式定名为Marvel。1996年面临破产危机，于1998年完成破产重组，开始兜售旗下漫画角色，比如将蜘蛛侠、神奇四侠和X战警等十几个角色卖给了索尼影业、20世纪福克斯等好莱坞公司。2008年底，迪士尼公司以42.4亿美元收购漫威娱乐公司，获得了绝大部分漫画角色的所有权。2010年9月，Marvel宣布其正式中文名称为"漫威"。漫威最具影响力的人物包括蜘蛛侠、神奇四侠、X战警和复仇者联盟等。

在2014年全球前十的票房中，银河护卫队、X战警、美国队长和蜘蛛侠都是漫威的原创漫画角色，而这些只是漫威所创作的5000多个漫画角色中的一小部分。DC娱乐公司也有超人、蝙蝠侠、守望者和V字仇杀队等多部大片，均来源于漫画创作。2005~2012年，由克里斯托弗·诺兰导演拍摄的《蝙蝠侠黑暗骑士三部曲》票房和口碑双丰收，全球吸金超过24亿美元。

漫威和DC在创立之初都是两家漫画公司，现在都已更名为娱乐公司并进行多元化经营。漫威作为DC的竞争对手在目前的电影行业上略胜一筹，而DC则在电视剧方面领先漫威许多。除了2001~2011年在CW电视网播放了10年共216集的《超人前传》；2012年起播出的《绿箭侠》现在已经续订至第四季，其衍生剧《闪电侠》也续订至第二季，还有在福克斯电视网播出的蝙蝠侠衍生剧《哥谭》也有良好的口碑。漫威目前的电视剧只有《神盾局特工》和《特工卡特》。

在电影电视方面以外，两家公司在游戏方面也都有布局。DC娱乐公司的蝙蝠侠系列游戏已经成为动作游戏中具有代表性的优质作品。除了影视游戏方面，这两家公司还经营着大量的漫画电影衍生品，如玩偶模型和纪念 T 恤等。DC 娱乐公司更是开出了自己品牌服饰专卖店，分布在中国各个城市，仅上海就有多家门店。

蝙蝠侠三部曲的第二部《黑暗骑士》单部影片全球票房超过 10 亿美元，但这部电影的衍生产品给华纳公司带来的营收却远远超过票房。可见，美国公司在销售文化产品时并不仅仅销售单一的产品，更是打造了一条产品链。

DC 与漫威两家公司所创作最多、最受欢迎，且最负盛名的自然是超级英雄的作品。这些深受消费者喜爱的超级英雄类作品正是美国文化的代表。这些超级英雄都有自己的特点，这些特点不仅包括他们的超能力或过人的智慧，还包括他们的缺点和无能为力让人同情之处。各种超能力是现在看起来习以为常的设定，不过在角色塑造之初谁都没有想到过的创意。创作者会使动漫角色拥有自己的生活背景，有喜怒哀乐，会使用手机，也会喝可乐，在保证他们不可思议的同时又保证了他们拥有每个普通人的共性。这样的作品在心理学上更容易被大众所接受，让这些并不存在于现实中的超级英雄不会和现实生活中的人们产生距离感。这两家公司在创造产品的同时也考虑到了全球的不同文化需求，有不同肤色说着不同语言的主角和配角，也有以不同文化作为线索的故事背景，保证了文化产品元素的多元化。这些都保障了创作者在创作文化的同时创造了市场，保证了美国的文化产品在传递文化的同时还能赚取大量利润。

美国文化产业强势不仅因为其文化产品的优质，更是因为支撑性网络已经融入了其文化产品之中。2006 年，漫威影业主席凯文·费奇宣布打造漫威电影宇宙的世界观，这在当时甚至是电影史上都是很罕见的决定。这种决定让漫威的每一部电影再也不是单个的作品，作为漫威宇宙第一阶段的收官作品，《复仇者联盟》的票房高达 15.19 亿美元，这在世界电影史上排名第三，如表 9-10 所示。

表 9-10　2008~2014 年漫威电影

单位：亿美元

片名	上映日期	全球票房	片名	上映日期	全球票房
《钢铁侠》	2008 年 5 月 2 日	5.85	《无敌浩克》	2008 年 6 月 13 日	2.63
《钢铁侠 2》	2010 年 5 月 17 日	6.23	《雷神》	2011 年 5 月 6 日	4.49
《美国队长》	2011 年 7 月 22 日	3.71	《复仇者联盟》	2012 年 5 月 4 日	15.19
《钢铁侠 3》	2013 年 5 月 3 日	12.15	《雷神 2》	2013 年 11 月 8 日	6.44
《美国队长 2》	2014 年 4 月 4 日	7.14	《银河护卫队》	2014 年 8 月 1 日	7.73

资料来源：根据各网络数据文件整理而来。

从表 9-10 中的数据可以知道，漫威打造电影宇宙是一种非常成功的知识网络建设路径。首先让旗下超级英雄电影分阶段、分批次、有计划性地逐步递进上映，而非一窝蜂地倾巢出动，这样做的好处是可以将时间线索和人物线索拉长。再让几位主要角色以道具彩蛋或者客串的方式亮相，将彼此独立的电影通过这种方式串联起来，能让受观众喜爱的影片带动冷门影片的知识，并且形成对影片知识的好奇心、求知欲。每阶段再以一部集合所有主角的影片作为终点，使文化消费者对知识的好奇心和观看影片的欲望得到最大的满足，一个阶段的任务就此完成，并以该部影片的结束开启下一阶段。这种藏于电影中的知识网络构建方式深受文化消费者的喜爱，更能让电影的票房节节高升。

漫威和 DC 两家娱乐公司只是美国文化产业的缩影，它们拥有美国文化产业的许多特点。通过分析这两家公司的知识网络构建路径，更深入了解美国文化产业的特点，为中国文化创意企业知识网络构建提供借鉴。与美国的文化产业进行对比，我国对文化产业的法规政策还有许多方面需要多加努力。为了保障一个产业的发展，法律的完善是必不可少的。美国完善的知识产权立法体系是保障美国文化产业如此繁荣的基础之一。要在社会主义市场经济下大力发展我国的文化产业，必须加强保护知识产权，以此给文化产业营造更加透明公平的市场环境。

同时也需要制定更加有效的财政税收政策以保障文化产业的发展。财政税收政策是在市场经济下调节产业发展的重要手段，学习美国通过减免文化产业及相关产业相关税收以促进文化产业的发展，可以由国家出面主持成立专项基金吸收来自国家和社会各界的资金投入。同时，需要保障公益性文化事业的资金配置，也需要引导营利性文化产业有目标和有方向地发展各个项目。

构建成熟而完善的文化创意企业知识网络，仅凭政策和法规的扶持是不够的。我国的文化产业在过去单纯依靠政府的财政支持，对外资控制过严、民间投资渠道不畅导致投资渠道单一。为了建构企业、个人、社会、政府多元化的投资结构，需要简化手续、降低投资门槛，鼓励非文化企业、外资和非公有制经济等资本投入文化产业。

同时也可以借用新兴的融资方式打造多元化的融资平台。比如引入风险投资和私募基金、知识产权资产证券化、利用技术创新型基金或产业专项基金和利用资本市场上市融资等，以此形成全社会共同参与文化产业发展的全新格局。除了以上方法还可以利用国外直接投资，推进我国文化产业资源配置的国际化，更易于大力发展我国文化产业的知识网络。

文化创意企业的知识网络构建需要立足于市场经济，而不能过分强调文化的意识形态。知识网络构建也需要有市场才能真正实现知识网络的价值，如果过分关注文化知识本身而不考虑文化产品的市场，则必然使我国文化创意企业的知识网络发展举步维艰。我们要在保证文化质量的前提下，发挥市场经济的作用。允许文化产品和文化企业在市场竞争的机制下优胜劣汰，从而形成动态流动的知识网络格局，创造出更受文化消费者青睐同时又保证文化质量的优质文化产品。

推进文化体制改革与市场经济体制改革都离不开创新，建立完善的创新奖励制度必不可少，这样才能激发整个文化创意知识网络的创新意识，鼓励文化产业进行文化创新、科技创新。同时，应该发掘并树立社会上的创新榜样，体现出个人价值和创新价值的相互结合，从而使整个社会共同追求创新，营造良好的社会创新氛围。

文化创意企业的创意人才是既懂文化又懂得市场的复合型人才。由于培育人才需要大量时间，现阶段文化产业对人才的需求可以通过引入国外人才进行弥补，也可以通过开展在职人员的深化教育培训来提高我国目前文化产业人力资源的质量。只有长期的人才培养计划才能健全我国文化产业的人才体系。

文化创意知识网络需要将各类人才都纳入其培养计划中，不仅需要相关高等教育人才培养机制的完善，整体劳动人口的素质也需要提升。我们要规范化人才培养的标准，推动在各教育机构开设文化产业相关课程，并且提升文化产业理论研究的高度。这样才能拓展我国文化创意产业人群的视野，结合文化创意产业的理论，推进文化产业的实践，培育出适应时代和国情被文化产业所需求的人才。

文化创意企业知识网络的发展离不开与其他行业的高度融合，我们需要扩展文化产业的影响到其他的相关行业中，充分发挥文化资源的特点以及经济价值，升级成一条有利于发展我国文化产业的经济循环产业链条。首先需要打破城乡二元经济不平衡的结构和区域间壁垒与行业间壁垒，建立各行业间的联动通道，使得不同行业间的知识能够充分共享、流通、发掘和利用文化创意资源及其他资源，构成优良的产业循环链条。其次需要建立国际化的优秀品牌，打造品牌的行业链条，在文化产品的创作中利用品牌的经济价值开发优质衍生产品，形成全面的文化品牌产品链条，覆盖我国以及全球的文化产品市场。文化软实力是国家实力彰显的一个重要指标。美国目前占据世界主导的位置，其中一个原因是因为其强盛的文化产业。通过研究和分析美国文化产业发展的特点，对促进发展我国文化产业和开拓文化市场具有重要意义。

通过对美国文化创意企业知识网络的研究，总结出美国文化产业拓展的特点，提出我国文化创意企业知识网络建设的可行性方向。经济与文化的关系是密不可分的，美国文化创意企业知识网络在政策法律、商业运作、投融资机制、人力资本、科学技术和产业联动方面的有机结合，保障了文化创意知识网络的活力，同时也促进了美国的经济和全球影响力的增长。

通过分析美国文化创意企业知识网络的构建路径，启示我国文化产业未来发展的可行性路径。政府职能、投融资机制、市场化商业模式、优化人才培养、建设行业联动等方面构成生态机制，保证文化创意产业的发展。美国的文化创意企业知识网络发展为我国提供了许多值得借鉴的方案，但在我国的特殊国情下不能简单复制。在未来的研究中，应根据我国、当地的具体文化情况，发展具有特色的文化创意企业知识网络，把拥有悠久历史的中华民族传统文化发扬光大。

三、时尚企业的知识网络建设

时尚企业多指以美化人外表、彰显人格特性为主体的产业类型，其核心产业表现为服装企业，辅助的产业还有首饰产业、配色产业等。本部分将以著名服装企业——Zara 为例，分析时尚企业的知识网络建设实践。

目前，Zara 在中国服装市场已经具有了一定的知名度。随着中国服装产业的飞速发展，不断有新兴的服装品牌涌现，作为一个具有 40 年历史的时尚品牌，Zara 不但在中国市场站稳了脚，而且还大有打压其他品牌的趋势。虽然 Zara 是具有一定规模的国际品牌，但是其走的却是亲民化的低价快销路线，这样的贸易模式正好迎合了中国大部分消费群体的经济实力，再加上其还有针对不同年龄层不同场合，各类时尚产品的专业设计，Zara 拥有各类消费群体。Zara 是西班牙零售集团 Inditex 旗下最大的品牌。1975 年，第一家 Zara 门店开设于西班牙，它以低廉的价格出售当下的潮流时尚产品，具有清晰的市场定位。Zara 50% 的产品都是在西班牙制造，其余 26% 在欧洲其他国家制造，24% 在亚洲国家制造。Zara 制造属于高劳动密集型产业，具有专门的知识产权保护措施。全球任意门店从西班牙设计团队进货只需要不到两个星期，相当于其竞争对手 12 倍的速度。除此之外，Zara 可以在更短的交货时间内运送少量的货物，取消订单也更为容易，避免了库存积压。应该说，Zara 很好地控制着三大操作模块：设计、制造和分销，这些造就了一个企业的竞争优势，使得 Zara 具有快速的销售能力。其销售战略重点在提高成本收益的同时，可以提高服务质量以及精确价值定位。作为时尚的追随者，Zara 最首要的目标就是要紧跟潮流，适时做出相应的变化，以此来迎合消费者的需求，而不是通过时装秀或类似渠道来预测时尚潮流。

作为 Zara 的创始人，Ortega 先生 13 岁便在西班牙的一个衬衣生产公司担任送货员的职务，在工作中，Ortega 接触到了时装的设计、生产、销售的完整流程，年轻的 Ortega 从中看出了一线商机，即利用服装从设计到摆上货架之间的时间差，其中蕴含着丰富的利润。Ortega 是西班牙人的骄傲，他使得西班牙成为国际时尚大国。尽管 Zara 每年都有被指控涉嫌抄袭国际一线大牌的危险，但这丝毫不影响白领女性们对于 Zara 的热爱，从某种程度上讲，正是 Ortega 先生圆了大众女性们的时尚梦，实现了只需花几百元钱，就能将几万元的时尚设计穿着于身的梦想。相对于产品的版权问题，大众更关心的是产品的设计是否时尚，价格是否合适。Ortega 先生曾经说过，零售业成功的秘诀是一手掌握制造工厂，一手掌握消费者。路易·威登的时尚总监丹尼尔 Piette 曾这样描述 Zara "它可能是世界上最创新的和破坏性的零售商。"Zara 的成功故事也被美国有线电视新闻网作为 "西班牙的成功故事" 而播出。"中国人均消费水平的提升，使得时尚已不仅是小众的偏好，更是大众的生活追求，中国时尚产业面临巨大的发展机遇。"中国纺织工业联合会副会长、中国时尚同盟组委会主任孙瑞哲说。尽管巨大的发展机遇就在眼前，然而，目前中国本土时尚产业的发展却似乎有点跟不上国民对于时尚产品的需求。如今购物已经成为了国民出境旅游的主要目的之一，在国外的免税商店、大型百货商场，总能看到国民争先恐后地大量购买 "洋货"，国外品牌对于中国品牌的蚕食是严峻的问题。要想重新取得国民对于 "国货" 的信任，中国时尚产业需要在明确自身文化特色的前提下，充分掌握国际环境下的行业动向，让自身优势发挥最大化效用。"近年来中国时尚产业发展势头迅猛，"身为中国本土设计师品牌 "吉芬" 的艺术总监，谢锋说，"以化妆品和服装为代表的中国时尚产品逐渐在国内市场上占据牢固地位，部分商品在国内的销量已经超越了同类海外品牌，后发的优势已经开始显现。"这意味着部分中国时尚产品已经具备了一个良好的开端，中国品牌的市场还有很大的发展空间，中国时尚产业正一步一步向好的方向发展。在发达国家，时尚产业的范围已经从流行的服装，扩展到室内建筑设计、化妆品、美食、游戏、礼仪、经济等领域。米兰、巴黎、东京、伦敦、纽约是目前为止世界公认的时尚产业发展较为成熟的五个地区，比较一下这五个地区时尚产业的发展状况，不难发现，虽然它们拥有不同的文化发展背景，但它们都拥有相似的发展因素，即地理因素、人文因素、经济因素、产业因素及政治因素。东华大学时尚与创意产业经济研究中心将国际化时尚产业的模型归纳为：以设计和商贸为主题，由面辅料和服装加工提供支持，以展览业、出版业、信息咨询业及模特业作为产业媒介的产业基本架构，同时大力发展了服装饰件、化妆品及室内用品等配套产业。时尚产业是以时装业为核心的产业模型，拥有高附加值的时装设计中心、成衣服装生产的控制中心和高档时装的制作中心，政府相关部门的支持必不可少。

（一）知识网络构建的宏观环境

就国内环境而言，我国加入世界贸易组织后，对进口商品的关税降低，Zara在中国市场依然具有价格优势。随着中国经济的发展，中国国民的消费水平不断提高，服装作为生活必需品，替换率较高，服装产业拥有较好的发展前景。中国改革开放以来，对于不同文化的包容性较强，各国人民纷纷到中国进行文化交流，国民对于异国文化的接受度较高。来自西班牙的 Zara 与中国传统服装有明显的差异，带给国民一定的新鲜感。此外，我国商务人士对社交服装有巨大的需求，Zara 的 OL 风格适应商务人士的要求。Zara 在竞争激烈的服装产业活跃至今，其成功的背后是技术团队对于信息的快速准确地把握及传达。服装的可塑性造成了即使是细微的偏差，也会导致产品整体的风格变化。来往于世界各地的Zara 时尚买手们将一线时尚潮流信息传达给总部设计团队，而设计团队充分理解和把握当下的流行元素，并依次为参照设计面向市场的产品，在这其中，技术人员需要对信息进行采集、分类、整理、总结并传达，他们的工作至关重要。

（二）知识网络供应条件

Zara 一直都做小批次的订单，这意味着如果你想要买一件绿色的 Zara 羊毛外套，你最好不要犹豫并尽快做决定，因为 Zara 不会一直生产这件绿色羊毛外套，这样的贸易模式显然增强了其产品的"稀缺性"，鼓励人们立刻买下产品否则之后就可能再也买不到了。Inditex 旗下所有品牌及其设计师都扎根于西班牙，其大部分产品都在西班牙或者西班牙附近生产，这样能够掌控好产品生产的高标准，意味着其生产速度相当迅速。例如，如果在上海、东京或纽约的旗舰店，工作人员发现街头时尚的新趋势，或者顾客进店并询问某一种产品时，当地的总部会迅速地收到这一反馈，生产相应的产品并运送至各个旗舰店。如果生产总部太远的话，这将不大可能实现，因为产品的运输会慢很多。在 Zara 西班牙产品研发总部与全球各个旗舰店之间都有一个固定的反馈流程，来自世界各地的旗舰店负责人每天都与西班牙研发团队商谈关于什么产品卖得好，什么产品卖得不好，其原因是什么，他们的见解来源于每天观察顾客的喜好与需求，这是一个很大的数据量，意味着 Zara 可以每周生产并不断地改进产品。例如，假如一件 Zara 蓝色羊毛外套卖得不好，因为顾客更喜欢紫色的，那么在短短几周内，Zara 便可以生产一件紫色的羊毛外套。

（三）知识网络的顾客基础

作为人口大国，中国的消费者数量庞大，不同消费群体对于时尚的需求也大不相同，在较为发达的一二线城市，具有品牌意识的顾客数量日益增长。有经济实力的人们愿意付出时间与金钱，甘愿沦为品牌的忠实粉丝，不断追求购买品牌的当季新品。Zara 作为知名品牌，通常选择大型商场的显眼地块开设店铺，商业野心可见一斑。目前，Zara 在中国市场已经拥有相当数量的客户群，中国市场对于 Zara 来说也是一块"肥肉"。

首先，从客户群的年龄层角度分析，Zara 的目标客户群为 25~35 岁的年轻人。25 岁以下的人群要么是需要穿校服的学生，要么是刚踏上社会的青年，这两者对于时尚的需求比例不高。35 岁以上的中年人往往已经拥有了更高的经济实力，对于服装的要求更高或是无心跟随时尚潮流，Zara 对于这一人群来说并没有超越其他品牌的优势。而处于人生建设期的 25~35 岁人群，他们需要的正式像 Zara 这样风格多样、价格中等的服装。

其次，从客户群的经济实力角度分析，Zara 的目标客户群为经济实力位于中等或中等以上水平的人群。Zara 在中国市场的价格属于中等偏上水平，尽管 Zara 会定期举行打折促销活动，但等到打折的时候再来挑选商品，无异于是在看运气。打折产品的尺码通常都不全，款式也大多为上一季的产品，少数产品还存在一定程度的缺陷，因此，Zara 的主要目标客户群并不是在打折时期前来购买的客户，而是有能力购买正价商品的人群。

最后，按照客户群的个性分析，Zara 的目标客户是有主见、爱好新潮的人群。Zara 的设计思路依附于国际顶尖时尚潮流，其设计灵感来源于每天来往于店内的客户，Zara 的快销模式决定了其产品与一般品牌的区别。人们对于服装的需求量巨大，尤其是女性，女性总是需要不停地购买新的衣服，Zara 服装的时尚感、推新的快速很好地满足了女性的需求。

（四）知识网络拓展渠道

Zara 在中国的市场按照营销平台来分类主要分为以下两类，即线下市场和线上市场。

线下市场，即采用实体零售店销售的方式。截至目前，Zara 已经在中国 46 个城市开设了 157 家门店，并且丝毫没有停下脚步的意思。Zara 的实体店通常位于繁华地区的大型综合商场，由于其销售范围覆盖男女成人装、童装、饰品，创新及生产速度远超其他品牌，它的门店面积也远远大于其他品牌。Zara 实体店采用简洁明了的服装陈列方式，进店的顾客很容易找到自己需要的产品。此外，Zara 实体店会定期对批量产品进行打折销售，打折区内经常都能看到人头攒动的景象，大家都希望自己能幸运地在一堆未分类的打折产品中"捡漏"。然而，近年随着租金的节节攀高，不少小型品牌仅凭实体店的销售已经满足不了各种开销，处于亏损的状态，最终只能关闭实体店，像 Zara 这样的大品牌虽不至于因入不敷出而导致关店，但在一定程度上也受到了影响。因此，Zara 开始把它的触角伸向了网络在线平台。

线上市场，目前 Zara 线上销售平台包括官网订购以及淘宝天猫旗舰店订购，线上销售的产品与线下实体店同步。Zara 官网的网页设计风格与实体店陈列风格基本一致，即采用纯色黑白灰为背景，简单干净，一目了然。顾客可以通过放大产品图片进一步了解产品细节，包括产品背面、成分、可选尺码、编号及价格。在选取完所需产品后，顾客可以通过 Zara 线下实体店之一领取产品，也可以通过快递运送至指定地址。订单的支付方式包括支付宝、国内银行卡、JCB、VISA、Mastercard 和货到付款。在确认订单之后，顾客会收到一封订单确认的电子邮件，经过这样一个完整的过程，顾客只需动动手指就能在家安安心心等着产品自己"跑"上门来，这便是网购，是近年来人们购物的主要渠道之一。采用网购的方式购买产品，大大地节省了到实体店挑选产品的成本，人们可以随时随地快速地通过网络完成订单。对于商家而言，这样的销售方式同样节省了开设实体店的成本，在网购这一潮流趋势的推动下，各大品牌着力于开拓网络市场是明智之举。此外，Zara 于 2014 年 10 月 13 日开设了天猫旗舰店，这一举措不仅意味着 Zara 线上市场的拓展，更意味着 Zara 对于中国市场的重视。淘宝作为中国本土最大的电商，截至目前，已经有来自 45 个国家的 4000 多个国际品牌登陆了天猫平台，Zara 作为其中一员，其快速的营销模式与天猫的营销模式相得益彰，两者相辅相成，电子商务市场的未来发展不可估量。

当前，中国服装市场正在经历关键的转型时期。线下市场的环境变得越来越严苛，经营成本越来越高，随着科技的发展，人们也慢慢习惯于更为便捷的线上订购，传统的营销环境已经满足不了企业的发展需求。对于已经具有一定规模的企业来说，即便它们可以通过线上平台另辟蹊径，从我国服装市场的整体发展来看，这些企业还是吃亏的。综观大型综合商场内的服饰品牌，多为发展成熟的知名品牌，这样的大型商场可不是任一品牌就能随意进驻的，商场的租金、电费、人力及宣传成本，都不是小企业可以承受的。大企业们经过之前的不懈奋斗，成功地在中心商城占领一席之地，享受着地势优势带来的经济效益，骄傲地俯视着小企业们，在以往线下商店独占鳌头的年代，大型服装品牌可谓是稳保收益。然而，随着电商时代的来临，各大小企业共同在同一平台起步，在如此多品牌的竞争下，难保大品牌原来拥有的拥护者不会动摇，而转投其他品牌的怀抱。如今在线上平台创立一个品牌，开设一家网店变得越来越容易，只要有想法，有一定的启动资金，就可以成为网店掌柜。这些起步于电子商务平台的品牌，拥有的资源远不可与在线下商场内拥有大面积店铺的品牌相比，但他们也拥有知名的独立服装设计师，并采用一流的服装面料，在"互联网+"的推波助澜下，小品牌的宣传效应被迅速放大。

"互联网+"为各类商品都带来了新的机遇，图9-11为2014年各类商品的平均网购频率。

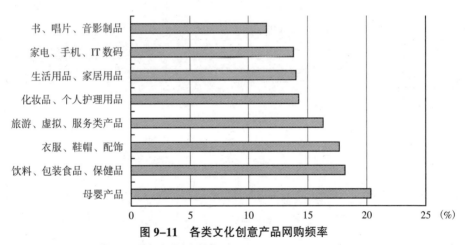

图9-11　各类文化创意产品网购频率

资料来源：尼尔森《网络购物行为研究报告》。

从图9-11中可以看出，网购频率排名前三的品类为母婴产品，饮料、包装食品、保健品，衣服、鞋帽、配饰。它们分别占各个品类总网购数目的20%、18%、17%。因此，服装在网购平台的发展状况良好，属于人们经常采购的物品。

"互联网+"为起家于实体店的品牌带来了转型的压力，同时也为起家于网店的品牌带来了新的机遇。互联网已经成为了我国时尚产业发展的重要战地，对于任意品牌来说这已然是不争的事实。企业想要在未来达到更好的发展，必须基于电子商务市场不断地调整营销策略。在竞争日益激烈的当下，中国时尚品牌在抓住新机遇的同时也面临着不小的挑战。

（五）"互联网+"助推知识网络新格局

与中国成熟品牌相同，西班牙服装品牌 Zara 起源于实体店铺，同样经历着中国市场环境的变革。同时拥有线上、线下市场，品牌们需要根据环境的不同采取不同的营销策略。以往，说起 Zara 成功的原因，人们都会想当然地认为是"快"，但 Zara 认为称其网络模式为"顾客驱动时尚"更为准确，因为 Zara 生产的正是不同地区人群所需求的产品。与其说是 Zara 在西班牙的产品设计师造就了它，不如说是 Zara 快速的市场反馈与物流成就了这一切。Zara 的知识网络模式表明其不断地吸收每一季度的新元素，相比之下，其他品牌更趋向于创造每个季节的产品元素，然而它们却并不能做到一直有新的创新。Zara 每周出货两次，其中每次都有新的产品，这样的做法保证了 Zara 旗舰店的新鲜度，每周都有不同的产品可供顾客挑选购买。对于以"快"著称的 Zara 来说，迅速的电子商务市场应该难不倒它，相信这样一个具有 40 年历史的时尚品牌将会很快地适应这一新市场。不过，面对那些如春笋般涌现的小型本土网店品牌，可能反而会让 Zara 头痛。与 Zara 相同，中国本土品牌对于产品设计的依赖性较高，缺乏原创积极性，两者同样的知识网络模式使得两者的产品也具有相似的产品风格。面对这一设计缺陷，已经发展成熟的 Zara 拥有解决的能力，其快速的供应链恰好弥补了这一问题。

而现在，"互联网+"的助推，让时尚企业的知识网络格局有了新的实质性变革。历经两年多的商业谈判，一万多封邮件的往来，Zara 天猫官方旗舰店于 2014 年 10 月 13 日开张。"让国际知名品牌了解中国互联网电商平台，需要时间、诚意、耐心和高频率的沟通。" 天猫事业部国际 BD 业务负责人蓁芯说。当 Zara 天猫官方旗舰店正式开张时，中国的女性们都激动了起来，作为顾客关心的多为产品的价格及质量，我们看到 Zara 入驻成功的新闻背后，是天猫业务团队的不懈付出。Zara 的母公司 Inditex 作为全球最大的服装集团，在世界各地都设有分店，受到世界各地人们的喜爱。作为中国最大的电商平台，天猫与 Zara 的合作将会是强强联手。从合作意向的试探，到不断地主动出击，合作机会来之不易，终于在 2013 年 Zara 表达了合作意向。但是当时中国电商平台对于 Zara 来说还太陌生，于是决定让 Inditex 集团中两个更年轻的品牌入驻天猫作为"试水"，2013 年 10 月，Bershka 和 Pull&Bear 入驻天猫。这两家天猫旗舰店都收获了不错的销量，通过中国电商市场反馈的数据，Inditex 对于中国的消费观念、消费水平有了更好的了解。此次"试水"告获成功，接下来，Zara 与天猫的合作展开了具体的细节讨论。2014 年 6 月，Inditex 首席执行官 Pablo Isla 对媒体公开表示："中国对我们意义重大，天猫对中国意义重大。公司对于天猫模式非常认同，天猫模式将允许其保持对自己国际品牌形象的控制。"很会挑时间的 Zara 在距离2014"双十一"购物热潮仅一个月到来之际，正式入驻了天猫，想必人们也在"双十一"的热血疯狂购物中，感受到了 Zara 天猫旗舰店的诚意。目前，已经有来自 45 个国家的 4000 多家海外品牌与天猫合作，包括 Burberry、Asos、Apple Store、无印良品等国际品牌。

互联网平台的优势：淘宝网从一个名不见经传的杂货小市场发展为如今国内最大的电商品牌，引领时尚消费从传统的百货格局走向网络平台，可谓电子商务发展的一大功臣。淘宝的发展如火如荼，摩拳擦掌投身于电商平台的企业越来越多。在竞争如此激烈的市场环境下，淘宝在老百姓的心目中还有地位吗？作为淘宝网的同胞兄弟，老百姓愿意接受天猫吗？基于这些问题，2014 年综合网站品牌网络口碑指数分析如下（见图 9–12）：

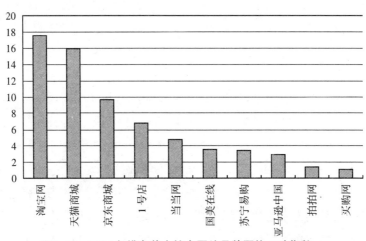

图 9–12 2014 年排名前十综合网站品牌网络口碑指数

资料来源：中国统计信息服务中心大数据研究实验室。

根据数据分析，在 2014 年综合网站口碑中，淘宝网的排名最高，天猫商城紧随其后，与排名第三的京东商城相差近一倍。由此可见，淘宝及天猫在老百姓的心目中还是有相当领先的地位。淘宝作为天猫的大哥，为天猫打稳了基础，天猫在淘宝的带领下，继承了淘宝的优点。但是，入驻天猫的品牌市场比淘宝要更为高端，天猫的入驻商家为国际时尚大牌，淘宝的品牌市场则更为鱼龙混杂，两者的协作满足了老百姓的不同需求，成为了大多数人购物的首选平台。

Zara 在互联网平台构筑知识网络的优势分析：

第一，成本优势。只需在天猫平台开一家旗舰店，就可服务全国的顾客。与实体店相比，减少了人力、店铺租金及电费的开销。

第二，客户体验度优势。天猫客服团队分别设有售前咨询、售后服务人员，通过网上的沟通、完整的服务体系带给顾客良好的购物体验。此外，天猫客服人员采用轮班式工作制度，服务时间较长，能够更好地迎合顾客的时间。

第三，推广优势。天猫的推广方式主要是通过后台的操作，向顾客推送产品的上新、促销、品牌文化等信息。在如今的电子时代，相对于书报，人们更倾向于通过电子产品的屏幕获得信息，这样的信息处理方式更为高效、有趣、便宜。

第四，客流量优势。基于淘宝这个强大的平台支持，整个淘宝的客户资源与天猫共享。中国的密集消费环境带给了淘宝巨大的客户数量，同时也为各品牌带来交易量。

第五，品牌优势。天猫的入驻门槛比淘宝高，一般人们都会认为天猫的产品更为正规，更有保障。

（六）知识双向反馈

目前，在中英贸易论坛上，英国驻华大使馆英国投资贸易总署零售行业主管马龙表示，快时尚品牌选择中国线上渠道，是看中了它们的"大数据"。"通过点击率，商家可以收集到很多有用的用户信息，比如买家是广州的还是长沙的？在哪个地区最受欢迎？购买能力如何？通过大数据的收集和分析，就可以知道主要客户的来源地，以此决定实体店的选址，比如广州购买得最多，那么就在广州开店。"Zara 在线上平台开店，其根本的目的还是为了服务于线下实体店，同时，Zara 在线下实体店所收集到的信息又会被运用于线上平台的营销。Zara 的"快"，从表面上看是源于其快速的供应链，而实质上，Zara 对于市场采取的任一营销策略都是依据顾客的反馈。市场是不断变化的，顾客的反映是市场走向的体现。Zara 善于观察顾客，从顾客那里收集信息，并对这些数据进行精准的分析，注重顾客的感受是为了更好地服务于客户。

淘宝平台的品牌多样化是人们选择它的主要原因之一，但也因为品牌的过于杂乱而被人诟病。为了摆脱淘宝山寨、不正规的小市场形象，阿里巴巴集团创立了淘宝的"高大上"版本：天猫商城。Zara 作为国际知名快销品牌，对于设立线下实体店的要求颇高，从选址、装修，到商品陈列，无不显示出 Zara 的品牌地位。入驻天猫商城的国外品牌多为国际时尚品牌，Zara 的入驻也向中国消费者证明了它的国际知名度。天猫商城给人造成一种思维模式，即如果要在网上选购正规的品牌商品，天猫是一个"靠谱"的选择，在天猫商城入驻的品牌商品质量更有保障。此外，在欧美文化的冲击下，国人对于欧美品牌的拥护远远超过了国产品牌，Zara 已经成为欧洲平价品牌的代表，更是国人追求的文化时尚。

设计方面，Zara 共有 400 名时尚买手穿梭于各大时尚秀场，吸收一线顶级时尚的设计元素，中国的品牌目前还能采取如此规模的设计来源方式；广告方面，Zara 可以通过借助线下 157 家门店的力量，在天猫平台无须过多的广告投入；供应量方面，虽然 Zara 实行的是快销模式，但从服饰种类的多样化来看，Zara 还是有一定领先优势的。况且，中国品牌在未来一段时间内也无法达到欧美大型品牌的规模，以支撑任一方面的成本支出。Zara 在各方面的领先，是 40 年服装营销经验累积的成果。如今还有不少企业模仿 Zara 的营销模式，不过还未等到大众熟知，就不得已退出市场。Zara 时尚巨头的地位非一日而成，中小企业不能只看到它的成功，就盲目地跟随它的营销模式，贪心地想要拥有 Zara 的资源。Zara 的营销策略对于大多数企业来说都是不可复制的，它的资源优势也是可望而不可即的。

（七）知识网络建构启示

目前，像 Zara 这样的众多国际品牌大多采用时尚买手模式，从产品的设计、制作到营销，这一整个流程的完成都是基于时尚买手们奔波于各地时尚的劳动成果。买手（Buyer）是时尚潮流最前沿的一种职业，其起源于 20 世纪 60 年代的欧洲。按照国际上通行的说法，买手指往返于世界各地，掌握流行趋势，他们普遍以服装、鞋帽、珠宝等基本货物不停与供应商进行交易，组织商品进入市场，满足消费者的不同需求。国际时尚买手作为一个职业，在国外已有四五十年的历史了，而在国内市场，相对而言还是一个新生事物。中国品牌的未来发展，要从基础做起，完善时尚买手模式，从而提高品牌竞争力。另外，Zara 快速的供应链在全球品牌中声名远扬，全世界都知道 Zara 成功的要领，然而，知道原理并不意味着能够完整复制并顺利操作。在建立并完善快速供应链的过程中，IT 技术手段的运用功不可没。借助 IT 技术手段，Zara 建立了从设计、采购到生产销售的一个封闭的沟通链条，实现了信息及时共享和直接沟通。对于中国的大多数小众品牌而言，到目前为止，对于其发展不可操之过急。Zara 的成功非一日造就，小众品牌应在保证产品质量的前提下，逐步完善供应链。对于发展更为成熟的本土品牌而言，这些品牌应起到带头作用，继续发展自身特色，将产品从设计到销售的每一步都更为紧密地结合。同时，"互联网+"的提出，让传统服装企业清晰地意识到时代在变，消费者购物方式在变，如果再不自我改变，最终将被淘汰。苏宁云商股份有限公司易购招商方面的相关负责人对于"互联网+"时尚产业这一话题，发表了自己的看法：2015 年服装电子商务市场发展具有以下趋势，时尚产业电子商务规模将稳步扩大，占网购市场的绝对份额；时尚移动电子商务将迅猛发展；时尚产业电商必须加强自身诚信建设。"店"与"电"相辅相成，线上线下融合发展，更加注重个性化定制。

第十章
研究结论与展望

本书从文献的梳理、核心概念的界定到价值共创机理理论模型的构建，以社会转型期的创意产业发展特征为背景，分析构建核心价值共创机理路径模型，用案例分析方法再分解核心理论模型，并在此基础上分别从地理集聚和社会网络集聚的视角，实证分析了影响创意产业组织价值共创关系构建的影响因素。通过一系列研究工作的完成，本书得到了几点主要研究结论，同时也存在需要进一步完善的不足之处。

第一节
研究的主要工作及结论

一、现代社会转型期创意产业发展的本质与特征

本书首先在现代社会转型发展的时代背景下，重新审视了创意产业的本质内涵。分别从"创意"与"产业"两个核心关键词出发，认为创意的本质在于过程、环境和延续的矛盾与冲突中，而对产业的本质理解从传统的产业分类视角发展到演化经济学视角下的创新系统驱动力观。相应的，对现代社会转型期的创意产业角色认识，也应从经济增长驱动发展为创新驱动的新阶段，着眼对社会创新

能力提升的驱动效应，从演化的视角研究"结构与关系机理"在创意产业促进现代社会转型中的作用角色。

以创新驱动为基础，现代社会转型期发展创意产业从文化、经济、环境三方面为社会带来"正外部性"，而文化价值的外部效应是经济和环境外部性产生的前提和基础。因此，本书总结现代社会创意产业的发展路径，是文化驱动下的，以创意集聚形态萌芽，并将逐步过渡到公民自组织的创意城市阶段。社会转型期正是处于以专家引导为特征的创意集聚发展阶段，发展模式表现为引导下的工业化厂房遗址、城市稀缺滨水区和环高校三种类型特征。

二、创意产业组织价值共创网络内成员间价值流动路径机理

本书借助价值网络理论，分解社会转型期专家引导为特征的创意产业组织价值共创网络的成员构成，认为核心创意企业、互补创意企业、创意孵化器、创意产业高校（艺术研究机构）构成了创意产业价值共创的主体，并确认了创意组织之间的扩散位置和相互之间的价值创造关系。

首先，从知识的视角界定了创意产业组织的价值内涵和价值属性。在将知识价值的属性划分为隐性知识和显性知识的基础上，进一步从知识的表现形式总结认为高校和艺术研究机构的知识以分析型知识为主体，创意孵化器的知识以整合型知识为基础，创意企业则以标志型知识为核心。从由组织到网络，由点及面的逻辑顺序，创意产业组织构成的价值网络以价值流动方式为基础划分为了企业网络模块、人际社会网络模块和社团网络模块，因此与网络模块对应的价值流动路径表现为企业网络的知识流动路径、人际社会网络知识流动路径和社团网络知识流动路径。其次，界定以专家引导的社会转型期是价值共创的孵化阶段，以社团网络知识流动为特征——创意企业之间标志型知识的隐性流动、创意企业社团与高校研究机构之间分析型知识的显性流动、创意企业协会与创意孵化器之间的整合型知识的显性流动，同时，创意企业在价值网络中承担着默认规则形成的主导作用。最后，以昆士兰创意产业集聚案例总结再现了价值共创社团网络的知识流动路径。

三、创意产业组织空间地理集聚结构类型对价值共创的效应评价

创意产业组织地理空间集聚发展的背景下，根据创意组织价值流动路径，从集聚的孵化阶段、繁荣阶段和成熟阶段分解影响价值共创的核心要素。总结在孵

化阶段，创意产业高校研究机构的分析型显性知识、创意孵化器的整合型显隐性知识，以及由创意企业构成的创意协会及创意社团的标志型隐性知识将构成价值共创的核心知识价值要素。在此基础上，进一步将创意产业价值共创的核心组织——创意企业在空间地理上的集聚结构分为同类替代型、同类非替代型和异类互补型，运用新经济增长理论，推导核心知识价值要素的价值共创效应。对比总结认为，地理空间集聚，以同类非替代型创意企业结构构成效应最优，其次为同类替代型，而应尽量避免异类创意企业的空间集聚结构。

四、创意产业组织社会网络邻近性要素对价值共创关系的影响评价

首先，在价值共创的社会网络构建研究方面，在已有研究成果和地理集聚结构的效应评价基础上，提取地理邻近性、组织邻近性、认知邻近性和社会关系邻近性与价值共创关系的正相关关系研究假设。通过观察收集纵向三年时间，研究对象的价值共创网络结构变化数据发现，随着价值共创网络的发展成熟，企业之间的平均连接度增加，整体网络密度增强。

其次，进一步实证邻近性要素对价值共创关系的影响。运用马尔可夫过程模拟构建了价值共创关系演化的随机模型，将模型再次分解为条件发生概率函数和目标效用函数，分别对提取的邻近性要素做参数估计。总结认为，地理邻近性与社会关系邻近性对价值共创关系的形成有显著的正向影响，而认知邻近性对价值共创关系形成呈显著负相关关系，组织邻近性与其关系不显著。说明创意企业在建立合作伙伴关系时，偏好与地理上接近且相互间具有一定非正式社会关系的企业类型，有助于信任合作关系的形成。而对于价值共创的核心知识属性，则与地理空间集聚视角的研究结论有所不同，认知差异越大、越有利于跨界合作和创意创新，创意企业不受组织成长背景的限制，偏好对异性认知的探索。

最后，通过对邻近性要素之间的互动影响实证分析，总结建议了创意产业价值共创构建的可行性路径原则：以地理空间集聚为基础，组织之间社会关系邻近为驱动力，塑造认知动态流动性的知识多样化为核心，制度跨界为方式的组织间价值共创路径。

第二节
研究创新点

（1）将对创意产业价值体现的演化分为四个阶段，以外部性理论为基础，提出创意产业价值创造体现创新驱动阶段特征，深化了对创意产业价值体现的理论认知。现有理论与实践界发展中，对创意产业的理解多以英国创意产业特别工作小组对创意产业的界定为基础，其价值体现以对国民经济总产值的贡献来衡量，将其作为具体的产业门类加以研究。然而，现阶段，创意产业作为整个社会创新发展的原动力，其价值的体现不仅局限于对国民经济的直接贡献，而更多的是全面促进社会经济发展方式的变革。但英国关于创意产业的 13 项分类并不能体现创意产业的这一价值。因此，本书在总结认为创意产业已发展到创新驱动阶段的基础上，将外部性理论引入创意产业价值体现的分析中，总结创意产业的发展演化路径，深化了对创意产业价值体现的理论认知。

（2）将知识价值引入创意产业组织价值共创路径的分析中，从价值网络的视野确定价值共创的网络类型，并将各价值网络的知识流动路径特征与价值网络内组织成员相结合分析，全面系统分析创意产业组织的价值共创机理。管理学研究中，以价值共创为研究主题的项目一般是从顾客与企业共同创造体验价值的视角出发，从营销学的视角研究企业与顾客的互动机理如何影响企业的创新绩效。价值共创内的"价值"含义主要指顾客价值，着重研究纵向价值链上上下游的价值共创主体的价值认知，其实质仍然是以传统价值链为基础，研究价值增值问题。本书主要从创意企业的知识属性出发，突破传统价值链的思想，从价值网络的视野，强调以创意企业为核心的网络内主体在网络路径特征下的知识价值共创机理。根据创意产业的发展阶段，进一步将价值共创机理分为企业网络模块、人际社会网络模块与社团网络模块，分别研究各网络模块的价值共创机理。同时，以国外较为成熟的创意产业区价值共创机理作为案例研究，使抽象的机理研究更加具体，为客观而全面认识创意产业组织的价值共创路径提供了一个新的切入点。

（3）从产业组织的中观视角，分别从基于空间地理的集聚和抽象的社会网络集聚两方面研究创意产业组织集聚，深化了创意产业组织集聚的理论研究。对创意产业发展方式的研究，起源于 Michael Porter 的产业集群理论。20 世纪 80 年代，Porter 提出了集群是相互关联的企业及组织在区域内地理上集中的生产形态表现，因此对创意产业发展方式的研究也沿袭了这一观点。但产业集群理论研究的企业类型主要是基于传统产业，通过纵向价值链上下游企业地理上的集聚而使交易成本降低。但到了 20 世纪 90 年代，随着企业核心竞争力从低成本的竞争转向知识的竞争，众多学者开始对基于地理的集聚提出质疑，认为集聚成功的关键在于网络内主体的相互合作和知识交流，但地理集聚还不能被证明有利于信任合作的建立。因此，本书基于此，将抽象的社会网络集聚引入创意产业发展方式的研究中，构建基于物理空间的地理集聚与抽象社会网络集聚的价值共创机理影响因素的对比研究。该研究视角更加全面地展现了创意产业的发展运行规律，深化了对创意企业价值共创机理影响因素的认识。

（4）将 Rsiena 复杂网络数据统计分析工具应用于价值共创机理影响因素的研究中，使动态抽象理论化的价值共创机理影响因素研究更加科学而具体。Rsiena 是搭载在 R 软件平台上的 SIENA 纵向社会网络数据统计分析应用，是专门针对纵向社会网络数据演化的分析工具。在以往的社会网络分析研究中，主要从不同的网络结构特征视角，应用计量经济学模型仿真演化过程，研究网络演化方式并提取影响网络平衡发展的要素，但却不能测试影响要素的有效性。而且，传统计量经济学研究的社会网络更偏向于静态发展，注重独立时间点上的社会网络关系状态研究，与真实的社会关系网络演化机理相去甚远。因此，本书尝试将基于动态社会网络演化的 SIENA 统计分析方法运用于创意企业价值共创机理影响因素的研究，测试影响因素的有效性，使复杂而抽象的创意企业价值共创关系演化的影响要素研究更加科学而具体。

第三节

研究不足

本书在构建创意产业组织价值共创机理的理论模型基础上，主要从两方面入手实证研究价值共创机理的影响要素：基于物理空间集聚的产业集聚区发展方式；以虚拟社会网络集聚的产业网络发展方式。本书认为，创意产业的发展不仅关系到物理地理空间的集聚，更应深入到创意产业组织成员之间的价值共创关系网络构建的研究。本书从结构决定功能的视角，提取地理空间集聚和社会网络集聚的创意产业组织网络结构特征，并就结构特征对价值共创网络的形成影响评价做了有益的尝试研究。但由于外部因素条件的限制，仍然存在一些缺憾和不足之处，其主要表现在以下两方面：

第一，社会网络集聚视角下研究邻近性要素的样本数据收集，是针对54家小型创意企业连续三年的社会网络关系变化。因为澳大利亚创意产业发展以量少质高为发展原则，而且初创型创意企业有较大的流动性和较高的失败风险，要满足在过去三年以内都有项目参与的限制，本书最后只确定到54家小型创意企业，并根据它们之间的关系绘制社会网络关系图，这在一定程度上限制了研究结论的说服力。进一步研究中，可以扩大社会网络关系数据的收集量，或者能借助新媒体平台技术，收集到更为全面的关系数据。

第二，本书基于社会网络集聚的影响要素评价，数据收集的研究对象主要是澳大利亚当地创意企业，以西方文化价值观为思维习惯。西方文化价值观中的"个人独立"思想与中国东方文化的"集体团结"观形成鲜明的对照。这有可能会影响社会网络邻近性要素的实证评价结果。因此，在未来的研究中，有必要基于中国时尚创意企业市场，收集社会网络关系数据，比较研究中澳的影响要素评价，将有助于更全面的研究邻近性要素的影响效应。

第四节
研究展望

本书着重从孵化阶段的横向研究视角，以时尚创意企业为主体探索了其价值共创机理及影响要素，在未来研究中，可以从以下几个方面进一步深入：

第一，本书构建了不同阶段的创意产业价值网络内组织的价值流动路径理论模型，并以横向研究视角重点分解研究了孵化阶段的组织价值流动路径特征。但从纵向时间发展角度看，孵化、繁荣和成熟阶段的价值流动路径特征是同时存在于创意产业价值共创网络中的，并相互循环作用。下一步研究中，可以将孵化、繁荣和成熟阶段价值流动路径相互之间的影响作用机理和更迭发展路径做深入的分析。

第二，本书基于地理集聚和社会网络集聚提取了创意企业之间的结构特征，并进行了结构对功能影响的实证分析。但因为本身创意产业价值共创网络结构的复杂性，根据结构特征提取的标准和方式不同，预提的研究假设就会有差异。而且具体的创意产业门类的结构特征也有其特殊性，本书主要是着眼时尚创意企业的结构特征做的实证分析，而其他类型的创意企业（如媒体企业）的结构特征就不尽相同，实证结果也会有不同。因此，未来研究中，可以基于其他创意产业类型进行结构特征的提取和实证影响研究，并进一步将对不同创意产业类型的实证研究结果进行对比分析，总结研究普适性和特殊性的创意产业价值共创网络结构特征及影响效应。

附 录

附录 1
时尚创意企业孵化器经理访谈实录

Why do the fashion enterprises constitute the main part of CEA supporting?

（In the context of precinct, communication is distinguished subject in creative industries faculty. A number of scholarships support fashion industry but doesn't give to other industries? Don't have other industrial incubator. Is there any original schedule for main part?）

We based on market survey find that fashion entrepreneur is keen to building their own business and Australia do need more emerging designer for articulate Australian culture.

We sponsored by QLD state government and the private donation as well.

Could you please introduce the story about the process of AKIN Collection start-up?

（What's the role of fashion incubator during AKIN Collection start-up?）

(From the beginning, did Incubator launch a project to recruit member? Or AKIN Collection apply for this project to CEA)

AKIN pilot project is a collaborative fashion collection in 2012 between indigenous artists and emerging designers. The original idea about this project is from government's strategy that boosts aboriginal culture of QLD state. This collection has challenged the perceived constraints of using indigenous artists in fashion collections and has proved there is a future for an authentic exchange of ideas that can lead to positive fashion, social and economic benefits for Australian indigenous artists and Australian designers.

Creative Enterprise Australia (CEA) Fashion Business incubator organized the collaboration between aboriginal artists and emerging designer and support the collection evolved from a series of collaborative events that demystified the contemporary opportunities that are available in fashion for both indigenous artist and emerging designer.

Do you think there is knowledge network in the process of fashion enterprise incubation? What's the structure of knowledge network?

(How does the incubator transfer knowledge into fashion enterprises at every stage?)

(How does the incubator create developing opportunity for micro fashion enterprise?)

Certainly, the key work of the incubator is to build knowledge network for fashion enterprises. We set 3 years as a period of incubation from the beginning of the "Hot-desk" hub for micro business to creative industries enterprise center and the creative industries accelerator hub as the graduating incubation.

Creative business and technology knowledge are the most important form for entrepreneurship. On the one hand, we open the business and technology class for them (entrepreneur) which is done by the lectures of QUT. On the other hand, we invite industrial managers to introduce their experience in daily life in the form of workshop and mentor. We synthesize the theoretic and practical knowledge for forming entire viewpoint of designers.

＼

Is there any co-laboration and competition between fashion enterprises after they settle in CEA? How to operate?

(Or any co-laborate with QUT creative industries faculty or CCI)

Yes, there is. We hold creative3 forum and recommend excellent designer to participate the national art festival that both of the events examine collaborative and competitive ability of the enterprise. In addition, we invite the industrial manager host "special breakfast" which is pretty popular among emerging designers. They can build private network with each other as well as enjoy the dishes. This is more casual way to set up network and it's the most effective channel in my mind...

The last but not the least, Fashion Agency is the most usual way to help designer distribute their production to market. All of the designers want to be the winner to acquire the opportunity of distribution.

What kind of form do you think is more effective for knowledge transferring?

In normally, there are two forms for transferring knowledge —one is sign contract in the form of formal cooperation, another is event communication which is more casual. In my opinion, we should synthesize formal and informal way to transfer knowledge. So this is the reason why we incubate our designer in mentoring+ fashion business professional+ design technical form.

In your opinion, what's the most important barrier in transferring knowledge?

Livingexperience. A huge of designers is very individual and there are many different living experiences between them so there is a lot of barrier when they communicate with each other but I think the barrier is the source of innovation as well.

附录 2
创意产业组织价值共创调查问卷

Survey   Questionnaire

Dear survey participant：

This questionnaire is just for academic research and won't involve commercial purpose. Thanks for your time.

Name：

Name of enterprise：

The Address of Design Studio

Education background：

Are you the member of CEA （Creative Enterprise Australia） YES /NO

Questions：

1. How many collections have you presented in last three years （2011–2013）？

2. What is your designing principle in these collections?

3. Can you briefly introduce where the designing inspiration comes from?

4. Do you have collaborated with a partner in any of these collections?

5. Why did you want to form the partnership relationship with them?

6. How do you communicate with each other in the process of collaboration?
Face to face/social media (Facebook/ twitter...) /email.

7. How did you start your business? Sponsored by incubator/government/success-
ful company/personal donation.

Please fill the name of projects and partners in last three years.

Year	Projects	Partners
2013		
2012		
2011		

Reply email address: Jieyaozhang@gmail.com.

附录3

三年项目汇总

	project2011		project 2012		project 2013
1	hybrid	1	Misteria	1	QANTAS SPIRIT OF YOUTH AWARDS winner
2	SABA WINTER COLLECTION	2	Edo Tropica	2	winter 2013（tom gunn）
3	Glass heart dress	3	2012 capsule collection	3	Minnie Dress
4	Zhou togs	4	Misteria AW12 Campaign	4	PONY BLAKES
5	Flora	5	Holly Ryan*DIAZ	5	clutches
6	Sunset slacks	6	Harvey brogue	6	TINA
7	New yorker	7	The Darling collection	7	paperback collection
		8	the runway of Gary Bigeni	8	A/W13 CAMPAIGN
		9	Zhou Collective tee	9	Your a Gem
		10	All Sort	10	Zhou Collective tee
		11	Batson ooze	11	LylaClare
		12	high tea	12	Jun−01
		13	spencer cutaway dress	13	Daggy jumper's day
		14	mini skulls on silk	14	L'oreal Melbourne fashion week
		15	Light & Shade collection	15	state high
		16	The design Files	16	Megan cullen*DIAZ
		17	floral	17	HOMEWARE COLLECTION
		18	accessory	18	neckpiece
		19	MBFF	19	Marie Claire
		20	Marie Claire	20	oh my goth
				21	BLOOM
				22	Chaplin lipstick
				23	HAT GAIL SORRONDA

附录 4
创意企业汇总

1	Gabrielle Thompson	28	Ellen Dennerley
2	Shannon Gunn	29	Alex Barnes
3	TINA Lilienthal	30	hayley
4	HAN	31	Thuy
5	Bianca Mavrick Jewellery	32	Ana Diaz
6	LylaClare	33	sportsgirls
7	Soot	34	Megan Cullen
8	estate of mind	35	KSUBI
9	ZHOU	36	Knots & Knits
10	soot sister	37	Frock Paper Scissors
11	Batson	38	INDIA LADIES
12	inside in, inside out	39	Miss Bibi
13	beau in the woods	40	Laksmono
14	Richard Nylon	41	Love Obsessed
15	Lynandtony	42	Saskia Edwards
16	Gail Sorronda	43	Neil & Ros Thompson
17	SORRONDA	44	Sarah Birchley
18	goth peter Murphy	45	Georgie Thompson
19	Eastonpearson	46	Liam Cassidy
20	Neoprene	47	Kristian Hawker
21	Tilly Sinclair	48	Kloi Banks
22	Holly Ryan	49	Pamela Maudy
23	Gary Bigeni	50	Taylah
24	Miranda Skoczek	51	Lauren Chalmers
25	Nicky	52	SABA
26	Ananda Lima	53	Gallery Twenty
27	Simone Zimmermann	54	Col ELLIS

注：麦克卢汉 [加拿大].理解媒介——论人的延伸 [M].何道宽译.北京：商务印书馆，2000.

参考文献

［1］庇古. 福利经济学 ［M］. 陆民仁译，中国台湾银行经济研究室，1971.

［2］曹如中，高长春，曹桂红. 创意产业价值转换机理及价值实现路径研究 ［J］. 科技进步与对策，2010，27（10）.

［3］陈昕. 救赎与消费——当代中国日常生活中的消费主义 ［M］. 南京：江苏人民出版社，2003.

［4］冯广森，张先国，杨建梅. 地理集群的企业竞争研究 ［J］. 南开管理评论，2002（5）：76-78.

［5］中国热点新闻 ［EB/OL］. 环球网，http：//china.huanqiu.com/hot/2015-06/6738858.html，2015-06-21.

［6］姜鑫. 基于社会网络分析的组织非正式网络内隐性知识共享及其实证研究 ［J］. 情报理论与实践，2012（2）.

［7］兰德尔. 资源经济学 ［M］. 北京：商务印书馆，1989.

［8］李长玲，纪雪梅，支岭. 基于社会网络分析的企业内部知识传播效率分析 ［J］. 情报理论与实践，2011（10）.

［9］厉无畏，顾丽英. 创意产业价值创造机制及产业组织模式 ［J］. 学术月刊，2007（8）.

［10］厉无畏，王慧敏. 创意产业促进经济增长方式转变——机理·模式·路径 ［J］. 中国工业经济，2007（11）.

[11] 厉无畏. 创意改变中国 [M]. 北京：新华出版社，2009.

[12] 马歇尔. 经济学原理（上卷）[M]. 北京：商务印书馆，1981.

[13] 曼昆. 经济学原理 [M]. 北京：北京大学出版社，2006.

[14] 毛基业，张霞. 案例研究方法的规范性及现状评估 [J]. 管理世界，2008（4）.

[15] 毛基业，张霞. 理论在案例研究中的作用——中国企业管理案例论坛（2009）综述与范文分析 [J]. 管理世界，2010（2）.

[16] 彭新敏，吴晓波，吴东. 基于二次创新动态过程的企业网络与组织学习平衡模式演化——海天 1971~2010 年纵向案例研究 [J]. 管理世界，2011（1）：7-14.

[17] 上海政府网 [EB/OL]. http：//wgj.sh.gov.cn/wgj/node743/node763/node1350/u1a788 93.html.

[18] 石艳霞，吴丽芳，赵文. 基于社会化网络服务的知识共享探讨 [J]. 情报科学，2010，28（7）：1073-1077.

[19] 苏咏鸿，王保平. 论巩固"非典体验"推进网络应用 [J]. 人民邮电报，2003（6）.

[20] 往来一万封沟通邮件后 Zara 终于情定天猫 [EB/OL]. 新浪网，2014-10-13.

[21] 未来十年将是中国服装业转型升级关键期 [EB/OL]. 中研网，2014-06-24.

[22] 约翰·霍金斯. 创意生态——思考在这里是真正的职业 [M]. 北京：北京联合出版公司，2011.

[23] 张振鹏，马力. 文化创意产业集群形成机理探讨 [J]. 制度经济学研究，2011（2）.

[24] 周小仪. 唯美主义与消费文化 [M]. 北京：北京大学出版社，2002.

[25] 左惠. 文化产品的外部性特征剖析 [J]. 生产力研究，2009（7）.

[26] ZARA 创始人：时尚终结者是如何炼成的 [J]. 21 世纪经济报道，2009（3）.

[27] Ahn J.H. and Chang S.G. Assessing the Contribution of Knowledge to Business Performance：the KP3 Methodology [J]. Decision Support Systems，2004，36（4）：403-416.

[28] Ahuja., Polidoro Jr F. and Mitchell W. Structural Homophily or Social

Asymmetry? The Formation of Alliances by Poorly Embedded Firms [J]. Strategic Management Journal, 2009 (30): 941-958.

[29] Alavi, Maryam, Leidner Dorothy E. Knowledge Management and Knowledge Management System: Conceptual Foundations and Research Issues [J]. MIS Quartly, 2001, 25 (1): 107-136.

[30] Amin A. and Cohendet P. Architectures of Knowledge: Firms, Capabilities and Communities [M]. Oxford: University Press, 2004.

[31] Andreas M. Kaplan, Michael Haenlein. Users of the World, Unite! The Challenges and Opportunities of Social Media [J]. Business Horizons, 2010 (53): 59-68.

[32] Andrew Baker. Understanding the Role of Co-Creation in Fantasy and Fun [J]. Advances in Consumer Research, 2008 (35): 44-48.

[33] Antonelli C. Collective Knowledge Communication and Innovation: the Evidence of Technological Districts [J]. Regional Studies, 2000 (34): 535-547.

[34] Arthur B. The Nature of Technology: What it is and How it Evolves [M]. New York: Free Press, 2009.

[35] Asheim B. Guest Editorial: Introduction to the Creative Class in European City Regions [J]. Economic Geography, 2009, 85 (4): 355-362.

[36] Asheim B. and Hansen H.K. Knowledge Bases, Talents, and Contexts. Onthe Usefulness of the Creative Class Approach in Sweden [J]. Economic Geography, 2009, 85 (4): 425-442.

[37] Asheim B. and Lars Coenen. Face to Face, Buzz, and Knowledge Bases: Sociospatial Implications for Learning, Innovation, and Innovation Policy [J]. Environmentand Planning, 2007 (25): 655-670.

[38] Autant-Bernard C., Billand P., Frachisse D. and Massard N. Social Distance Versus Spatial Distance in R&D Cooperation: Empirical Evidence from Euroean Collaboration Choices in Micro and Nanotechonologies [J]. Papers in Reogional Science, 2007 (86): 495-519.

[39] Bala V. and Goyal S. A Noncooperative Model of Network Formation[J]. Econometrica, 2000 (68): 1181-1229.

[40] Baldwin C.Y, Clark K.B. Managing in an Age of Modularity [J]. Harvard

Business Review. 1997（1）：7-14.

[41] Bathelt H., Malmberg A., Maskell P. Clusters and Knowledge: Local Buzz, Global Pipelines and the Process of Knowledge Creation[J]. Progress in Human Geography, 2004, 28（1）：31-56.

[42] Beck J. The Sale Effect of Word of Mouth: A Model for Creative Goods and Estimation for Novels [J]. Journel of Cultural Economics, 2007, 31（1）：7-14.

[43] Bernard A. and Xu Y. An Integrated Knowledge Reference System for Product Development [J]. CIRP Annals, 2009, 58（1）：119-122.

[44] Bernard A. and Tichkiewitch S. Methods and Tools for Effective Knowledge Life-cycle-mangement [M]. Berlin: Springer, 2008.

[45] Birkinshaw J. and Sheehan T. Managing the Knowledge Life Cycle [J]. MIT Management Review, 2002, 4（1）：75-83.

[46] Birkinshaw J. and Sheehan T. Managing the Knowledge Life Cycle [J]. MIT Sloan Management Review, 2002, 4（1）：75-83.

[47] Bjorn Asheim. Knowledge Bases, Talents, and Contexts: On the Usefulness of the Creative Class Approach in Sweden [J]. Economic Geography, 2009, 85（4）：425-442.

[48] Bohm D. On Creativity [M]. London: Routledge, 1996.

[49] Boschma R.A. and Frenken K. The Spatial Evolution of Innovation Networks: A Proximity Perspective [J]. Evolutionary Economic Geography, 2005（5）：7-14.

[50] Boschma R. A. Proximity and Innovation: A Critical Assessment [J]. Regional Studies, 2005（39）：61-74.

[51] Boschma R.A. and Ter Wal A. L.J. Knowledge Networks and Innovative Performance in an Industrial District: The Case of a Footwear District in the South of Italy [J]. Industry and Innovation, 2007（14）：177-199.

[52] Bowman K.O. and Shenton L.R. Method of Moments, in Kotz S., Johnson N.L. and Read C.B.（eds.）[J]. Encyclopedia of Statistical Science, 1985（5）：467-473.

[53] Brossard O. and Vicente J. Cognitive and Relational Distance in Alliances Networks: Evidence on the Knowledge Value Chain in the European ICT Sector [J].

Paper Presented at the Summer Danish Research Unit for Industrial Dyanamics (DRUID) Conference, Copenhagen, Denmark, 2007 (7): 7–14.

[54] Brown A., O'Connor J. and Cohen S. Local Music Policies Within a Global Music Industy: Cultural Quarters in Manchester and Sheffield [J]. Geoforum, 2000 (31): 51–67.

[55] Burk W. J., Steglich C. E. G., Snijders T. A. B. Beyond Dyadic Interdependence: Actor–oriented Models for Co–evolving Social Networks and Individual Behaviors [J]. International Journal of Behaviroral Development, 2007, 31 (4): 397–404.

[56] Burt R.S. Structral Holes and Good Ideas [J]. American Journal of Sociology, 2004 (110): 349–399.

[57] Burt R.S. Social Contagion and Innovation: Cohesion Versus Structural Equivalence [J]. American Journal of Economics and Sociology, 1987, 92 (6): 1287–1335.

[58] Buskirk Martha. Creative Enterprise: Contemporary Art between Museum and Marketplace [M]. New York: The Continuum International Publishing Group, 2012.

[59] Cadbury Committee [R]. Report of the Committee on The Financial Aspects of Corporate Governance, Gee, London, 1992.

[60] Capello R. Spatial Transfer of Knowledge in High Technology Milieux: Learning Versus Collective Learning Process [J]. Regional Studies, 1999, 33 (4): 353–366.

[61] Carlucci D., Marr B. and Schiuma G. The Knowledge Value Chain–how Intellectual Capital Impacts Business Performance [J]. International Journal of Technology Management, 2004, 27 (6–7): 575–590.

[62] Cassiman B. and Veugelers R. Spillovers and R&D Cooperation: Some Empirical Evidence [J]. American Economic Review, 2002 (92): 1169–1184.

[63] Castells M. The Rise of the Network Society [M]. Oxford: Blackwell, 1996.

[64] CCI (ARE Centre of Excellence for Creative Industries and Innovation). How Big are the Australian Creative Industries? [EB/OL]. QUT, wiki.cci.edu.au/

download/ attachments/4710，2006.

［65］ Chai A., Earl P.E., Potts J. Fashion, Growth and Welfare: An Evolutionary Approach ［J］. Advances in Austraian Economics.Elsevier, 2007 (1): 7–14.

［66］ D'Aspremont C. and Jacquemin A. Cooperative and Non–cooperative R&D in Duopoly with Spillovers ［J］. American Economic Review, 1998 (78): 1133–1137.

［67］ David Denyer. etc. Networking and Innovation: A Systematic Review of the Evidence ［J］. IJMR, 2004 (9/10): 137–166.

［68］ Dominic Power, Daniel Hallencreutz. Competitiveness, Local Production Systems and Global Commodity Chains in the Music Industry: Entering the US Market ［J］. Regional Studies, 2007, 41 (3): 377–389.

［69］ Donovan R. Walling. The Creativity Continuum ［J］. Tech Trend, 2009 (8): 26–27.

［70］ Edvinsson L. Developing Intellectual Capital at Skandia ［J］. Long Range Planning, 1997, 30 (3): 366–373.

［71］ Eisenberg T., Sundgren S. and Wells M.T. Larger Board Size and Decreasing Firm Value in Small Firms ［J］. Journal of Financial Economics, 1998, 48 (1): 35–54.

［72］ Eisenhardt K.M. Building Theories from Case Study Research ［J］. Academy of Management Review, 1989 (1): 532–550.

［73］ Ernest Miguélez, Rosina Moreno. Skilled Labour Mobility, Networks and Knowledge Creation in Regions: A Panel Data Approach ［J］. The Annals of Regional Science, 2012 (8): 22–51.

［74］ Eskelinen H., Hannibalsson I., Malmberg A., Maskell P. and Vatne. (eds.) Competitiveness, Localised Learning and Reogional Development: Specialisation and Prosperity in Small Open Economies ［M］. London: Routledge, 1998.

［75］ Etzkowitz H. and Leydesdorff L. The Dynamics of Innovation: from National Systems and 'Mode 2' to a Triple Helix of University–Industry–Government Relations ［J］. Research Policy, 2000 (29): 109–123.

［76］ Filippi M. and Torre A. Local Organisations and Institutions: How Can Geographical Proximity be Activated by Collective Projects? ［J］. International Journal of Technology Management, 2003 (26): 386-400.

[77] Flew T. The Creative Industries [M]. Culture and Policy. London: Sage, 2012.

[78] Flordia R. The Rise of the Creative Class [M]. New York: Basic Books, 2002.

[79] Florida R. L. The Rise of the Creative Class: and How it's Transforming Work, Leisure, Community and Everyday Life [M]. Basic Civitas Books, 2002.

[80] Florida R. The Rise of the Creative Class [M]. New York: Perseus Books, 2002.

[81] Freeman C. The "National System of Innovation" in Historical Perspective, in D.Archibugi and J. Michie (eds.) Technology, Globalization and Economic Performance [M]. Cambridge: Cambridge University Press, 1997.

[82] Giuliani E. and Bell M. The Micro-determinants of Meso-level Learning and Innovation: Evidence from a Chilean Wine Cluster [J]. Research policy, 2005 (34): 47-68.

[83] Gordon I.R. and McCann P. Idusntrial Clusters: Complexes, Agglomeration and/or Social Network? [J]. Urban Studies, 2000 (37): 513-532.

[84] Grabher G. The Project Ecology of Advertising: Tasks, Talents and Teams [J]. Regional Studies, 2002 (36): 245-262.

[85] Granovetter M.S. Economic Action and Social Structure: the Problem of Embeddedness [J]. American Journal of Sociology, 1985, 91 (3): 481-510.

[86] Guerra-Zubiaga D.A. and Young R.I.M. Design of a Manufacturing Knowledge Model [J]. International Journal of Computer Integrated Manufacturing, 2008, 21 (5): 526-539.

[87] Hargadon A., Sutton R.I. Technology Brokering and Innovation in a Product Development Firm [J]. Administrative Science Quarterly, 1997, 42 (4): 716-749.

[88] Hartely J. The Use of Digital Literacy [M]. St.Lucia: University of Queensland Press and New Brunswick, NJ: Transaction Publishers, 2009.

[89] Healy K. What's New for Culture in the New Economy? [J]. Journal of Arts Management, Law and Society, 2002, 32 (2): 86-103.

[90] Henderson J. W. and Scott A.J. Entrepreneurship, Innovation and Industrial Development: Geography and the Creative Field Revisited[J]. Small Business Economics, 2005.

[91] Henry N. and S. Pinch. Spatialising Knowledge: Placing the Knowledge Community of Motor Sport Valley [J]. Geoforum, 2000 (31): 191-208.

[92] Howells J. R.L. Tacit Knowledge, Innovation and Economic Geography [J]. Urban Studies, 2002 (39): 871-884.

[93] J. Knoben and L.A.G. Oerlemans. Proximity and Inter-organizational Collaboration: A Literature Review [J]. International Journal of Management Reviews, 2006, 8 (2): 71-89.

[94] Jackson M.O. and Rogers B.W. Meeting Strangers and Friends of Friends: How Random are Social Networks? [J]. American Economic Review, 2007 (97): 890-915.

[95] Jason Potts, Stuart Cunningham, John Hartley, Paul Ormerod. Social Network Markets: A New Definition of the Creative Industries[J]. Journal of Cultural Economics, 2008, 32 (3): 166-185.

[96] Jason Potts, Stuart Cunningham. Four Models of the Creative Industries [J]. International Journal of Cultural Policy, 2008, (14).

[97] Jin E. M., Girvan M. and Newman M. E.J. Strucutre of Growing Social Networks [J]. Physical Review E, 2001 (64): 46-132.

[98] Johnson S. Where Good Ideas Come From: The Natural History of Innovation [M]. New York: Riverhead Books, 2010.

[99] Judge W.Q.Jr and Zeithaml C.P. Institutional and Strategic Choice Perspectives on Board Involvement in the Strategic Decision Process [J]. Academy of Management Journal, 1992, 35 (4): 766-794.

[100] Kathandaraman P., Wilson D. The Future of Competition-Value Creating Networks [J]. Industrial Marketing Management, 2001 (30): 379-389.

[101] Keane M. China's New Creative Clusters: Governance, Human Capital and Investment [M]. London: Routledge, 2011.

[102] Kirat T. and Lung Y. Innovation and Proximity-Territories as Loci of Collective Learning Processes [J]. European Urban and Reogional Studies, 1999, 6

（1）：27-38.

[103] Klaebe Helen. Sharing Stories： An Oral History Collection from the Kelvin Grove Urban Village ［M］. Brisbane： Queensland University of Technology, 2005.

[104] Knoben J. and Oerlemans L.A.G. Proximity and Inter-organizational Collaboration： A Literature Review ［J］. International Journal of Management Reviews, 2006(8)：71-89.

[105] Krackhardt D., Hanson J. R. Information Networks： The Company Behind the Chart ［J］. Harvard Business Review, 1993, 71 (4)：100-117.

[106] L. Abrams, R. Cross, E. Lesser and D. Levin. Nurturing Interpersonal Trust in Knowledge -sharing Networks ［J］. Academy of Management Executive, 2003, 17 (4)：64-77.

[107] Lambooy J.G. Knowledge Transfers, Spillovers and Actors： The Role of Context and Social Capital ［J］. European Planning Journal, 2010, 18 (6)：873-891.

[108] Landry C. The Creative City： A Toolkit for Urban Innovators ［M］. Earthscan/James & James, 2008.

[109] Landry Charles. The Creative City： A Toolkit for Urban Innovators ［M］. London： Earthscan publications, 2000.

[110] Leo van den Berg, Erik Braun. Urban Competitiveness, Marketing and the Need for Organising Capacity ［J］. Urban Studies, 1999 (36)：987-999.

[111] Leonard-Barton D. Wellsprings of Knowledge ［M］. Boston： Harvard Business School Press, 1995.

[112] Levy R., Roux P. and Wolff S. An Analysis of Science-industry Collaborative Patterns in a Large European University ［J］. Journal of Technology Transfer, 2009(34)：1-23.

[113] Liebowitz J. and Wright K. Does Measuring Knowledge Make "Cents"? ［J］. Expert Systems with Applications, 1999, 17 (2)：99-103.

[114] Liebowitz J. Knowledge Management Handbook ［M］. Boca Raton, FL： CRC Press, 1999.

[115] M. Granovatter. The Strength of Weak Ties： A Network Theory Revisited

［J］. Sociological Theory，1983（1）：201–233.

［116］ M. Hansen. The Search–Transfer Problem：The Role of Weak Ties in Sharing Knowledges across Organization Subunits［J］. Administrative Science Quarterly，1999（3）：82–111.

［117］ M.B.Holbrook. Consumption Experience，Customer Value，and Subjective Personal Introspection：An Illustrative Photographic Essay［J］. Journal of Business Research，2006，59（6）：714–725.

［118］ M.Crossan，H.W. Lane and R. E. White. An Organizational Learning Framework：from Intuition to Institution ［J］. Academy of Management Review，2005，24（3）：522–537.

［119］ Maliranta M.，Mohnen P. and Rouvinen P. Is Inter–firm Labor Mobility a Channel of Knowledge Spillovers? Evidence from Alinked Employer–employee Panel ［J］. Industrial and Corporate Change，2009（10）：921–943.

［120］ Mark S. Granovetter. The Strength of Weak Ties ［J］. American Journal of Sociology，1973，6（78）：1360–1380.

［121］ Markusen A. Sticky Places in Slippery Space：A Typology of Industrial Districts［J］. Economic Geography，1996（72）：293–313.

［122］ Marshall A. Principles of Economics ［M］. London：Macmillan，1890.

［123］ Mockros C. and Csikszentmihali M. "The social construction of creative lives"［M］. in A. Montuori and R.Purser（eds.），Social Creativity，vol. 1. New Jersey，NJ：Hampton Press，1999.

［124］ Moran S. Creativity：A Systemsperspective ［M］. in T.Richards，M. Runco and S. Moger（eds.），The Routledge Companion to Creativity. London：Routledge，2009.

［125］ Nooteboom B.，Van Haverbeke W.，Duysters G.，Gilsing V. and Van den Oord A. Optimal Cognitive Distance and Absorptive Capacity ［J］. Research Policy，2007（36）：1016–1034.

［126］ Nooteboom B. and Woolthuis R.K. Cluster Dynamics，in Boschma R.A. and Kloosterman R. (eds.)［J］. Learning from Clusters：A Critical Assessment，2005，（7）：51–68.

［127］ Owen–Smith J. and Powell W.W. Knowledge Networks in the Boston

Biotechnology Community [J]. Paper Presented at the Conference on "Science as an Institution and the Institutions of Science" in Siena, 2002 (1): 25-26.

[128] Paier M. and Scherngell T. Determinants of Collaboration in European R&D Networks: Empirical Evidence from a Binary Choice Model Perspective [J]. Social Science Research Network (SSRN) Working paper Series, Rochester, NY, 2008 (7): 4-14.

[129] Panico C. On the Contractual Governance of Research Collaborations: Allocating Control and Intellectual Property Rights in the Shadow of Potential Termination [J]. Research Policy, 2011, 40 (10): 1403-1411.

[130] Paula Perez-Aleman. Cluster formation, Institutions and Learning: The Emergence of Clusters and Development in Chile [J]. Industrial and Corporate Change, 2005 (14): 651-677.

[131] Peter Hall. Cities in Civilization: Culture, Technology, and Urban Order. London, Weidenfeld& Nicolson [J]. New York: Pantheon Books, 1998.

[132] Peter N. Steams Consumerism in World Hisbry: The Global Transformation of Desire [M]. London and New York: Routledge, 2007.

[133] Pfeffer J. and Salancik G.R. The External Control of Organizations: ARe-source Dependence Approach [M]. New York: Harper and Row Publishers, 1978.

[134] Pierre-Alexandre Balland. Proximity and the Evolution of Collaboration Networks: Evidence from Research and Cevelopment Projects Within the Global Navigation Satellite System (GNSS) Industry [J]. Reional Studies, 2011 (7): 1-14.

[135] Ponds R., Van Oort F. G. and Frenken K. The Geographical and Institutional Proximity of Research Collaboration [J]. Papers in Regional Science, 2007 (86): 423-443.

[136] Porter M. E. The Competitive Advantage of Nations [M]. New York: Free Press, 1990.

[137] Porter M.E. Clusters and the New Economics of Competition [J]. Harvard Business Review, 1998 (11): 7-14.

[138] Potts J. Creative Industries and Economic Evolution [M]. Cheltenham: Edward Elgar, 2011.

[139] Pratt A. C. Discovering Cities: Inner London: Spitalfields and the South

Bank〔J〕. Geography, 2005（90）: 304.

〔140〕 R. Cross, A. Parker, L. Prusak and S. Borgatti. Knowing What We Know: Supporting Knowledge Creation and Sharing in Social Network〔J〕. Organizational Dynamics, 2001, 30（2）: 100-120.

〔141〕 R. Bosua and R. Scheepers. Toward a Model to Explain Knowledge Sharing in Complex Organizational Settings〔J〕. Knowledge Management Research and Practice, 2007, 5（2）: 93-109.

〔142〕 Rachelle Bosua and Nina Evans. Social Networks and Absorptive Capacity, World Academy of Science〔J〕. Engineering and Technology, 2012（61）: 1113-1116.

〔143〕 Rehn A. and De Cock C. "Deconstructing creativity"〔M〕. in T. Richards M. Runco and S. Moger（eds.）, The Routledge Companion to Creativity. London: Routledge, 2009.

〔144〕 Renner W. Human Values: A Lexical Perspective〔J〕. Personality and Individual Differences, 2003, 34（1）: 127-141.

〔145〕 Richard E. Caves. Creative Industries-contracts Between Art and Commerce〔J〕. London: Harvard University Press, 2000.

〔146〕 Rob Cross. Introduction to Organizational Network Analysis〔EB/OL〕. www.robcross.org/sna.htm, 2004.

〔147〕 Robbins H. and Monro S. A Stochastic Approximation Method〔J〕. Annals of Mathematical Statistics, 1951（22）: 400-407.

〔148〕 Robert R. Klein. Where Music and Knowledge Meet: A Comparisom of Temporary Events in Los Angeles and Columbus, Ohio〔J〕. Royal Geographical Society, 2011, 43（3）: 320-326.

〔149〕 Robert M. Grant. Toward a Knowledge-based Theory of the Firm〔J〕. Strategic Management Journal, 1996（17）: 109-122.

〔150〕 Roberts and Chaminade. Social Capital as a Mechanism: Connecting Knowledge with and Across Firms〔EB/OL〕. www.Academia.edu/1412220, 2002.

〔151〕 Rogers, Everett. Diffusion of Innovations〔M〕. New York: Free Press, 1962.

〔152〕 Ronald S. Burt. Structural Holes versus Network Closure as Social Capital

[J]. University of Chicago and institiute Europeen d'Administration d'Affaires (IN-SEAD), 2000 (1): 7-14.

[153] RonaldSBurt, Joseph E. Jannotta, James T. Mahoney. Personality Corre-lates of Structural Holes [J]. Social Networks, 1998 (20): 9-14.

[154] Roos J. Exploring the Concept of Intellectual Capital (IC) [J]. Long Range Planning, 1998, 31 (1): 150-153.

[155] Ruggles R.L. The State of Notion: Knowledge Management in Practice [J]. California Management Review, 1998, 40 (3): 80-89.

[156] Ruigrok W., Peck S. I. and Keller H. Board Characteristics and Involve-ment in Strategic Decision Making: Evidence from Swiss Companies [J]. Journal of Management Studies, 2006, 43 (5): 1201-1226.

[157] S. A. Zahra and G. George. Absorptive Capacity: A Review and Recon-ceptualization and Extension [J]. Academy of Management Review, 2002 (27): 185-203.

[158] S.Lam, V. Shankar, M. Erramilli, et al. CustomerValue, Satisfaction, Loyalty, and Switching Costs: An Illustration from a Business-to-Business Service Context [J]. Journal of the Academy of Marketing Science, 2004, 32 (3): 293-311.

[159] Saxenian A. and J. Hsu. The Silicon Valley-Hsinchu Connection: Tech-nical Communities and Industrial Upgrading [J]. Industrial and Corporate Change, 2001 (10): 893-920.

[160] Scott A. Creative Cities: Conceptual Issues and Policy Questions [M]. Spain: OECD International Conference on City Competitiveness, 2005.

[161] Scott J.A. The Cultural Economy of Cities [M]. Saga, London, 2000.

[162] Sillince J.A.A. A Stochastic Model of Information Value [J]. Information Processing and Management, 1995, 31 (4): 543-554.

[163] Singh J. Collaborative Networks as Determinant of Knowledge Diffusion Patterns [J]. Management Science, 2005, 51 (5): 756-770.

[164] Snijders T. A. B., Steglich C. E. G., Schweinberger M., et al. Manual for SIENA, Version 3 [M]. Groningen, The Netherlands: University of Groningen, 2006.

[165] Snijders T.A.B. Longitudinal Methods of Network Analysis, in Meyers B.

（eds.）［M］. Encyclopedia of Complexity and System Science, Springer, Berlin, 2008.

［166］ Snijders T.A.B. The Statistical Evaluation of Social Network Dynamics ［J］. Sociological Methodology, 2001（31）: 361–396.

［167］ Snijders T.A.B. Retrived September 2 ［EB/OL］. http: //www.stats.ox.ac. uk/~snijders/siena/, 2013.

［168］ SnijdersT.A.B., VAN DE Bunt B. B. and Steglich C. Introduction to Actor–based Models for Network Dynamics ［J］. Social Networks, 2010（32）: 44–60.

［169］ Steglich C., Snijders T.A.B. and Pearson M. Dynamic Networks and Behavior: Separating Selection from Influence ［J］. Sociology Methodology, 2010（40）: 329–393.

［170］ Stewart T.A. Intellectual Capital: The New Wealth of Organizations ［M］. New York: Doubleday/Currency, 1994.

［171］ Storper M. Innovation as Collective Action: Conventions, Products and Technologies ［J］. Industrial and Corporate Change, 1996（5）: 761–790.

［172］ Storper M. The Regional World: Territorial Development in a Global Economy ［M］. New York: Guilford Press, 1997.

［173］ Suire R. and Vicente J. Why do Some Places Succed when Others Decline? Asocial Interaction Model of Cluster Viability［J］. Journal of Economic Geography, 2009（9）: 381–404.

［174］ Teece D. J. Managing Intellectual Capital: Organizational, Strategic, and Policy Dimension ［M］. Oxford: University Press, 2000.

［175］ The Queensland Model: Connecting Business Enterprise, Education, R&D, Cultural Production and Exhibition in Creative Precinct. In Zhang, xiaoming, Hu, Huilin and Zhang, Jiangang（eds.）The Blue Book of China's Cultural Industries. Chinese Academy of SocialSciences（CASS）Publishing ［M］. Beijing, 2010.

［176］ Torre A. On the Role Played by Temporary Geographical Proximity in Knowledge Transmission ［J］. Regional Studies, 2008（42）: 869–889.

［177］ Vandr Debackere K. Academic Entrepreneurship at Belgium University ［J］. R&D Management, 1988（4）: 77–91.

［178］ Vicente J., Balland P. A. and Brossard O. Getting into Networks and

Clusters: Evidence on the GNSS Composite Knowledge Process in (and from) [J]. Regional Studies, 2010 (1): 7-14.

[179] Virtual Communities and the Neweconomy, inMansellR. (ED.) Inside-thecommunicationrevolution [M]. Oxford: University Press, 2006.

[180] Weterings A. Do Firms Benefit from Spatial Proximity? Testing the Relation Between Spatial Proximity and the Performance of Small Software Firms in the Netherlands [J]. Netherlands Geographical Studies, 2005 (336): 7-14.

[181] William J. Baumol, William G. Bowen. Performing arts: The Economic Dilemma [J]. The Twentieth Century Fund: New York., 1966 (1): 7-14.

[182] Windahl C., and Lakemond N. Developing Integrated Solutions: The Importance of Relationships Within the Network [J]. Idustrial Marketing Management, 2006, 35 (7): 806-818.

[183] Wuyts S., Colomb M.G., Dutta S. and Nooteboom B. Empirical Tests of Optimal Cognitive Distance [J]. Journal of Economic Behaviour & Organiza tion, 2005, 58 (2): 227-302.

[184] Yin R.K. Case Study Research: Design and Methods, 2nd ed [M]. Sage Publications, Thousand Oaks, 1994.

[185] Yusuf S., Nabeshima K. Creative Industries in East Asia [J]. Cities, 2005, 22 (2): 109-122.